KB068001

세계사 연대표

1300~2000

- 정치
- 경제
- 과학기술
- 사상
- 사회
- 문화예술

1797~1815 나폴레옹 전쟁
1815 워털루 전투
1830 7월 혁명(프랑스)
1848 2월 혁명(프랑스)
1857~1859 세포이 항쟁
1870 이탈리아 통일
1871 독일 통일
1900
1912~1913 발칸 전쟁
1914~1918 제1차 세계대전
1919 베르사유 조약(국제연맹 창설)
1936~1939 스페인 내전
1939~1945 제2차 세계대전
1964 통킹 만 사건
1964~1975 미국·베트남 전쟁
1980~1988 이란·이라크 전쟁
1988 팔레스타인 독립 선언 / 가상이번 속출
2000
2019 코로나19 팬데믹

옹, 침공
트 운동
스, 관차
리, 센슈

1821 헤겔, 『법철학 강요』
1825 직업 선택의 자유 승인(프랑스)
1838~1848 차티스트 운동(영국)
1825 철도 개통(영국)

1840 프루동, 『소유란 무엇인가』
1848 존 스튜어트 밀, 『정치경제학 원리』
1848 마르크스·엥겔스, 『공산당 선언』
1851 런던 만국박람회
1852 봉마르셰 백화점 개점
1853 오스만, 파리 재정비
1859 찰스 다윈, 『종의 기원』

1867 칼 마르크스, 『자본론』
1876 벨, 전화기 발명
1879 에디슨, 전구 발명
1864 제1인터내셔널(런던)
1869 존 스튜어트 밀, 『여성의 예속』
1871 파리 코뮌
1873 쥘 베른, 『80일간의 세계 일주』
1883 에밀 졸라, 『여인들의 행복 백화점』

1881 파스퇴르, 예방접종 시작
1895 뤼미에르 형제, 영화 발명
1896 마르코니, 무선 통신기 발명
1881 프랑스, 무상·의무교육
1889 제2인터내셔널(파리) / 파리 만국 박람회
1892 부세티츠, 지문 감식법 개발
1894 드레퓌스 사건
1897 영국, 여성 참정권 운동 시작
1889 키플링, 「백인의 임무」

1917 러시아 혁명
1911 프레더릭 테일러, 과학적 관리법
1913 포드주의 출현
1902 J. A. 홉슨, 『제국주의론』
1903 게오르크 짐멜, 『대도시와 정신적 삶』
1917 레닌, 『제국주의론』
1900 파리 지하철 개통
1902 조지프 콘래드, 『암흑의 핵심』

1933 히틀러의 나치 정권 수립(독일)
1929 미국 대공황
1903 라이트 형제, 동력 비행기
1905 아인슈타인, 특수상대성 이론
1916 아인슈타인, 일반상대성 이론
1927 하이젠베르크, 불확정성의 원리

1940 아우슈비츠 수용소(독일)
1948 베를린 봉쇄
1949 NATO 창설
1958 유럽경제 공동체 발족
1946 세계 최초의 진공관 컴퓨터 애니악
1957 소련, 세계 최초의 인공위성 스푸트니크 호 발사
1949 조지 오웰, 『1984』

1968 체코 폭동
1973 석유 파동
1969 아폴로 11호 달 착륙 / 미국 국방부, 아르파넷(인터넷) 개발
1977 NASA, 보이저 1·2호 발사

1985 소련, 고르바초프 집권
1990 독일 통일
1991 소련 해체 / 유고 내전
1993 유럽연합 결성
1986~1993 우루과이 라운드
1995 세계무역기구(WTO) 출범
1986 체르노빌 원전 사고
1995 인터넷 상용화
1996 복제 양 돌리 탄생 / 영국, 광우병 발병

2004 마드리드 폭탄 테러
2011 노르웨이 극우파 테러
2016 영국, 유럽연합 탈퇴
2008 국제 금융위기
2007 애플, 아이폰 출시

- 미국

1861~1865 미국 남북전쟁
1869 미국 와이오밍 주, 세계 최초로 여성 참정권 승인
1870 흑인 남성 참정권 획득
1917 미국, 제1차 세계대전 참전
1920 미국, 여성 참정권 부여
1941 일본, 진주만 기습(태평양 전쟁)
1945 미국, 일본에 원자폭탄 투하
1947 트루먼 독트린
1952 미국, 수소폭탄 개발
1968 마틴 루터 킹 피살
1992 로스앤젤레스 폭동
2011 월스트리트 점령 시위
2016 도널드 트럼프, 미국 대통령 당선

대한제국 | 일제 식민지 시대 | 대한민국

- 한국
- 중국
- 일본

박해, 참시
전쟁, 조약
제독, 개항 요구

1863 고종 즉위(대원군 집권)
1866 병인양요
1851 태평천국운동
1858 텐진 조약
1858 후쿠자와 유키치, 난학숙 설립

1871 신미양요(척화비 설치)
1875 운요호 사건
1860 영국, 베이징 점령
1866 후쿠자와 유키치, 『서양사정』
1867 대정봉환

1876 강화도조약
1879 지석영, 종두법 시행
1861 양무운동
1885 청·일 텐진 조약
1868 메이지유신
1871 일본, 단발령

1882 임오군란(척화비 철거)
1884 갑신정변(우정국 설치)
1894 동학농민운동 / 갑오개혁
1894 청일전쟁
1885 후쿠자와 유키치, 『탈아론』

1895 유길준, 『서유견문』 / 을미사변 / 단발령
1896 〈독립신문〉 창간 / 덕수궁, 전화 개통
1897 대한제국
1898 〈황성신문〉 창간
1899 전차 개통

1900 경인선 열차 개통
1903 YMCA 발족
1905 경부선 열차 개통 / 을사늑약
1911 신해혁명(중국)
1902 영·일 동맹

1908 최남선, 〈소년〉 창간
1910 한일 합방
1919 3·1운동 / 상해임시정부 수립
1912 중화민국 건립
1904 러일전쟁

1945 광복
1948 대한민국 정부 수립
1950 한국전쟁
1960 4·19혁명
1919 5·4운동
1905 가쓰라·태프트 밀약

1961 군사 쿠데타
1980 5·18 광주 민주화 운동
1997 IMF외환위기
1949 중화인민 공화국
1931 일본, 만주 침략
1945 일본 패망

2002 월드컵 개최(4강 진출)
2014 세월호 참사
2016 촛불 시위 / 대통령 탄핵
2011 후쿠시마 원전 사고

1900

2000

개인의 탄생

경희대학교 후마니타스칼리지 ◎
우리가 사는 세계

개인의 탄생

대도시와 시공간의 재편

Humanitas College, Kyung Hee University | The World We Live In | 조현준 지음

추천의 말

서구는 어떻게 세계를 지배하게 되었는가

2011년 봄 학기에 경희대학교는 한국 대학의 역사에서 획기적인 교양교육 프로그램을 출범시켰다. 후마니타스칼리지라는 이름으로 출범한 이 새로운 대학 교양교육 프로그램은 당시 한국 대학은 물론 한국 사회 전체에 커다란 충격을 주었다. 대학이 대학다워야 하며 대학이 바뀌어야 미래가 바뀐다고 선언한 후마니타스칼리지의 새로운 프로그램은 한국 사회의 열렬한 관심을 받았다.

거의 대부분의 한국 대학이 취업 준비 학교로 전락한 뼈아픈 현실을 지적하고 나름의 대안을 제시한 이 행동의 당위성을 인정하는 것은 손쉬운 일이다. 하지만 그러한 당위가 실제 행동으로 나타나기 위해서는 기존 현실을 새롭게 바꿀 만한 충분한 역량이 성숙되어야 한다는 엄혹한 진실은 흔히 망각된다. 현실에 대한 철저한 이해와 비판적 대안을 가진 새로운 세대는 강력한 의지로 세상을 바꾼다. 후마니타스칼리지의 교수진은 미래 사회를 만들어갈 젊은 세대가 인간과 세계에 대한 확고한 이해가 결여되어 있다고 판단하고 대학 졸업자라면, 미래의 지도자라면 그것을 반드시 알아야 한다고 판단했다. 그리고 기존 대학교육은 그것을 제공하지 않고 단지 취업에 필요한 단편적 지식만 전수하고 있다고 판단했다. 그래서 그들은 19세기 이후 한국 사회가 축적한 근대 경험과 세계 인식의 총화를 새로운 교과과정 설계에 쏟아부었다.

후마니타스칼리지가 채택한 교양교육의 교과 구성에서 가장 핵심적인 필수교과는 한국의 인문지성 역량과 그들이 파악한 세계를 잘 보여준다. 독자가 현재 쥐고 있는 책은 후마니타스칼리지 프로그램에서 전교생 필수과목으로 지난 10년간 가르쳐온 교재 『문명전개의 지구적 문맥Ⅱ : 우리가 사는 세계』를 대중 독자를 위해 친절하게 해설한 것이다. 이 교과에서 적용되는 사유는 다음과 같이 요약할 수 있다.

지금 우리가 살고 있는 세계는 어떤 세계인가. 인류 문명은 오래전 지구상에 나타났지만 현재 우리가 살고 있는 문명은 최근에 발명된 것이다. 지구상에 현생인류가 등장한 것은 35만 년 전쯤의 일이다. 그때 인간은 생김새나 행동에서 유인원과 여러모로 유사했지만 조금 다른 유전자를 가지고 있었다. 그 조그만 차이가 35만 년 동안 실로 놀라운 변화를 만들어냈다. 코끼리나 다람쥐, 그리고 물벼룩은 35만 년 전의 조상과 비슷한 행동을 하며 살고 있다. 그들이 35만 년 전의 조상 무리와 만난다면 큰 어려움 없이 함께 어울릴 수 있을 것이다. 하지만 인간은 그동안 생존 방식에서 실로 엄청난 변화를 이루어냈고 35만 년 전의 인류와 21세기의 우리는 유전자만 비슷할 뿐 완전히 다른 생활을 하고 있다. 35만 년 전의 인류와 우리가 만난다면, 서로가 동일한 인류라는 사실을 믿기 힘들 것이다. 이 차이를 가져온 것을 우리는 '인류 문명'이라고 부른다.

인류 문명은 끝없는 가치판단과 선택에 따라 새로운 사회를 만들어왔다. 그래서 우리가 살고 있는 현재의 인류 문명은 1,000년 전의 문명과 완전히 다르다. 지금 이 세계는 약 500년 전 유럽에서 시작된 근대 문명이 만든 세계라고 할 수 있다. 다양한 문화적 차이에도 불구하고 현재 인류는 거의 공통적인 세계 인식을 가르치고 배우고 있다. 인터넷으로 연결된 세계 인식의 그물망에서 공유된 상식과 핵심적 지식은 대부분 지난 500년간 서구 사회에서 시작되고 발전된 산물이다. 서구 문명이 지난 몇 백 년간 지구를 지배하고 있는 현실을 부정할 수는 없다. 서구로 하여금 지구의 지배 세력이 되게끔 만들어준 이 근대 문명의 핵심이 무엇인가. 그것을 철저히 알지 않고서는 그것의 한계를 넘어 극복할 수 없다.

서구의 근대 문명이 동아시아로 올 때, 점잖게 오지 않았다. 근대는 동아시아인이 감당하기 힘든 엄청난 힘으로 밀려왔다. 일본은 미국의 페리 제독이 군함을 끌고 나타났을 때 600년 전 몽고군을 막아준 신의 바람, 가미카제가 아무런 소용이 없다는 걸 이미 알고 있었다. 네덜란드와의 교역 경험을 통해 서양의 근대가 가진 힘을 알아차리고 있었기 때문이다. 동아시아인이 전통적으로 세계의 중심이라고 믿고 있었던 중국은 유럽 열강과의 소규모 전투에서 너무나 맥없이 무너졌다. 다른 동아시아 국가보다 서양 문명을 조금 빨리, 그리고 적극적으로 받아들인 일본이 얼마 뒤 러시아는 물론이고 중국과의 전쟁에서 이겨 서구 근대 문명의 힘을 증명함으로써 동아시아가 나아갈 방향은 정해졌다.

자신들의 문화적 전통을 버리고 서양 문명을 전면적으로 받아들이려는 시대의 흐름은 지금까지도 동아시아의 문화적 정체성에 강력한 영향을 미치고 있다. 하지만 동아시아가 서구 문명을 받아들여 사회를 개조하고 새로운 시대에 부응해간 과정을 단순히 서구 문명의 승리로 요약할 수는 없다. 동아시아인의 문화적 전통은 뿌리 깊다. 서구의 근대적 가치는 동아시아에서 아직도 강력한 힘으로 작용하고 있지만, 그 새로운 문명을 받아들여 적극적으로 이해하고 자신들의 사회에 적용해간 힘이 동아시아의 뿌리 깊은 사회·문화적 전통에서 나온다는 사실 역시 중요하다.

한국이 지난 150년 사이에 겪은 사회적 변화는 경험의 고유성만이 아니라 정도의 면에서도 비교할 만한 다른 사례를 찾아보기 힘들다. 근대를 받아들이자는 결심 아래 국왕이 전근대의 상징 같았던 상투를 지목하고 자르라고 명령했을 때 도끼를 들고 나타나 목을 잘랐으면 잘랐지 상투는 못 자른다고 하던 것이 1895년 조선의 선비들이었다. 그런데 그로부터 100년 후에 한국인들은 성형 천국으로 세계에 이름이 나 있다. 그사이에 무슨 일이 벌어졌던가? 한국은 스스로의 힘으로 근대적 국민국가를 만들지 못하여 식민지가 되었고 식민지에서 벗어나자마자 사회 구성에 대한 이념적 갈등으로 동족 간의 전쟁을 치렀다. 그러나 전후에는 전 세계에서 가장 빠른 속도의 압축적 근대화를 이룩해서 선진국 대열의 꽁무니에 이르렀다. 지난 100년 동안 한국인들이 사회를 바꾸고 새로운 문화를 만든 과정을 이렇게 간단히 요약하는 것은 역사 망각의 지름길이다. 한국 사회가 새로운 문명을 받아들여 오늘에 이른 것은 초기의 충격 수용으로부터 시작해서 한국인들이 가진 삶의 총체적 능력을 전면적으로, 최대한 발휘해서 얻어낸 것이며 동시에 엄청난 고통과 희생을 동반했다.

현재까지도 한국은 근대가 몰고 온 사회적 변화의 열병을 앓고 있다. 이 열병은 동시에 한국 사회의 생명력의 표현이다. 동아시아에서 가장 강력한 유교 사회를 만들어 500년을 지속한 것이 조선이다. 한국의 사회·문화적 전통은 상상 이상으로 완강해서 100년 전 조선의 지식인들이 감당했던 위기감과, 그에 따른 해결책 모색은 지금도 생생히 살아 있는 문제의식을 보여주고 있다. 차이가 있다면 그때는 바꿔야 할 것이 많았고 지금은 바꾸지 말아야 할 것도 생각할 수 있게 되었다는 점이다.

인류는 35만 년 동안 헤아릴 수 없이 많은 발견과 발명을 거듭하면서 의식주를 해결하고 삶의 조건을 개선시키며 인류 문명을 만들어왔다. 우리가 사는 근대 세계의 관점에서 볼 때, 불의 발견이나 도구의 발명에 비견할 만한 인류사의 대사건은 근대 문명이다. 그 핵심에는 과학혁명이 있다. 현재 지구상의 인류 문명을 특징짓는 획기적 변화가 시작된 것이 과학혁명부터라는 말이다. 과학혁명과 함께 세계는 그 이전의 세계이기를 중지하고 시대는 근대로 이행했다. 세계는 달라지고 인간의 사고방식에도 대전환이 일어난다. 새로운 세계, 새로운 문명이 탄생한다. 역사는 이 새로운 세계와 문명을 근대 세계라 부르고 근대 문명이라 부른다.

근대 문명은 서구 문명이 이룩한 독특한 '돌파breakthrough'의 하나다. 진리 생산을 향한 과학의 정신과 방법, 비판적 사유, 탐구의 자유에는 재갈이 물리고 무지와 오류를 시정할 길은 막혀 있었다. 이 난국을 돌파하려 한 최초의 대표적 시도가 과학혁명이고 근대 문명이다. 그 혁명 이후의 인류는 이 돌파의 수혜자들이며 한국인들도 그중의 하나다.

이 책을 읽는 독자 여러분은 한국 사회에서 과거의 것이 바뀐 것과 바뀌지 않은 것이 무엇인가를 생각하게 될 것이다. 거기서 21세기를 사는 여러분의 자리가 드러날 것이다. 21세기의 한국인은 유럽인이자 세계인으로 살아간다. 지금까지 문명을 결정했던 장소는 더 이상 우리를 얽어맬 수 없다. 태어난 곳이 한반도라고 해서 삶이 한반도로 제약될 수 없는 시대가 이미 펼쳐

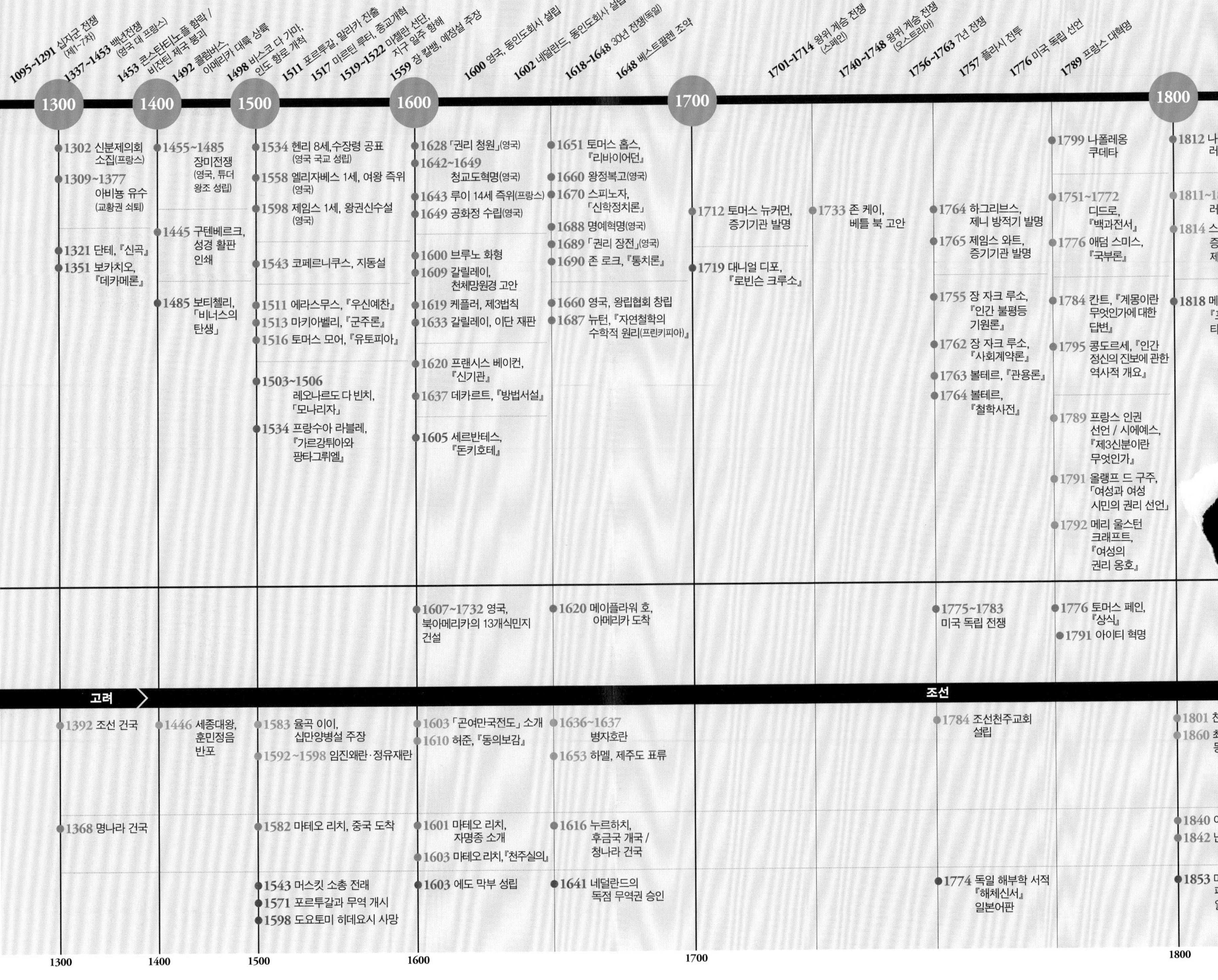

1095~1291 십자군 전쟁(제1~7차)
1337~1453 백년전쟁(영국 대 프랑스)
1453 콘스탄티노플 함락 / 비잔틴 제국 붕괴
1492 콜럼버스, 아메리카 대륙 상륙
1498 바스코 다 가마, 인도 항로 개척
1511 포르투갈, 말라카 진출
1517 마르틴 루터, 종교개혁
1519~1522 마젤란 선단, 지구 일주 항해
1559 장 칼뱅, 예정설 주장
1600 영국, 동인도회사 설립
1602 네덜란드, 동인도회사 설립
1618~1648 30년 전쟁(독일)
1648 베스트팔렌 조약
1701~1714 왕위 계승 전쟁(스페인)
1740~1748 왕위 계승 전쟁(오스트리아)
1756~1763 7년 전쟁
1757 플라시 전투
1776 미국 독립 선언
1789 프랑스 대혁명
1300
1400
1500
1600
1700
1800
1302 신분제의회 소집(프랑스)
1309~1377 아비뇽 유수(교황권 쇠퇴)
1321 단테, 『신곡』
1351 보카치오, 『데카메론』
1455~1485 장미전쟁(영국, 튜더 왕조 성립)
1445 구텐베르크, 성경 활판 인쇄
1485 보티첼리, 「비너스의 탄생」
1534 헨리 8세,수장령 공표(영국 국교 성립)
1558 엘리자베스 1세, 여왕 즉위(영국)
1598 제임스 1세, 왕권신수설(영국)
1543 코페르니쿠스, 지동설
1511 에라스무스, 『우신예찬』
1513 마키아벨리, 『군주론』
1516 토머스 모어, 『유토피아』
1503~1506 레오나르도 다 빈치, 「모나리자」
1534 프랑수아 라블레, 『가르강튀아와 팡타그뤼엘』
1628 「권리 청원」(영국)
1642~1649 청교도혁명(영국)
1643 루이 14세 즉위(프랑스)
1649 공화정 수립(영국)
1600 브루노 화형
1609 갈릴레이, 천체망원경 고안
1619 케플러, 제3법칙
1633 갈릴레이, 이단 재판
1620 프랜시스 베이컨, 『신기관』
1637 데카르트, 『방법서설』
1605 세르반테스, 『돈키호테』
1651 토머스 홉스, 『리바이어던』
1660 왕정복고(영국)
1670 스피노자, 「신학정치론」
1688 명예혁명(영국)
1689 「권리 장전」(영국)
1690 존 로크, 『통치론』
1660 영국, 왕립협회 창립
1687 뉴턴, 『자연철학의 수학적 원리(프린키피아)』
1712 토머스 뉴커먼, 증기기관 발명
1719 대니얼 디포, 『로빈슨 크루소』
1733 존 케이, 베틀 북 고안
1764 하그리브스, 제니 방적기 발명
1765 제임스 와트, 증기기관 발명
1755 장 자크 루소, 『인간 불평등 기원론』
1762 장 자크 루소, 『사회계약론』
1763 볼테르, 『관용론』
1764 볼테르, 『철학사전』
1799 나폴레옹 쿠데타
1751~1772 디드로, 『백과전서』
1776 애덤 스미스, 『국부론』
1784 칸트, 『계몽이란 무엇인가에 대한 답변』
1795 콩도르세, 『인간 정신의 진보에 관한 역사적 개요』
1789 프랑스 인권 선언 / 시에예스, 『제3신분이란 무엇인가』
1791 올랭프 드 구주, 「여성과 여성 시민의 권리 선언」
1792 메리 울스턴크래프트, 『여성의 권리 옹호』
1607~1732 영국, 북아메리카의 13개식민지 건설
1620 메이플라워 호, 아메리카 도착
1775~1783 미국 독립 전쟁
1776 토머스 페인, 『상식』
1791 아이티 혁명
고려
조선
1392 조선 건국
1446 세종대왕, 훈민정음 반포
1583 율곡 이이, 십만양병설 주장
1592~1598 임진왜란·정유재란
1603 「곤여만국전도」 소개
1610 허준, 『동의보감』
1636~1637 병자호란
1653 하멜, 제주도 표류
1784 조선천주교회 설립
1368 명나라 건국
1582 마테오 리치, 중국 도착
1601 마테오 리치, 자명종 소개
1603 마테오 리치, 『천주실의』
1616 누르하치, 후금국 개국 / 청나라 건국
1543 머스킷 소총 전래
1571 포르투갈과 무역 개시
1598 도요토미 히데요시 사망
1603 에도 막부 성립
1641 네덜란드의 독점 무역권 승인
1774 독일 해부학 서적 『해체신서』 일본어판

지고 있다.

이 책은 경희대학교 후마니타스칼리지에서 10년간 가르쳐 온 「우리가 사는 세계」를 각 분야별로 재구성한 것으로서 그 내용은 서구가 창안하고 발전시킨 근대 문명의 핵심적 성과를 한국의 지식인들이 나름의 방식으로 이해하고 요약한 것이다. 지난 몇백 년간 서구는 놀라운 물적·정신적 발전을 보여왔고 그에 기반한 무력으로 세계를 지배해왔다면 우리는 그들이 이룬 문명 전환과 돌파의 정신을 이해하기 위해 우리 나름의 전환적 인식과 돌파를 준비해야 한다. 이 책은 그런 측면에서 한국 인문학의 꽃이다. 식민지 경험과 분단, 전쟁을 겪고 극도의 궁핍을 넘어서 K-문화의 개화를 맞은 지금, 인간과 세계를 한국 인문학은 어떻게 이해하고 요약하고 있는지를 이 책은 잘 보여주고 있다. 과거를 성찰하고 인간의 미래를 상상하는 독자들에게 이 책은 최상의 동반자가 될 것이다.

경희대학교 후마니타스칼리지 학장
이영준

들어가는 말

근대, 현대, 미래의 시공간과 개인

개인individual이란 더 이상 쪼개질 수 없는not dividable 최소 단위의 주체이며, 어떤 단체나 사회나 국가를 구성하는 낱낱의 사람을 말한다. 아리스토텔레스의 말대로 '인간이 사회적 동물'이라면, 사회라는 공동체를 형성하기 위한 최소 구성단위라고 할 수 있다. 개인은 대체 불가능한 존재로서 의식의 독립성을 가지고 자기 보존을 위한 자유로운 활동을 하는 근대적 의미의 주체이다. 근대 민주주의 국가에서 헌법이 보장하는 불가침의 기본권을 누리는 인권 주체이기도 하다. 인권 주체로서의 개인은 과학혁명, 사상혁명, 정치혁명, 경제혁명을 통해 만들어진 근대의 발명품이다.

16~17세기에 갈릴레이와 뉴턴을 중심으로 일어난 과학혁

명은 실험과 관찰을 통한 경험적 증명과, 수학에 기초한 합리적 추론을 자연 탐구의 새로운 방법론으로 정했다. 신神 중심의 목적론적 세계관에서 벗어나, 인간의 이성을 활용해 자연을 인과론적으로 설명하는 새로운 과학적 세계관이 대두한 것이다. 종교와 학문을 지배하던 중세의 기독교적 세계관에서 탈피해 종교와 학문의 분리, 즉 교학 분리를 이루기 위해서였다. 과학은 관습이나 종교에 따른 '신념'이 아니라 논리적 추론과 객관적 입증이 가능한 '사실'만 진리로 수용했다.

이런 과학적 사고방식, 즉 관찰과 실험과 입증에 기초한 객관적 진리의 모색이 계몽사상을 가능하게 했다. 18세기 유럽에서 일어난 계몽운동은 인간, 사회, 정치, 역사를 새롭게 사유하고 근대적 이성과 객관적 합리성으로 새로운 세계를 열어가려 한 용감하고 광범위한 사상혁명, 정신혁명, 태도혁명이다. 계몽사상가는 교양인이자 학자이며 과학 애호가였고, 종교에서 해답 구하기를 거부하고 과학에 기반해 세계를 지배하는 인과론적 법칙을 발견하고자 하는 근대의 이교도였다. 계몽인이 되기 위해서는 구습에서 벗어나려는 용기와 이성을 활용하려는 의

지가 필요했다.

인간의 이성으로 인간의 공동체를 설립하기 위해서는 정교 분리, 즉 정치와 종교의 분리도 필요했다. 생명, 자유, 평등, 자산 등 인간의 기본권을 보장할 수 있는 것은 교회의 신권정치가 아니라 세속의 인권 정치였다. 신권을 업은 절대왕권에 도전한 귀족 중심의 의회정치는 17세기 영국의 청교도혁명, 명예혁명 등을 통해 나타났지만, 국민 모두의 평등한 인권을 본격적으로 주장할 수 있었던 것은 18세기 말 프랑스 대혁명을 통해서였다. 이 정치혁명은 루이 16세를 비롯해 많은 사람의 목숨을 앗아갔고 1,000년 넘게 지속된 신분제를 무너뜨리고 모든 인간의 평등한 보편 권리를 주장했다. 성직자나 귀족이 아니라 일반 시민이 자유롭고 윤택하게 살 권리를 보장하는 새로운 법과 제도를 정치적으로 구현하려는 노력이었다.

18세기 중반 영국에서 일어난 산업혁명은 입법화된 시민의 정치적 권리를 현실화할 기반을 마련했다. 경제적 자본주의의 발전으로 인해 가난하고 비루하게 살던 사람들이 실제로 풍요롭고 행복하게 살 물질적 환경을 갖추게 된 것이다. 교환과 분업에 기반한 자유로운 시장경제와 기계제 대공업을 선도한 산업혁명은 근대 문명의 물질적 성취를 가능하게 했다. 게다가 애덤 스미스의 『국부론』은 탐욕으로 간주되던 개인의 이익 추구가 국가 발전에 기여한다는 도덕철학적 근거를 마련했다. 근대 자본주의는 중세의 장원과 길드를 무너뜨린 공장제 공업 형태로 나타났는데, 이 자본주의가 결정적으로 사회를 변화시키게 된 계기가 바로 산업혁명이다. 공장 중심의 대규모 기계산업을 통해 자본주의적 생산양식이 사회 전체로 확대되었고 근대적 시민은 노동자가 되었다.

이런 맥락에서 자유롭고 평등한 근대적 시민으로서의 개인이 탄생한다. 16~17세기의 '과학혁명'은 18세기의 '계몽사상', '정치혁명', '경제혁명'으로 이어졌고 19세기를 전후해 인간이 만든 새로운 공간인 대도시를 중심으로 '개인의 시대'를 열어냈다. 이러한 시대적 흐름은 역사적으로나 사상적으로 맞물리기도 하고 중첩되기도 한다. 르네상스, 종교개혁, 과학혁명에서 촉발된 사상, 정치, 경제 분야의 큰 변화는 근대적 개인이라는 전례 없는 새로운 인간관을 형성하는 데 중요한 역할을 했다. 근대적 인간은 주관적 의식을 갖춘 개성적 존재이며, 누구나 신 앞에 평등하게 설 수 있는 독립적 존재이자 자신의 욕구와 기호에 따라 개인의 삶을 선택하는 자유로운 존재이다. 그리고 과학·사상·정치·경제의 복합적 관점에서 근대적 문명이 총망라된 대도시는 이런 근대적 인간이 만든 새로운 공간이며 표준화된 시간을 공유하고 기획하는 사회다.

이 책에서 말하는 대도시는 과거의 봉건 영토나 교회에서 벗어난 근대적 주체의 시공간이 교차하는 복합적 생활공간이자 상업적 활동공간이다. 자연과 달리 도시는 인간의 과학기술과 문명 혁신이 만든 인공적 공간이라 할 수 있다. 그리고 근대적 개인은 인간이 기획하고 표준화한 공간과 시간을 살면서 민주주의 정치체제가 보장한 보편 인권을 누리는 시민이다. 이들은 중세의 신분적 위계질서와 태생적 소속 관계의 구속에서 벗어난 자유롭고 독립적인 존재이다. 또한 자기 삶을 스스로 개척하고자 자신의 의지대로 계획하고, 계획대로 실현하는 개성적 자아실현의 주체이다.

'대도시와 개인의 시대'는 시공간의 재편성과도 관련된다. 근대적 과학, 사상, 정치, 경제 분야의 대변혁은 실로 현실의 시공간을 엄청나게 변화시켰다. 많은 사람이 모이는 대규모의 교육, 직업, 문화, 소비공간이 출현했고 세계 각지에서 표준시간을 기점으로 대규모의 인원과 물자를 각국으로 수송할 수 있게 되었다. 이른바 글로벌 지구촌 사회가 가능해진 것이다. 발달된 방송과 소셜 미디어를 통해 공유되고 반복되는 언어로 세계 어느 곳이라도 실시간으로 네트워킹하고 소통할 수 있게 되었다.

19세기에 런던과 파리 같은 유럽의 대도시가 정비되고 세계 표준시간이 생겨났으며 그 시공간 안에서 개인의 개성이 발생했다면, 20~21세기에 시공간은 보다 확장되었고 개인은 더 강화되었다. 근대는 영국의 그리니치 천문대를 기준점으로 시간을 표준화하고 세계지도 제작으로 공간을 일정하게 구획한 결과 세계 공통의 시공간적 기준점을 점차 확립해갔다. 그리고 현대는 발전된 기술로 각지의 소통성과 접근성을 강화해, 한층 다른 시간과 더 넓은 세상에 대한 개성적 추구와 다변화된 체험까지 가능하게 만들었다. 현대적 개인은 '시간은 곧 돈'이라는 표준화되고 획일화된, 고정된 노동시간을 살면서도 다른 한편으로는 노동을 해서 번 돈으로 전 세계의 각 시간대를 누비며 유동적이고 유연한 시간을 산다는 이중성을 갖는다. 공간적인 측면에서도 더 이상 태어난 지역의 가정이나 이웃에 국한되지 않고 도시의 학교와 직장으로 생활 터전을 넓혔지만 도시 집중 현상으로 지역 간 격차가 더 벌어졌다. 대도시의 주상복합건물과 각종 다목적 문화공간이 미술관, 영화관, 도서관, 공부방, 카페, 노래방, 클럽, 쇼핑몰, 테마파크 등을 일상생활과 결합하면서 편의와 기쁨을 주었지만 이런 혜택을 누리려면 고향을 버려야 했다.

근대적 시간과 공간에 이중성이 있듯, 근대적 주체가 표방하는 개인주의에도 이중적 의미가 있다. 하나는 집단주의에 반대해 개인의 개별적 개성을 추구한다는 의미이고, 다른 하나는 공익이나 도덕에 무관심한 채 나의 이해관계만 계산적으로 따진다는 의미이다. 이런 개인은 같음과 다름의 양면이 있다. 모든 인간이 법 앞에 평등하다는 점에서는 모두 같지만, 각자가 자신만의 개성을 추구한다는 점에서 서로 다른 존재이기 때문이다. 자기교육과 자기계발을 우선시하는 근대인이 무엇보다 중시한 자기실현은 경제적 성취가 되고, 돈은 소비와 생산의 현장에서 현대 문화를 변화시킨다.

이제 현대인은 세계 표준시간과 발전한 대중교통수단을 기반으로 글로벌 지구촌 각지의 사람들과 원활하게 교류하고 소통한다. 제4차 산업혁명과 AI 과학기술, 각종 전자 장비와 정보망 서비스의 발달로 물질적 세계가 아닌 가상적 대안 세계의 창조도 가능해졌다. 스마트폰 하나로 글로벌 시공간의 자유로운 이동과 만끽이 가능해졌고, 미래에는 강화된 개인주의와 온라인을 통한 연결은 온택트의 시공간을 확장할 것이다. 한편으로 제한 없는 상상력을 기반으로 가상 세계의 시공간이 무한으로 확장될 수도 있지만 다른 한편, 우리의 몸은 오히려 각종 전자 장비와 전선줄로 뒤엉킨 비좁고 꽉 막힌 방 안으로 되돌아갈 수도 있다. 특히 코로나19가 비대면 환경을 심화시키면서, 과거의 학교나 직장 중심 문화는 축소되고 스마트 장비를 갖춘 집과 근거리 지역 문화가 자리잡아가고 있다. 코로나19가 종식된 이후에는 또 다른 변화가 예견되지만, 그렇다 하더라도 코로나19 이전으로 되돌아가기는 힘들 것이다. 이미 온택트 시대의 더 자유로운 자본주의적 시공간을 경험했기 때문이다. 근대의 유산으로 파생한 현대의 시공간은 계속해서 변화하는 미래로 열려 있다.

차례

제2부

21세기 신인류의 초상

제3부

제4차 산업혁명과 개인의 미래

Le Bon Marché:
Founded in 1838 and revamped almost completely by Aristide Boucicaut in 1852

제1부 근대적 시공간 속의 개인

INDIVIDUAL

01

대도시는 어떻게 만들어졌을까?

근대적 개인을 위한 공간 재편

21세기 현재 인구 1,000만 명 이상이 모여 사는 메가시티megacity는 뉴욕, 런던, 베를린, 파리, 도쿄, 상하이, 자카르타, 델리, 서울을 포함해 47개가 있다. 메가시티와 인접한 대도시들이 연결된 광역권, 즉 메갈로폴리스megalopolis의 규모는 더욱 크다(서울을 중심으로 한 수도권이 이에 해당한다). 지구상에는 79억 명 이상의 인구가 살고, 이 중 (2014년 기준) 39억 명 이상이 도시에 거주하며, 지금 이 순간에도 일자리와 더 나은 삶의 조건을 위해 점점 더 많은 사람이 도시로 몰려들고 있다.

2018년 유엔UN의 세계 도시화 전망에 따르면 도시에 거주하는 세계 인구의 비율은 54퍼센트로 추정된다. 2018년 대한민국 국토교통부의 발표를 보면, 도시지역에 거주하는 한국 인구의 비율은 무려 91.8퍼센트이다. 대한민국 서울은 이제 세계 10대 도시의 반열에 올랐고, 서울과 수도권 몰림 현상도 가속화되고 있다. 2020년 기준으로 총 5,180만 명 중 서울과 수도권에 거주하는 사람의 비율이 전체 인구 중 50퍼센트를 넘어섰다. 바야흐로 인구의 절반 이상이 대도시나 수도권에 몰려 사는 시대이다. 이런 대도시는 언제 어디서부터 시작되었을까?

신이 자연을 창조했다면, 인간은 도시를 설계했다. 도시는 인간이 편리하고 아름다운 삶을 누리고자 자연을 인공적으로 변화시킨 결과물이다. 그런 뜻에서 도시는 인간이 만들어낸 발명품 중 가장 위대하며, 자연 상태의 지구환경을 인간 중심으로 재편한 거대한 기획물이자 인공물이다. 고대 문명이 발생할 때부터 인간은 자연을 개조하고 인간 중심으로 공간 재편을 시도해왔다. 근대와 현대를 거치면서 대도시가 생겨나자 인구 밀집이 가속화되고 규모도 엄청나게 확장되었다.

유럽의 대도시 파리와 런던의 탄생은 과학혁명 이후의 사상적·정치적·경제적 변화에 따른 실제적인 삶과 생활의 변화를 의미한다. 코페르니쿠스의 지동설을 시작으로 17세기 서유럽에서 일어난 과학상의 대발견은 종교의 권위나 신의 계시보다 인간의 이성을 신봉하는 18세기 계몽주의 사상으로 발전했다. 과학적 이성과 합리적 지식의 추구는 계급 타파를 가져온 정치혁명과 자본주의적 경제혁명을 경유하여 대도시에 도착했다. 대도시는 이 모든 혁명적 성과의 총화이자 최종 결과물이라 할 수 있다. 그러나 대도시는 화려한 외관만큼이나 심각한 문제점도 동시에 안고 있었다.

임마누엘 칸트Immanuel Kant(1724~1804)의 '사페레 아우데Sapere Aude(감히 알려고 하라)'를 표어로 내걸고 종교보다는 과학을, 내세보다는 현세를 신봉하는 18세기 계몽주의 철학은 '이성'을 가진 모든 인간의 존엄성을 주장했다. 모든 인간이 자연 상태에서 자유롭고 평등한 주체라는 생각은 천부인권天賦人權 사상을 낳았고, 왕권신수설과 불합리한 계급제도를 타파하는 정치혁명을 통해 민주주의 체제와 주권재민主權在民 사상을 정착해갔다. 내세의 구원보다 현세의 풍요를 도모하는 사람들은 분업과 시장에서의 교환을 통해 획기적으로 생산성을 높였다. 산업혁명으로 발명된 기계는 공장 노동자 인력을 필요로 했고 사람들은 농촌을 떠나 일자리가 있는 도시로 몰려들었다. 이것이 근대가 이룬 과학, 사상, 정치, 경제 등 모든 측면의 획기적 변화였고 대도시가 발생한 기반이자 배경이었다.

파리와 런던은 유럽 최초의 근대적 대도시이다. 이런 대도시는 처음부터 당연히 있던 것이 아니라 인간의 노력으로 만들어낸 창작물이다. 중세 시대에 봉건 영주의 장원을 중심으로 각 지역에 흩어져 살던 사람들이 근대에 와서는 점차 도시로 몰려들었고, 인구가 밀집된 도시의 주거 환경 속에서 사람들 간의 접촉이 활발해졌으며, 공장의 노동생산성과 시장의 교역 가능성이 증가했다. 그렇다고 그에 비례하여 삶의 질이 높아진 것만은 아니었다. 농부에서 공장 근로자로 변모한 도시 빈민의 집단 생활고와 비위생적 환경문제가 대두되었다. 생활의 편리함과 노동의 효율적 관리가 충족되는 근대적 대도시의 기능이 제대로 작동하기 위해서는 공장의 열악한 노동조건, 도시 거주민의 빈민화, 불결한 주거 환경, 그리고 비위생적 환경에서 비롯된 전염병 문제 등이 해결되어야 했다.

1660년대의 런던은 인구가 50만 명에 이르는 영국에서 가장 큰 도시였다. 하지만 빈민가의 위생 상태는 최악이었고 더러운 하수가 도시의 중심부로 흘러들었다. 거리엔 온통 동물의 배설물, 부패한 쓰레기, 버려진 걸레 더미가 넘쳐났고 악취가 진동했다. 빈민가에 들끓던 쥐들이 도시 전체로 퍼졌고, 박테리아에 감염된 쥐벼룩이 사람을 물어 대역병이 돌았다(1665~1666년). 당시 런던 인구의 4분의 1에 가까운 10만 명이 흑사병으로 목숨을 잃었다. 설상가상으로 1666년 런던 대화재가 발생해 도시 중심가에 거주하던 주민 8만 명 중 7만 명이 집을 잃었다. 그런데 5일 동안 계속된 큰불로 인해 쥐들이 죽는 바람에 흑사병이 잡혔으며, 런던은 새로운 도시계획의 기회를 얻었다. 화재로 소실된 목조 가옥은 돌과 벽돌 건물로 재건축되었다. 18세기 초반에는 런던 증권거래소가 열리고 신문사들도 생겨났다.

런던은 18세기 중반 산업혁명기를 거치며 급속히 성장했고, 19세기 초에는 인구가 약 100만 명에 달했다. 1850년대에는 역사상 최대 규모의 대도시로 성장해 150만 명 이상이 모여 살았다. 이 인구를 먹여 살리기 위해 바하마 제도에서 파인애플이 공수되고, 포르투갈과 아조레스 제도에서 오렌지가 수송되었다. 스미스필드 시장 근처에서는 매주 대량의 소와 양을 도살했고, 빌링스게이트 어시장에는 매일 수 톤의 생선이 도착했다. 당시 런던 시민이 연간 먹는 빵을 한곳에 모으면 약 19제곱미터 넓이의 피라미드를 세인트 폴 대성당의 세 배 높이로 쌓아올릴 양이었다고 한다. 식량이 자급자족되지 않는 대도시가 유지되려면 식량 운송과 수송을 위한 교통망 발달이 필수적이었다.

부유한 도시 상인과 은행가들의 풍요로운 삶의 이면에는 부두와 공장, 창고에서 일하는 도시 빈민들의 생활고, 비위생적 환경으로 인한 전염병 등의 문제가 있었다. 근대 유럽의 대도시는 죽음의 공간을 의미하기도 했다. 영국의 경제학자 토머스 로버트 맬서스Thomas Robert Malthus(1766~1834)는 『인구론』(1798년)에서 '도시의 묘지 효과'를 거론했는데, 이는 당시 영국의 큰 도시였던 맨체스터와 버밍엄에서 태어난 아이들 중 절반이 채 세 살이 되기 전에 사망한 현상을 말한다. 도시 공기의 밀폐성과 불결함이 그 원인으로 지목되었다. 맨체스터의 질병과 영양실조로 인한 사망률은 시골에 비해 세 배가 높았다.

일자리와 풍요로운 삶을 위해 많은 사람이 대도시로 몰려들었는데, 인구 밀집도가 높아지면서 산더미처럼 쌓이는 쓰레기와 배설물은 부패와 악취, 전염병과 질병을 확산하는 원인이 되었다. 대도시가 제대로 유지되기 위해서는 공장 폐수와 석탄 매연으로 오염된 더러운 물과 공기, 밀폐된 비위생적 근로환경과 생활환경으로 인한 전염병 문제가 해결되어야 했다. 이처럼 전염병과 빈민으로 가득했던 런던을 근대적 대도시로 변모시키는 데 중요한 역할을 한 사람은 공중위생과 보건 문제를 법과 행정 면에서 혁신한 사회개혁가 에드윈 채드윅Edwin Chadwick(1800~1890)이었다.

1832년 런던에서 콜레라가 창궐하자 도시 전체의 환경 관리와 개선을 총괄할 행정기관이 필요해졌다. 채드윅은 1832년 왕립빈민위원회 위원으로서 빈민 실태를 조사했으며, 그에 관한 보고서를 쓰면서 구빈법救貧法 개혁을 시작했다. 1842년에는 「영국 노동인구의 위생 상태에 관한 조사 보고서」를 통해 합리적 질병 관리의 필요성을 계속 주장하며 보건위생 캠페인을 벌였다. 런던의 집단 전염병을 계기로 공중위생과 상·하수도 시설 개선, 도로 정비 등에 대한 관심이 높아진 상황에서 1848년 채드윅이 주도한 공중위생법Public Health Act이 제정되었다.

그러나 1849년 다시 콜레라가 터졌고, 1855년 수도지방정부법으로 런던 내 250여 개의 동업조합과 단체의 행정조직을 권역별 위원회 조직으로 재편해 행정을 효율화하고자 했다. 당시에는 런던의 행정적 구획을 놓고도 토지소유자나 왕실이 자의적으로 결정하는 일이 많았고, 아직 런던 지역 전체를 관장하는 독립된 행정조직조차 없었다. 이후 상·하수도, 도로 개설 및 포장, 가로등 설치 등의 업무를 총괄하는 통합된 수도건설국이 설립되었으며, 1850~1860년대에는 상·하수도 정비와 도로포장 등 도시환경을 개선하기 위한 대대적인 공사가 진행되었다.

19세기 중엽의 런던은 뉴욕과 파리를 합친 규모였고, 명실상부 세계에서 가장 큰 도시였다. 해외 식민지를 거느린 제국의 위용에 맞게 19세기 말까지도 런던은 절대적 우위를 차지하는 대도시였고, 세계 각지에서 온 다양한 사람들이 모여 사는 인종의 박물관이자 유럽을 넘어 전 지구적으로 연결되어 개방성과 다양성을 상징하는 상업과 교역의 허브였다. 하지만 인구 과밀화와 더불어 진행되는 빈민화, 슬럼 지구화는 여전히 문제였다. 정부 차원의 공중위생 관리가 시행되는 중에도 1850년대의 템스 강은 모든 물고기가 폐사할 정도로 오염되어 있었다. 1858년에는 대악취the Great Stink 사건이 발생했고 공공 기관의 업무가 마비될 정도로 상황이 심각했다. 런던은 디프테리아, 연주창連珠瘡, 콜레라 같은 전염병이 창궐하는 도시였다. 지금의 런던이 있기까지 상·하수도 체계의 위생 관리와 전염병을 예방하기 위한 공중보건이 얼마나 중요한 역할을 했는지 미루어 짐작할 수 있다. 19세기 후반에 대영박물관과 로열 앨버트 홀 등 빅토리아풍의 대형 석조 건물을 신축하고 광장과 공원을 조성하면서 런던 도심은 문화공간으로 재구성되었다.

한편 파리가 대도시의 면모를 갖추게 된 데에는 프랑스 제2제정기 조르주 외젠 오스만George-Eugène Haussmann(1809~1891) 남작의 공헌이 컸다. 오스만은 1853년부터 18년간 파리 지사직을 맡았고 나폴레옹 3세의 전폭적인 지원을 받으며 도시 공간 개조 작업을 진행했다. 오스만의 도시계획에서 핵심은 도로망 정비와 확충이었다. 19세기 초 미로 같은 좁은 길로 얽혀 과거 중세도시의 모습에서 벗어나지 못한 파리는 상·하수도 체계의 부재, 녹지 부재, 위생 등의 문제가 있었고, 파리보다 현대적인 런던에서 젊은 시절을 보냈던 나폴레옹 3세는 황제로 즉위하자마자 파리 재건설 사업에 착수했다(골목 입구에 바리케이드를 치고 저항하는 혁명군을 손쉽게 진압하려는 목적도 있었다).

오스만은 도시를 하나의 유기체로 보고 도시 전체를 체계적으로 건설한 최초의 인물이다. 그는 도시 기반 시설부터 방사형 도로 체계, 녹지 조성, 미관 관리, 도시 행정에 이르기까지 도시의 건설과 운영에 관련된 모든 것을 새롭게 계획하여 완전히 근대화된 파리를 창조했다. 기차역과 주요 광장을 직선으로 연결하는 대로를 만들고, 도로 주위에는 오스만 양식 건물이라 불리는 새로운 형식의 건물을 세웠다. 파리 곳곳에 크고 작은 녹지를 조성하고, 주택과 함께 각종 공공시설과 문화시설을 지었으며, 상수도망과 하수도망을 건설했다. 노트르담 성당과 같은 기존 건물을 대대적으로 보수하고, 오페라 가르니에 같은 주요 건물은 최대한 아름다운 미관이 노출되도록 설계했다. 철도역을 파리와 외부를 잇는 연결점으로 설정한 뒤 터미널을 서로 연결하는 도로를 건설했으며 도심과 교외, 센 강 좌우, 중앙시장과 주택가를 잇는 간선도로망도 재정비했다. 이 밖에 도심과 휴식 공간, 상업지구와 제조업지구를 연결하는 새로운 도로도 만들었다.

도로 정비, 상·하수도망과 녹지 공원 확대, 행정구역 확대, 공공시설과 도시 경관 개선 등 새로운 공간 조성은 파리의 정치, 경제, 문화에 강력한 영향을 미쳤다. 도시 미관은 물론이고 실용적 삶의 측면에서 양적이고 질적인 발달이 이루어졌다. 인구는 더욱 집중되고 경제력도 높아졌다. 이처럼 인간의 생각대로 합리적이고 이성적으로 기획된 도시 풍경은 과거에 없던 것이었다. 파리는 시 당국이 도시 전체를 아우르는 도시계획을 입안하고 대대적인 공간 개조 작업을 벌였기 때문에 새로운 질서를 효율적으로 설계할 수 있었다. 강력한 정부의 장기적 지원은 변혁이라 할 정도의 대단위 개조를 가능하게 했다.

19세기 중엽 런던과 파리의 도시 개조 과정을 보면, 기본적으로 새로운 공간에 대한 시대적 요구가 있었고 인간의 철저한 계산과 계획에 따라 만들어진 인공의 공간이라는 공통점이 있다. 그러나 런던의 경우 19세기 중엽까지도 통합된 수도 행정조직이 없어서 도시개발의 주체가 다양했던 반면, 파리는 황제의 지원과 파리 지사의 철저한 계획 아래 도시 전체를 단위로 하여 공간을 재조정하고 구획할 수 있었다. 그에 따라 런던과 파리의 대도시화에도 차이가 있다. 런던은 도심이나 교외에 체계적인 도로망을 갖추지 못한 채 상대적으로 무질서하게 팽창하는 경향이 있었다. 이에 비해 파리는 넓은 외곽 순환 도로의 내부 공간을 기능에 따라 재조정함으로써 일상생활의 편리함과 도시 전체를 조망할 수 있는 시각적 아름다움을 가진 도시로 변모할 수 있었다.

런던과 파리는 근대의 대표적 대도시로, 더 이상 자연이 선물한 그대로의 공간에 만족할 수 없는 근대적 개인의 새로운 공간 재편 방식을 보여준다. 대도시는 인간이 인간의 필요에 따라 자연환경을 변화시키고, 기존 공간을 완전히 새로운 방식으로 바라보고 설계하여 치밀한 계획으로 만들어낸 인간의 성과, 즉 인공적인 결과물이다. 대도시는 인간을 중심으로 새롭게 재편된 근대적 사유를 가능케 한 획기적인 공간의 변화이자 기존 공간을 완전히 새로운 방식으로 기획하고 구현했다는 점에서 '공간의 혁명'을 의미한다. 근대적 개인이 자신의 목적과 편의에 맞게 환경을 재창조하고 공간을 재구성했다는 면에서 도시는 인류의 가장 위대한 발명품이자 인류가 발휘한 창의력의 빛나는 성과라 할 수 있다.

02

최초의 백화점

소비와 축제가 결합된 욕망의 용광로

대도시에는 살거나 드나드는 인구도 많지만 아름다운 외관을 지닌 건축물과 생활의 편리를 제공하는 시설도 즐비하다. 기본적인 삶을 위한 주거용 주택, 상수도와 하수도, 전기 시설과 통신망, 외부로의 이동을 용이하게 하는 교통망이 충분해야 하지만 안전하고 위생적인 삶을 위한 치안 조직과 소방시설, 병원과 보건시설도 있어야 한다. 영화관과 공연장, 미술관 등의 문화공간과 편히 휴식을 취할 수 있는 공원, 상가가 즐비하게 도열한 아케이드와 대형 쇼핑몰도 빼놓을 수 없다. 다시 말해 볼거리, 살 거리, 먹을거리, 즐길 거리가 풍부한 축제 마당과 같은 대단위의 소비공간이 필요하다. 그런 대표적 복합 소비공간 중 하나가 백화점이다. 현대의 백화점은 언제 어디에서 처음 시작되고 생겨났을까?

19세기 중반 프랑스 파리의 도시 재개발은 나폴레옹 3세의 적극적인 지원 아래 오스만 남작의 혁신적인 구상과 계획으로 진행되었고, 그 결과 도로 확충과 교통 개선이 이루어졌으며 도시 미관과 주거 환경에 획기적인 변화를 가져왔다. 이러한 사회 분위기 속에서 한 명의 진취적 기업인이 등장한다. 여성용 포목점 판매원이었던 아리스티드 부시코Aristide Boucicaut(1810~1877)는 열심히 일해서 자기 소유의 상점을 갖게 되었는데, 그는 그것에 만족하지 않고 그때까지 존재하지 않은 초대형 상점을 구상하고 있었다.

1810년 노르망디 벨렘에서 태어난 부시코는 그 지역에서 작은 여성용품점을 운영하던 아버지 밑에서 일을 배우다가 열여덟 살이 되자 혼자 파리로 와서 프티 생 토마Petit Saint-Thomas라는 이름의 마가쟁 드 누보테magasin de nouveautés 점원으로 취직했다. 최저임금과 열악한 숙식만 제공하는 도제식 고용살이를 견디면서 부시코는 신흥 부르주아들에게 새로운 옷감과 레이스로 장식된 모자, 고급 실크 부채 등 최신 유행의 소품을 환한 조명 아래에 전시해두고 팔았다. 성실하고 유능한 판매원이면서 동시에 직업적 소명감과 박애주의 정신을 가진 부시코는 뛰어난 매출 전략과 판매 기획을 가지고 있었다. 그는 상품을 어둠으로부터 환한 빛으로 끌어내어 아름답게 전시함으로써 고객의 소비 욕망을 자극했다.

부시코 부부는 검약한 생활을 하며 돈을 차곡차곡 모았다. 그리고 1851년 말, 평소 친분이 있던 폴 비도Paul Videau가 자신이 운영하던 봉마르셰Bon Marché를 매물로 내놓자 부시코는 그동안 저축해서 모은 5만 프랑을 주고 상점을 인수했다. 이듬해인 1852년 다시 문을 연 부시코의 봉마르셰, 혹은 르 봉 마르셰Le Bon Marché는 세계 최초의 백화점이 된다.

부시코는 많은 종류의 상품을 대량으로 팔기 위해서는 상품을 진열할 넓은 공간, 아주 거대한 매장이 필요하다고 생각했고, 돈이 모이는 대로 매장 주변의 건물을 사들이면서 점포의 규모를 확장했다. 가격 흥정과 반품 시비로 시끄러운 재래시장과 달리 가격정찰제와 반품 보장 정책을 실시해 품격 있고 고급스런 소비문화가 넘치는 쾌적한 쇼핑 공간을 창출하고자 했다.

당시 부시코는 호사스런 물건으로 가득한 마가쟁 드 누보테와 1855년 파리 만국박람회에서 선보인 파빌리온을 결합시킨 획기적인 쇼핑 공간을 상상했다. 초대형 건물 한 채가 통째로 하나의 거대한 매장인 호화롭고 쾌적한 백화점을 만들고자 한 것이다. 그의 야심찬 꿈은 오스만 남작의 파리 개조 계획과 만나면서 현실화되었다. 때마침 기존 점포에 인접한 프티 메나주 시립의료원이 헐리면서 커다란 부지가 생겼는데, 부시코는 오스만과의 담판 끝에 이 토지를 일괄 매입하고 바크 가, 세브르 가,

벨포르 가, 바빌론 가로 사방이 둘러싸인 5,000제곱미터의 구획에 거대한 건물을 세울 수 있게 되었다. 당대의 유명한 건축가 루이 샤를 부알로Louis-Charles Boileau(1837~1914)의 설계로 1869년 봉마르셰 신관의 건축 공사가 시작되었고, 1872년 4월에 벨포르 가와 세브르 가에 접한 구획의 제1기 공사가 마무리되었다. 에펠탑을 설계한 알렉상드르 구스타브 에펠Alexandre Gustave Eiffel(1832~1923)이 맡은 제2기 공사는 1887년에 완료되었다. 세계 최초의 백화점 봉마르셰의 전관이 완성되어 원래 구상했던 대로의 거대한 위용을 드러내게 된 것은 부시코가 사망하고도 10년이 지난 뒤였다. 19세기 대상점grand magasin의 상징이 된 봉마르셰는 부시코의 뛰어난 경영 수완 덕분에 파리 최고, 사실상 세계 최고 수준의 백화점이 되었다.

부시코가 거대하고도 품격 있는 쇼핑 공간을 기획한 이유는 판매를 촉진하기 위해서였다. 생산은 합리적인 노동 관리로 증진시킬 수 있지만, 소비는 비합리적인 매혹과 소비 욕망으로 강화된다. 문제는 무엇보다도 당시 주요 고객인 여성 소비자의 마음을 사로잡는 일이었다. 부시코는 박리다매, 바겐세일, 테마별 대매출, 미끼상품, 좁은 입구의 세일 상품 진열로 대혼란 연출 등 다양한 매출 전략을 동원해 소비자가 마술에 걸린 듯 자기도 모르게 지갑을 열고 생각지도 않은 제품을 사게 만들었다. 비합리적 소비를 스스로 정당화할 수 있도록 '반품 가능'을 정책으로 내걸었다.

봉마르셰 백화점은 그 거대한 규모에 걸맞게 고용과 매출 면에서도 대단한 기록을 세웠다. 1852년 부시코가 봉마르셰를 인수해 재개장할 당시 직원은 열두 명, 연 매출은 50만 프랑이었다. 그런데 1872년 신축 건물 제1기 공사가 끝났을 때의 직원은 3,000명에 달했다. 신관 준공 전에도 연간 2,000만 프랑의 매출을 올리던 봉마르셰는 신관이 문을 열면서 연간 7,200만 프랑이라는 놀라운 매출을 기록했고, 오로지 쇼핑만을 위한 초대형 건물의 위상과 상업적 효과를 입증했다.

당시 백화점은 성당을 대신할 정도의 위용을 자랑했다. 그런 맥락에서 백화점을 근대의 성전, 상업의 대성당이라 부를 수 있다. 중세의 교회가 영적 구원을 갈구하는 사람들의 영혼을 끌어들였듯, 봉마르셰 백화점은 물질적 쾌락을 추구하는 사람들의 육체를 끌어들였다. 성당의 성스러움이 청빈한 삶에서 오는 고결하고 순수한 영혼의 상승을 의미했다면, 백화점의 상업적 성스러움은 소비의 삶에서 오는 황홀하고 매혹된 육체의 고양을 의미했다.

화려한 내부 공간과 상품 디스플레이에서 오는 시각적 쾌락은 상품에 신성神性을 부여해 소비 욕망을 자극했으며, 아름다운 물품에 매혹된 소비 주체의 몸은 이성적 판단을 중단했다. 이미 신이 깃들어 천상의 광휘를 입은 상품은 어떤 값을 치르더라도 내 것으로 만들고 싶다는 충동을 일게 했고, 값을 치를 수 없다면 훔쳐서라도 소유하고픈 욕망마저 부추겼다.

중세 기독교 윤리는 기본적으로 청빈과 절제에 입각해 있었고 18세기 프랑스 대혁명 이전의 앙시앵 레짐Ancien Régime 체제에서 소매업은 정부의 엄격한 규제를 받았다. 19세기 초 왕정복고기에도 전형적 상점은 소비자의 자유로운 선택이나 편의보다는 판매자가 물품을 관리하고 통제하는 부티크boutique 형태였다. 그러나 마가쟁 드 누보테가 등장하면서부터 소비자 중심으로 제품이 전시되기 시작했고, 판매자는 시각적 디스플레이로 소비 욕망을 자극했다. 봉마르셰 백화점은 그런 전시효과를 가장 극적으로 극대화했다. 근대적 개인이 소비 욕망을 당당히 드러내는 소비 주체가 되면서 상품 구매를 촉진하는 다양한 방법이 모색되고, 제품의 화려한 전시는 중요한 판매 전략이 되었다.

봉마르셰 제2기 공사의 설계와 공사를 맡은 건축가 부알로와 건축기사 에펠은 철골과 유리를 기능적으로 사용해 유리 천장을 가진 '크리스털 홀'을 연출할 수 있었다. 파리 만국박람회의 전시관 파빌리온처럼 철골과 유리로 만들어져 위로부터 빛을 쏟아 내리는 봉마르셰의 크리스털 홀은 백화점에 들어선 고객들에게 파노라마 또는 디오라마가 열린 것 같은 착시효과를 안겨주었다. 유리 천장에서 폭포수처럼 쏟아지는 햇살은 360도의 시경視鏡으로 전방위에서 내려와 화려하게 진열된 지상의 상품에 황홀한 오라aura를 입혀 마치 천상의 산물과도 같은 외관을 선사했다. 크리스털 홀은 교회를 능가하는 화려한 이미지의 스펙터클을 구현했고 백화점에 온 사람들은 처음 보는 광학적 착시효과에 매료되었다.

백화점의 외관을 기획하는 데 있어서 무엇보다 중요한 것은 소비자가 특별히 특정 물품에 대한 소비 목적이 없어도 스펙터클을 구경한다는 기분으로 봉마르셰에 들어오게 하는 것이었다. 일단 백화점에 들어온 고객은 상품의 이미지에 매혹되어 구매 충동에 사로잡히게 된다. 중요한 것은 소비자의 마음이다. 소비자를 시각으로 매혹시켜 구매 욕망을 일으켜야 불합리하고 불필요한 소비도 가능하다. 일단 물건에 대한 매혹과 어떻게든 사고 싶다는 욕망이 일어나도록 만들어야 한다. 소비를 자극하는 것은 합리적 필요가 아니라 비합리적인 심리다.

부시코는 상품 공간과 축제 공간의 결합이 소비자의 잠재적 소비 욕망을 자극한다는 것을 1855년과 1867년 파리에서 열린 두 차례의 만국박람회에서 배웠다. 파리 만국박람회는 나폴레옹 3세의 거대도시 건설 계획과 생시몽주의자들의 산업 유토피아 구상이 결합된 이벤트였는데, 일상 공간과 동떨어진 광대한 공간을 유리 철골 구조로 연출하고 그 안에 여러 사물을 가져다놓은 뒤 사물 그 자체로 교육하는 '사물 교육'을 목표로 했다. 그렇지만 축제 공간에 전시된 사물은 사람들에게 물건 자체의 사용가치를 가르친 것이 아니라 사물 자체가 발현하는 물신성物神性, fetishism을 알게 했고, 물건에 대한 숭배와 예찬은 오히려 교환가치를 격상시켰다. 봉마르셰의 테마별 대매출은 '엑스포지시옹exposition'으로 불렸으며, 전시된 상품은 그 존재와 품질의 위용을 당당히 뽐냈다.

낮에는 눈부신 햇살이 반사되는 유리 장식과 크리스털 홀로 인해서, 해가 질 무렵에는 4,300개의 가스등과 거대한 샹들리에로부터 퍼져 나온 현란한 빛이 큰 거울에 반사되어 봉마르셰는 화려하고 웅장한 자태를 자랑했다. 모든 벽면이 고급 석재로 장식된 백화점 내부는 삼중 계단과 장식 난간으로 인해 더욱 화려하고 장엄한 분위기를 연출했다. 상점 건물이라기보다는 대형 오페라 극장이나 대성당처럼 비현실적 숭고미를 높여 이전에 없던 거대한 쇼핑 공간을 성스러운 세계로 변모시킨 것이다. 내부 설계뿐 아니라 외관도 위풍당당했다. 세브르 가 쪽의 정면 입구 위에는 여인상이 새겨진 기둥이 솟아 있고 지붕에는 멋진 돔이 얹혀 있어 과거의 구관과는 감히 비교할 수 없을 정도로 웅장하고 기품 있는 외관을 보여주었다. 건물의 내부와 외관은 현대적인 상업의 전당이라 할 만한 거대한 규모와 신성한 아름다움을 갖추고 있었다.

프랑스의 작가 에밀 졸라Émile Zola(1840~1902)는 이 백화점을 ‘고객이라는 신도들이 가는 현대 상업의 대성당’이라고 불렀다. 그의 소설 『여인들의 행복 백화점』(1883년)에는 새로운 쇼핑 문화의 성지인 백화점의 특징과 그것이 주는 순수한 흥분감이 사실적으로 묘사되어 있다. 수많은 인파로 붐비는 봉마르셰는 파리의 광대함을 느끼게 해주었고, 거대한 대도시의 소비문화는 신기술과 문화 행사를 적극 수용했다. 매장에 지시 사항을 전달할 때 쓰는 기송관, 거래를 신속하게 처리해주는 금전등록기, 건물 내부의 고객을 편안하게 이동시켜주는 엘리베이터와 에스컬레이터 등은 백화점을 방문하는 고객들을 크게 만족시켰다. 또한 백화점은 정기연주회, 패션쇼, 야외 공연을 개최했고 연초의 연례행사인 ‘화이트 세일’은 흰 섬유제품으로 시선을 사로잡았다. 이런 문화 행사의 목적은 제품을 매력적으로 보이게 하고 볼거리를 제공해 소비자에게 멋진 쇼핑을 체험시켜주는 것이었다.

에밀 졸라가 소비공간인 백화점을 ‘현대 상업의 대성당’이라고 표현한 데에는 상품의 매혹이 신성의 경지에 이른다는 의미가 담겨 있다. 상품을 사고파는 매장이 그 규모와 매혹의 면에서 교회의 종교적 기능에까지 다다른 것이다. 그 목표는 단 하나, 매출을 획기적으로 높이는 것이었다. 거대한 규모의 숭고한 아름다움의 효과를 배가하기 위해 백화점 입구는 의도적으로 좁게 만들어졌다. 또 입구에는 할인 판매 상품을 산더미처럼 쌓아놓아 사람들의 발길이 몰리게 했다. 좁은 입구에 높이 쌓아 올린 물건들, 그리고 세일 상품 때문에 몰린 인파로 인해 백화점 건물 입구는 언제나 혼잡하고 어지러웠다. 사람들은 대혼란을 겪을 수밖에 없었고, 인파에 떠밀려 일단 백화점 안으로 들어오는 순간 드넓게 트인 공간의 아름다운 광휘가 정신을 잃게 했다. 마치 순례자가 성지에 도달한 것과 같은 착각이 들 만큼 아름다운 스펙터클로 연출된 성스러운 상업 공간에서 합리적 계산을 하기란 불가능했다.

백화점 내부는 복잡한 미로처럼 설계되어 고객은 쉽사리 출구를 찾지 못했다. 일부러 혼란을 야기하도록 매장 내부를 복잡하게 설계하거나 주기적으로 내부의 판매대 위치를 바꾸었다. 가능하면 소비자의 동선을 길게 만들고, 한번 들어간 마술적인 상업 공간에서 소비자가 최대한 오래 머물도록 설계한 것이다. 화려한 전시물과 디스플레이, 우아한 휴게시설, 고급스러운 매장 분위기에 도취되어 방향감각이나 시간 감각, 합리적 소비 감각을 잃게 했다. 고객의 흐름을 한 방향으로 고정시키지 않고, 인파가 늘 상점 안을 이리저리 돌아다니게 하려던 부시코의 구상은 적중했다. 진열된 상품은 숭고한 아름다움의 대상이 되었고, 대성당의 신성뿐 아니라 대극장의 예술성까지 획득하자 소비자는 그 공간에 매혹되어 좀처럼 떠나지 못했다.

봉마르셰는 장 루이 샤를 가르니에Jean-Louis-Charles Garnier

(1825~1898)의 설계로 세워진 오페라 극장의 이미지를 원용해서 설계되었다. 매장은 극장이 되고, 고객은 관객이 되고, 상품은 오페라로 변모했다. 오페라의 아름다움에 취해 음악의 전당으로 모여든 관객처럼, 백화점 고객은 상품의 아름다움에 취해 상업의 전당으로 모여들었다. 이제 사람들은 물신화되고 예술 작품이 된 상품의 구매를 통해 성스러운 영혼의 구원을 얻는 듯했고 장엄한 예술의 아름다움이 주는 쾌감에 도취되었다. 상품과 돈과 인간은 마치 삼위일체의 혈액처럼 순환했다. 상품의 신성과 아름다움에 매혹된 소비자들은 구매 욕망에 빠져 행복한 황홀경 속에서 지갑을 열었다.

당시 대부분의 백화점 고객층은 일정한 직업이나 공적 공간 없이 가정에서 주로 가사로 시간을 보내던 여성 혹은 주부였다. 그들은 염가 판매, 바겐세일, 미끼상품, 박리다매, 테마별 매출 등 부시코의 판매 전술에 최면처럼 빨려들었고, 백화점의 아름다움에 반해 신흥 종교의 신도들이 교회로 끌리듯 백화점에 빠져들었다. 백화점은 외형적으로 오페라 극장이나 대성당을 연상케 하는 숭엄한 아름다움, 천상의 낙원을 구현한 듯한 광학적 내부 장식, 스펙터클 쇼 같은 스토리텔링 구조의 상품 디스플레이를 갖추고 있었다. 소비자들의 단조롭던 일상의 공간은 백화점에 들어서자마자 화려하고 매혹적인 마술의 공간으로 변모했다.

일단 백화점에 들어오면 소비자가 충동구매와 과대 소비를 하도록 모든 판매 전략이 동원되었다. 철저히 계산된 복잡한 매장 배치, 주기적인 매장 위치 변화는 비합리적 소비 욕망에 빠진 소비자가 백화점에 더 오래 머물게 했다. 가격정찰제와 바겐세일은 알뜰한 주부의 검약 욕구를 충족시켰으며, 환불 보장 제도는 충동구매를 정당화했다. 여인들은 백화점 내부로 자기도 모르게 빨려 들어가 매장과 매장 사이를 배회했고 그럴수록 생각지도 않은 제품을 많이 사들였다. 남편의 월급 수준이나 원래 예산을 훨씬 초과했어도 쇼핑을 잘했다는 만족감과 뿌듯함에 빠졌다. 다음 바겐세일 때는 더 많은 돈을 들고 가리라 결심하기도 했다. 소비하면서 만족할 수 있다면 그것은 더 큰 소비로 이어질 수 있다.

여기에는 상업적 전략이나 단순한 상술을 넘어서는 심리적 매혹과 정신분석학적인 유혹의 전술이 있었고, 그것이 마가쟁드 누보테와 백화점의 차이였다. 기존 상점에서는 필요한 물건을 예산에 맞게 합리적으로 소비할 수 있었지만, 백화점은 생각지도 않았을 뿐 아니라 당장 필요하지도 않은 물건을 미친 듯이 갖고 싶다는 욕망을 자극해 고객들이 이성을 잃고 소비하게 했다. 그랬을 때의 만족감은 한편으로 화려한 사치품, 고가의 상품을 구매하여 자신의 품격을 높인다는 자존감의 상승에서 왔고, 다른 한편으로 상품의 관능적 유혹에 온통 매혹되거나 이미 신이 되어버린 상품의 마력에 몸과 마음을 바치고 싶다는 종교적 욕망에서 오기도 했다. 때로는 당장의 필요가 없을 뿐 아니라 터무니없이 값비싼 물건을 샀기 때문에, 그로 인해 야기될 남편의 비난이나 상상 속 처벌까지도 달콤한 피학 욕망으로 작용했다.

문제는 이성적으로 계산된 합리적 소비가 아니라 감정적으로 끌리는 비합리적 소비 욕망이자 심리였다. 물신주의, 관능성, 저항할 수 없는 매혹, 압도적 쾌락, 피학 욕망에 이어 도벽까지 발생했다. 백화점에 진열된 물건은 이미 물신物神이자 최고급 사치품, 고가의 명품이므로 욕망의 대상이었다. 화려한 공간에 아름답게 진열되어 있어서 눈으로 보고 손으로 만지면 심장이 뛰도록 갖고 싶다는 욕구가 솟구쳤다. 고가의 명품은 가슴속 소유의 욕망을 불질렀고, 그것을 사서 몸에 걸치는 순간 마치 자기 자신이 명품이 된 것 같은 착각을 불러일으켰다. 값비싼 사치품은 유혹의 대상이었으며 여성을 유혹하는 매력적인 남성의 손길처럼 느껴졌다. 교묘한 유혹자에 빠져 순수함과 정조를 잃고 싶은 욕망, 달콤하게 처벌받고 싶은 피학 욕망도 일었다. 구매력 없는 소비자뿐 아니라 재력 있는 상류층 여성까지도 쾌감을 위한 도벽의 충동을 억누를 수 없어 도난 사고가 발생하기도 했다. 소비와 유희의 상업 공간인 백화점은 합리적 이성이 아니라 비합리적 욕망으로 생겨났고 발전했다. 소비자의 욕망과 심리를 파고들어 주체할 수 없는 소비 욕구와 비합리적 구매 충동을 일으키면서 백화점은 새로운 고급 쇼핑 공간으로 탄생할 수 있었다.

백화점은 인간이 기획한 근대적 소비공간 중 가장 대표적인 사례이며, 그 시작은 프랑스 파리의 봉마르셰 백화점이다. 한국의 서울에도 영화관과 쇼핑몰, 식당, 놀이 시설이 즐비한 복합문화공간이 많지만, 그런 대형 공간이 가능하게 된 출발 지점에는 전례 없이 큰 규모와 화려한 외관을 갖추고 등장한 대형 상점, 즉 백화점의 탄생이 있다. 근대적 소비 주체는 이곳에서 억압되었던 욕망에 눈을 뜨고 자신의 개성과 자유를 누릴 수 있는 해방의 공간을 발견한다.

물론 백화점은 상업 공간이고, 이 공간은 경제적 이익 추구를 가장 중요한 목표로 탄생했다. 그러나 그 상업 전략을 인지하지 못한 잠재적 소비자들은 백화점에서 자신의 자존감과 만족감을 한껏 고양시킬 수 있었고, 백화점은 환락과 판타지의 공간이자 소비의 쾌락과 성적인 욕망의 대리 만족뿐 아니라 종교적이고 영적인 구원마저 얻을 수 있을 것 같은 심리적 충족감을 주었다. 백화점은 매출 증대를 위해 철저히 계산하고 이성적으로 기획되었으나, 소비자 고객에게는 환상적 욕망의 배출구로 작용하는 감성적 공간이었다. 그런 점에서 백화점은 이성과 감성이 이중적으로 교차하는 드라마틱한 역설의 공간이라 할 수 있다.

03

근대적 개인은 누구인가

계몽주의가 낳은 보편적이고 개별적인 존재

근대적 개인은 어떤 존재일까? 나를 한 '개인'이라고 할 수 있는 요건은 무엇이고, 그것은 전근대와 비교해 어떤 점이 달라졌을까? 더 이상 분할될 수 없는 최소 단위라는 의미로서 개인individual=not divisible은 국가, 사회, 단체를 구성하는 낱낱의 사람을 말한다. 모든 사회는 개인으로 구성된다. 하지만 사회를 구성하는 최소 단위로서의 개인은 근대에 와서 생긴 개념이다. 근대 이전에는 자신이 속한 가문이 중요할 뿐, 개인은 큰 의미가 없었다. 근대적 개인을 탄생시킨 것은 인간 이성의 중요성을 강조한 계몽주의 철학이라고 할 수 있다.

근대 계몽주의 철학은 과거의 신념이나 관습을 따르지 말고 자신의 이성理性을 사용할 용기를 가지라고 말한다. 스스로 판단하고 선택하는 독립적인 계몽 주체를 요구하는 것이다. 임마누엘 칸트는 계몽이란 '우리가 마땅히 스스로 책임져야 할 미성년 상태로부터 벗어나는 것'이라고 주장했다. 미성년 상태란 다른 사람의 지도 없이는 자신의 이성을 사용할 수 없는 상태를 말한다. 미성년 상태를 벗어나 스스로 책임을 져야 하는 것은, 미성년의 원인이 이성의 결핍이 아니라 이성을 사용할 결단과 용기의 결핍에 있기 때문이다. 우리에겐 모두 충분한 이성이 있으므로 과감히 알려고 하고 스스로의 이성을 사용할 용기를 가져야 한다. 칸트는 '감히 알려고 하라', 즉 '사페레 아우데'를 계몽주의의 표어로 내걸었다.

근대적 개인은 자신의 머리, 즉 이성을 써서 스스로의 행동을 결정하고 계획할 수 있는 성숙한 인간이다. 사람이 미성숙 상태에 머무는 것은 게으름과 비겁함 때문인데, 외부에서 나 대신 결정해주는 사람이 있다면 나는 편안하게 지낼 수 있다. 내 이성 대신에 한 권의 책이, 내 양심 대신에 목사가, 내 식이요법 대신에 의사가 모든 것을 결정해준다면 나는 힘들여 생각할 필요가 없다. 책, 목사, 의사가 결정한 것을 그저 따르기만 하면 된다. 이런 순종이 습관이나 천성이 된다면 미성숙에서 벗어나기가 점점 힘들어지고 더 큰 용기가 필요해진다. 하지만 자유가 허용된다면 민중 스스로를 계몽하는 일은 확실히 이루어질 수 있다고 칸트는 생각했다.

계몽철학의 핵심은 인간에 대한 무한한 믿음과 신념에 있다. 모든 인간이 자신 안에 '이성'이라는 초월적 특성, 인간의 한계를 넘는 신성을 내재한 자유롭고 평등한 존재라고 생각하는 것이다. 이제 나의 삶은 나 스스로 선택하는 것이지, 지역이나 혈연에 구속되지 않는다. 내가 나를 둘러싼 모든 것에서 독립되어 스스로 선택하고 결정할 권리를 갖는다. 내 인생은 나의 것이므로 개인은 자신의 의사에 따라 자기 삶을 자유롭게 결정할 선택권이 있다. 개인은 단순히 전체의 일부나 구성물이 아니라 자신의 신념과 능력에 따라 평등한 기회 속에서 스스로 책임을 지며 자기 삶을 개척하는 사람이다. 자유롭고 평등한 근대적 개인은 자기 삶의 주인이다.

이러한 맥락에서 계몽철학이 내세우는 개인은 집단과 대립하며, 집단의 결정에 따르지 않는 개인주의 경향을 가진다. 개인주의는 개개인의 도덕적 가치, 이데올로기, 정치적 관점, 사회적 시각, 문화적 취향을 존중한다. 개인은 자신의 삶을 스스로 선택하며, 스스로 교육하고 스스로 성취하고자 한다. 따라서 개인주의는 개개인의 삶의 목표와 욕망을 중시하고, 집단의 대세나 다수의 결정에 따르지 않으며, 아무리 소수라 해도 독립적이고 자립적인 개별적 판단과 선택의 정신을 중시한다. 이렇게 집단보다 개인을 중시하는 개인주의는 전체주의, 집단주의, 권위주의, 공동체주의, 부족주의, 국가주의와 대립한다. 개인은 무엇이든 스스로 결정할 자유와 스스로 실현할 권리를 갖고 있으며, 개인주의는 그런 개인의 자유와 권리를 전적으로 존중한다.

진정한 의미에서 개인주의는 같은 집단 안의 사람이라도 각자의 견해와 취향, 개성이 다를 수 있다는 점을 흔쾌히 인정한다. 개인주의가 서로 다른 모든 개인의 권리를 중시하는 이러한 기준을 무시하고 자신의 권리만 중시할 경우 이기주의로 변질될 수도 있다. 개인주의는 공동체의 이익이나 집단의 정치, 도덕, 철학 기준에 크게 좌우되지 않지만 공동선公同善, common good의 기준은 지킨다. 집단과 대립된 내 의견이 중요한 만큼, 아무리 소수 의견이라고 해도 나와 다른 타인의 의견을 똑같이 중시한다. 반면 이기주의는 공동선의 기준을 넘어 나만 특권적으로 생각하기 때문에 타인에게 피해를 입힐 수 있다. 타인의 상황이나 사회의 기준을 무시하고 극단적으로 나만 중시해서 내 의견과 다른 것은 억압하거나 차별하는 등 사회적 문제를 야기할 수 있다.

개인주의자라고 해서 보편적으로 적용되는 기준이나 공동선의 철학이 없는 것은 아니다. 그들은 개인성을 기반으로 각자 다른 기준과 철학을 갖고 있지만, 모든 개인성 존중이라는 기준만큼은 상대방에게도 똑같이 적용하기 때문에 개인주의를 이기주의와 등치할 수 없다. 개인의 관점이 사회 전체의 관점과 일치하지 않더라도 존중받아야 한다는 점에서 타인의 선택도 내 선택만큼 중요하기 때문이다. 개인은 개별적 방식으로 정치·도덕·철학의 영역에 참여하며, 독립적 사고와 개별적 의견에 따라 의사 결정을 한다. 그래서 개인주의자들은 정치적 자유주의, 도덕적 에고이즘, 혹은 철학적 실존주의 경향을 띨 수 있으며, 이 모두가 혼합되거나 중첩된 성향을 보일 때도 있다. 개인주의자의 의사 결정은 무엇보다 독립적 사고와 개별적 의견에서 비롯되지만, 모든 개인의 권리를 존중하므로 그 적용 기준은 모두에 대해 평등하다.

근대적 개인과 개인주의는 전근대적 전통 사회가 근대적 이성 사회로 변화하면서 생겨났다. 중세에는 교회와 지역공동체가 신앙과 삶의 중심이었고, 대부분의 사람은 자신이 태어난 가족과 마을의 전통과 규범을 따르며 살았다. 계급이나 직업도 부모의 것을 그대로 물려받았고, 공동체의 관습과 규범을 중시했다. 계급과 가문과 출신 지역이 중요했고, 한 개인은 큰 의미를 갖지 않았다. 이름이나 생김새, 개성 같은 개별적 특성이나 독립적 사고방식도 중요하지 않았다.

로베르 르그로Robert Legros는 『개인의 탄생』에서 전근대적 질서가 붕괴하면서 새롭게 탄생한 개인을 '보편적'이면서 '개별적'인 존재라고 설명한다. 근대 이전에는 신분적 위계질서와 태생적 소속 관계에 귀속되었던 인간이 근대에 와서 과거의 질서나 관계에서 분리되면서 새롭게 탄생했는데, 이런 근대적 개인을 만든 것은 '유사성의 원칙'과 '개별성의 원칙'이라는 것이다. 유사성의 원칙은 너와 내가 평등하다는 점에서 유사하다고 보고, 개별성의 원칙은 인간이 모든 소속 관계에서 벗어난 각자 다른 존재라고 본다.

르그로에 따르면 근대적 인간이 보편적이라는 것은 모든 인간이 신분의 고하 없이 모두 같은 인권을 가지므로 평등하다는 의미이며, 개별적이라는 것은 과거의 소속 관계에서 벗어나 서로에게서 독립해 있는 자율적 존재라는 의미다. 근대적 개인은 모두 자유롭고 평등한 인권 주체라는 점에서 유사하며 보편적이다. 하지만 그 개인들이 과거의 소속 관계에서 벗어난 각각의 독립적이고 자율적인 주체라는 점에서는 개별적이다. 근대적 인간은 언뜻 대립되는 속성처럼 보이는 보편적인 것과 개별적인 것의 기이한 결합으로 만들어진다.

르그로는 이처럼 근대적 개인이란 서로를 평등한 존재로 간주하고, 또한 각자가 서로에게서 독립된 자율적 존재라고 파악한다. 민주주의의 기원을 이루는 이런 인간관계는 근대에 새롭게 등장한 것으로, 평등과 자율과 개인의 독립을 공존의 원칙으로 확립한다. 근대적 개인에게 인간으로 존재한다는 것은 평등한 조건에서, 자유로운 선택으로 자신을 개별화하고 그 책임도 스스로 지는 것이다. 인간은 천부인권론이 말하는 보편 인권의 주체라는 점에서 유사하지만, 모든 소속 관계에서 벗어나 자신만의 개성과 개별성을 스스로 발현한다는 점에서 각자 모두 다르다. 그래서 근대적 인간은 보편적이면서 개별적이고, 비슷하면서 서로 다른 존재이다.

전근대 사회에서는 위계의 원칙이 지배적이었고, 한 사람의 정체성正體性, identity을 결정하는 것은 그 사람의 태생적 소속 관계였다. 프랑스 대혁명 이전에 프랑스는 강력한 군주제 국가인데다 제1신분, 제2신분, 제3신분이 있어서 태어날 때 부모의 혈통에 따라 신분이 결정되었다. 제1신분에는 추기경, 대주교, 주교, 교구 사제, 수도사, 수녀 등의 성직자가 있고, 제2신분에는 공작, 후작, 백작, 자작, 남작 등 영토와 작위를 가진 귀족이 있었다. 그 나머지는 모두 제3신분이었는데 상인, 은행가, 장인, 농노, 노동자 등이 포함되었다. 당시 제3신분이 전체 인구의 98퍼센트에 달했으니 국민 대다수가 소수 특권층의 부와 명예를 위해 평생 열심히 노동하며 살았다고 할 수 있다. 영국을 포함한 그 외의 대다수 유럽 국가도 왕이 지배하는 신분제 계급사회였다.

위계의 원칙이 공존의 기준이 되었던 과거에는 사람의 사회적 위치를 말해주는 소속 관계가 원칙적으로 태생적 소속 관에서 비롯되었고, 그런 위계질서는 본질적이거나 자연스러운 것으로 받아들여졌다. 출생에 따라 계급, 종교, 성별, 민족, 가족, 집단, 종족, 국가의 일원으로서의 정체성이 결정된다고 생각했다. 그것이 천성이자 본성이라고 여겼다. 누구나 소속 집단의 기준에 따라 자신을 표현하고 계급에 맞게 행동해야 했다. 전근대인은 타고난 태생에 따라 수직적 위계 관계를 운명으로 받아들였고 그에 맞추어 행동했다.

하지만 계몽주의 사상이 등장한 후 이성을 가진 모든 인간은 평등한 존재로 인정되었고, 모든 인간 사이의 관계는 민주적 관계로 맺어졌다. 근대적 개인이 등장하면서 그동안 당연하거나 자연스럽게 여겨졌던 신분의 위계질서, 권위적 소속 관계에 대한 집단적 반발이 일어났다. 이제 사람은 자신이 소속된 관계, 사회적 계급이나 기능과는 별도로 하나의 독립된 존재로 인식되기 시작했다. 더 나아가 타인 역시 자신과 닮은 존재, 즉 모든 소속 관계에서 벗어나 어디에도 포섭되지 않은 존재로 인식했다. 근대적 의미의 인간은 기본적으로 타인을 자신과 유사한 비非위계적 존재이자 모든 집단이나 공동체의 소속 관계에서 벗어난 개별적 개인으로 간주한다.

앞서 언급했듯이 근대적 개인은 인본주의와 민주주의의 관점에서 개별 주체의 특성을 인정한다는 의미에서 보편적인 것과 개별적인 것의 기이한 융합을 보여준다. 인본주의는 중세와 다른 새로운 인간 본성human nature에 관한 사상이다. 인본주의 관점에서 보면 모든 인간은 개별화된 존재, 즉 모든 소속 관계에서 자유롭고, 모든 기능에 앞서며, 모든 분류에서 벗어난 존재이다. 또한 근대 민주주의의 기본 원칙 아래서 인간은 누구나 태어나면서 자율성의 권리, 개인적 독립의 권리로 이해되는 '자유에 대한 동일한 권리'를 지닌 존재로 인정된다. 이런 생각은 전근대의 어떤 사회에도 존재하지 않았다. 전근대 사회는 태생적 불평등의 원칙, 위계적 원칙을 기반에 두고 있었기에 인간이 인간인 한 자유롭다는 사상과 관련된 평등의 원칙을 거부했다. '타율성의 원칙'과 '공동체의 원칙'이 지배하는 사회였던 것이다.

근대적 '자율성의 원칙'과 '개별성의 원칙'은 전근대적 타율성의 원칙과 공동체의 원칙을 거부하고 새로운 개인(근대적 인간)을 만들어낸 기반이다. 근대적 개인은 '비특수화된 개인'을 추구하며 과거의 '특수화된 소속 관계'를 거부한다. '비특수화된 개인'이라는 것은 보편 인간의 평등한 자율성을 신봉하며, 과거의 특수한 소속 관계에서 벗어나 보편적 인간의 평등과 자율을 추구한다는 뜻이며, 개인의 독립적이고 개별적인 선택과 판단을 존중한다는 의미다. 따라서 인간의 비특수화, 권위의 탈신성화, 개인의 독립성은 개인들이 개별화할 수 있는 조건이고, 그 개별화가 있어야 근대적 의미의 인간, 즉 개인을 만들 수 있다.

내가 나인 것은 나는 내가 행동하는 대로 행동하고, 내가 생각하는 대로 생각하고, 내가 느끼는 대로 느끼고, 내가 원하는 대로 원하고, 내가 욕망하는 바를 욕망하기 때문이다. 그러나 내가 나라는 것은 나에 앞서 있고 나를 초월하는 질서에 내가 자연적으로(어쩌면 초자연적으로) 편입되어 있다는 뜻이기도 하다. 우리는 나 자신이 하나의 자율적인 존재임을 인식하는 만큼 타인을 하나의 존엄한 인간 존재, 즉 자율적 존재로 대해야 한다. 모든 인간을 하나의 인격적 존재로 대해야 한다는 것은 칸트의 정언명령定言命令(모든 인간이 절대적으로 지켜야 하는 도덕률)에도 들어 있다. 즉 인간을 단순한 수단으로서만이 아니라 목적으로도 대하는 것이 인간의 도덕적 의무인 것이다.

그러므로 근대적 개인의 '보편적'이면서도 '개별적'인 특성은 인간 각자가 갖는 인간의 존엄성에 대한 윤리적 감수성을 전제로 한다. 내가 나 자신의 쾌락과 이익만 좇는다면 그것은 응당 되어야 하는 내가 아닐 것이라는 도덕적 반성은 자율적 존재로서의 인간이 가진 인간 존엄성에 대한 나의 책임을 일깨운다. 근대적 개인은 보편적 인권의 주체이면서 동시에 어떤 공동체의 소속 관계에도 구속되지 않는 개별적 주체이다. 그리고 그런 보편적이고 개별적인 근대적 개인의 특성은 이성을 가진 '보편' 인간의 존엄성을 인정하고, 민주적 관계 속에서 그 존엄한 인간 모두가 평등하다는 기본 인식에서 나온다. 그와 함께 요구되는 것이 바로 나와 같은 권리를 가진 타인의 특별한 개성, 개별적 특성을 존중하는 '윤리적 감수성'이다.

근대적 개인의 보편적이고 개별적인 특성은 평등과 자유라는 기본적 인권 의식에서 비롯된다. 모든 인간은 평등하다는 점에서 같지만, 각자의 개별적 특성을 추구할 자유 때문에 서로 다르다. 같음과 다름의 독특하고도 역설적인 복합체가 바로 근대적 개인이다. 나를 남과 다르게(개성적으로) 표현할 권리를 우리는 모두 똑같이 갖고 있다. 너와 나는 다르지만, 각자가 자기 개성을 표현할 권리는 같다. 그것이 똑같은 개인의 권리를 서로 존중하면서 서로 다른 각자의 개별성을 발휘하는 기반이다.

현재적 자아인 나의 정체성은 보편적 평등과 개별적 자유에서 온다. 우리는 남녀노소 할 것 없이 한 인간으로서 평등하다. 그러나 그 개개인은 모두 제각각 다르다. 그래서 나와 다른 너의 개성을 나의 특성만큼 존중하고, 다수의 의견이나 규범적 성향과는 다른 소수자의 견해나 특이한 취향도 무시하지 않는다. 그것이 근대적 주체관이 현대에 남겨준 유산이기도 하고, 현대인이 계속 유지하고 있는 보편과 개별의 이중성이기도 하다.

04

나 자신을 발명하는 인간

자기계발을 통해 스스로 개척하는 삶

근대적 개인은 누구나 보편적 인권을 평등하게 갖는 동시에 자기만의 방식으로 자신의 삶을 선택할 수 있다. 앞에서 말했듯이 근대적 개인은 보편적이면서 개별적인 존재이기 때문이다. 근대적 개인은 타율성과 공동체의 원칙보다 자율성과 개별성의 원칙을 받아들인다. 이런 개인은 나의 자유만큼 타인의 자유도 소중하다는 것을 받아들이므로 공감에 기초한 사회적 관계를 가능하게 한다. 자유는 무제한이 아니라 사회적인 제한이 있으므로 자유만큼 책임도 중시한다. 따라서 이기주의가 아닌 건강한 개인주의는 각각의 개별성이 서로 공존하는 바탕이 된다.

진정한 개인이 되기 위해서는 우선 '너 자신의 이성을 사용할 용기를 가지라'는 칸트의 언명대로 통념에 얽매이지 않는 독립적인 사고와, 자기 자신이 판단과 생각과 실천의 주체라는 인식이 필요하다. 그다음에는 자신을 교육하고 훈련하여 자신이 목적한 자아를 완성하려는 열정과 노력이 필요하다. 18세기 독일의 교육철학자 요한 고트프리트 헤르더Johann Gottfried Herder(1744~1803)는 '네가 만들고 형성한 것이 바로 너 자신이고, 과거의 너이자 지금 현재의 너'라고 말했다. 나를 실현한다는 것은 과거와 현재를 통해 끊임없이 나 자신을 만들어가는 것, 다시 말해 나 자신을 발명해가는 일이다. 자기교육과 자기계발을 통한 근대적 자아의 형성은 개인이 자신의 삶을 스스로 선택하고, 또 스스로 만들 수 있는 길을 열었다.

전근대 사회의 사람은 태어날 때 이미 신분이 결정되었고, 혈연과 가문을 중시해 '피는 못 속인다'고 믿었다. 조선시대 사람의 이름 석 자 중 성씨는 가문의 표시였고, 항렬자는 가문 내 같은 위계에 있는 사람들이 공유하는 표식이었다. 지역공동체가 협소하고 폐쇄적인 사회에서는 본인과 그 아버지의 이름만 알면 그의 정체를 특정할 수 있었다. 두 사람의 이름을 알고서도 정체를 확인할 수 없다면 그를 '근본 없는 가문' 출신으로 규정했다. 당시에는 천민을 제외한 일반인은 사민私民, 즉 사농공상 가운데 하나에 종사하는 사람이었는데 직업 수도 적었거니와 직업은 개인의 정체를 파악하는 데 중요한 고려 사항이 아니었다. 그래서 버릇없는 젊은이를 나무라면서 그 사람의 행동을 비판하기보다는 '네 아비 이름이 뭐냐'라고 호통치곤 했는데, 전근대적 사고방식을 명백하게 보여주는 행동이다.

일제강점기에 식민지 자본주의가 들어서면서 직업이 다양해지고 과거의 직업은 새로운 직업으로 재편되었다. 서울의 경우 도시민의 중심이었던 많은 관료와 군인이 실직했고, 왕실과 관청에 물자를 납품하던 시전市廛 상인과 공인工人들이 거래처를 잃었다. 그 대신 학교 훈도訓導(초등학교 교원), 매약상賣藥商, 대서소 서기書記, 부동산 중개업자(복덕방), 은행원, 신문기자, 인력거꾼, 전차 차장, 공장 직공 등과 같은 새로운 직업이 생겼다. 과거와 달리 새로 생긴 직업은 세습된 것이 아니었기에 가문보다 개인이 중요해졌다. 한 사람의 정체성을 파악하는 데는 이름, 거주지, 나이뿐 아니라 직업도 포함되었다. 지금은 이름과 직업이 개인을 나타내는 데 가장 중요한 요소라고 할 수 있다. 현대인에게 중요한 것은 가문보다 직업이고, 평생 반복해서 숙련된 일이 한 사람을 대표하게 되어 '직업은 못 속인다'는 말도 생겨났다.

서양도 비슷한 변화의 과정을 거친다. 중세 봉건제도 아래서 농민은 영주에게, 기사는 주군에게, 귀족은 자신보다 신분이 높은 귀족이나 왕에게, 왕은 신에게 복종하고 충성을 바쳤다. 부모가 귀족이면 자녀도 귀족이고 부모가 농민이면 자녀도 농민이었으므로 귀족은 농민이 될 수 없었고 농민은 귀족이 될 수 없었다. 농민에는 농노, 소작농, 자작농이 있었는데 그들은 정도만 다를 뿐 모두 예속된 신분이었고 부모의 직업을 대물림했다.

장인의 경우도 마찬가지였다. 중세 유럽 도시에 있던 도제 제도徒弟制度는 상인이나 수공업자의 동업조합이었던 길드 내부에서 후계자 양성을 위한 기술을 연마하고 동업자끼리의 경제적 독점을 위해 만들어진 제도였다. 그 안에는 도제, 직인, 장인의 세 단계가 있었지만 당시 사람들은 신분제도로 인해 직업 선택의 폭이 좁았고, 신분이 대물림되듯 직업도 대부분 아버지의 직업을 이어받았다.

하지만 근대적 개인은 스스로 직업을 선택할 수 있고, 먹고 살기 위해 살아 있는 대부분의 시간에 어떤 노동을 할지도 스스로 결정할 수 있다. 나는 내가 추구하는 가치가 내가 사는 세계에서, 또 나와 가까운 사람들과의 관계에서 어떤 중요성을 갖는지를 선택하고 판단하고 행동으로 구현하면서 내 인격을 형성해간다. 독일의 철학자 고트프리트 빌헬름 라이프니츠Gottfried Wilhelm Leibniz(1646~1716)는 '개인은 단일성과 유일성을 지닌 독립적 개체'라고 했고, 근대적 사회계약론을 주장한 영국의 정치사상가 존 로크John Locke(1632~1704)는 '인간은 자신의 신체와 행위, 그리고 노동의 주인'이라고 했다. 집단과 구분되는 '단일성', 타인으로 대체될 수 없는 '유일성', 전통과 관습의 속박을 벗어던지는 '독립성'이 근대적 개인의 표상이라면, 그는 자신의 신체와 행위, 노동의 주인으로서 스스로의 판단에 따라 행동하고 그 행동으로 삶을 선택하는 자율적 주체라고 할 수 있다.

한국 최초의 근대적 개인으로는 서재필徐載弼(1864~1951)을 꼽을 수 있다. 그는 1884년 스무 살의 나이로 김옥균, 박영효, 서광범 등과 갑신정변을 일으켰고, 정변이 사흘 만에 실패한 후 대역죄인이 되어 도망자 신세가 되었다. 부모와 처자식은 목숨을 버리고 동생은 참형을 당했으며 두 살배기 아들은 버려져 죽었지만 홀로 살아남아 일본을 거쳐 미국으로 망명했다. 미국에서 이름을 필립 제이슨Philip Jaisohn으로 바꾸고 낮에는 일하고 밤에는 공부해서 고등학교와 의과대학을 졸업한 그는 조선인 최초로 서양 의학을 공부한 의사가 되었다.

미국에서 민주주의와 민권사상, 근대적 문물을 배우고 '개인'이라는 개념을 알게 된 그는 1895년 미국 시민의 신분으로 조선에 귀국해 최초의 민간 신문인 〈독립신문〉을 창간했고, 서구 열강과 일본 제국의 동아시아 강탈전의 한가운데에 놓인 조선의 개화와 독립을 위해 헌신했다. 조선의 근대화에서 무엇보다 그가 중요하게 생각한 것은 교육이었다. 그는 나라의 독립은 민중을 계몽할 수 있는 교육에 달려 있다고 보았다. 그래서 신분의 귀천을 막론하고 모두가 읽을 수 있도록 순한글체 신문을 발간해 서구의 민권사상과 민주주의, 법치주의를 알리는 데 주력했다. 서재필 혹은 필립 서는 스스로 운명을 개척하고 자신의 삶을 선택하고 교육하여 자신을 재발명한 조선 최초의 근대적 개인이라고 할 수 있다.

미국의 근대적 개인으로는 '현대 인권운동의 어머니'로 불리는 로자 파크스Rosa Louise McCauley Parks(1913~2005)를 꼽을 수 있다. 그녀는 1955년 미국 앨라배마 주 몽고메리에서 백인 승객에게 자리를 양보하라는 버스 운전기사의 지시를 거부했고, 그 때문에 인종 분리에 관한 법률을 위반한 혐의로 경찰에 체포되었다. 당시 미국 남부에서는 인종분리법(일명 '짐 크로우 법')으로 일상생활에서 흑인과 백인이 분리되었고 학교와 식당, 화장실 등 거의 모든 시설 중 좋은 시설은 백인 전용이었기 때문에 흑인들은 명백한 사회적 차별을 받았다. 버스와 기차 같은 대중교통수단도 마찬가지였는데, 좌석을 분리해 버스 안의 앞 네 줄은 백인 전용으로 지정했다. 흑인 어린아이들은 학교 버스가 없어서 걸어서 통학하던 시절이었다.

법으로 인종차별이 규정된 시대였으므로 흑인들은 법적으로 자신이 백인보다 못하다는 편견을 현실로 받아들였다. 그러나 로자 파크스는 용기를 내어 개인의 권리, 즉 같은 요금을 낸 버스 승객의 평등한 좌석 권리를 처음으로 주장했다. 1955년 12월 1일 몽고메리 페어 백화점에서 하루 일을 마친 로자 파크스는 오후 6시쯤 클리블랜드 거리에서 버스에 올랐고, 유색인종 칸 중 맨 앞줄에 앉았다. 그런데 점차 버스 앞줄의 백인 전용

좌석이 차고 백인 승객 두세 명이 서 있게 되자 운전기사는 유색인종 칸 표지판을 뒷줄로 옮기고 그 사이에 앉은 흑인 네 명에게 일어나라고 했다. 세 명의 흑인은 운전기사의 지시에 따랐으나 로자 파크스는 거부했다.

파크스는 경찰서에 넘겨졌고 몽고메리 시 조례 6장 11절의 분리에 관한 법을 위반한 혐의로 기소되었다. 그러나 원래 그녀가 앉을 때 그 좌석은 유색인종 칸이었으므로 혐의를 벗고 저녁때 풀려날 수 있었다. 이 사건으로 인해 382일 동안 몽고메리 버스 보이콧이 이어졌고, 마틴 루터 킹Martin Luther King Jr.(1929~1968) 목사가 여기에 참여하면서, 이 사건은 흑인의 권익을 개선하는 미국 인권운동의 시초가 되었다. 로자 파크스는 백화점 점원에서 민권운동가가 되었고, 민간인이 받을 수 있는 최고의 훈장인 대통령 자유 훈장을 받았다.

공동체와 대립하는 개인의 선택은 문학작품에도 나타난다. 16세기 영국의 극작가 윌리엄 셰익스피어William Shakespeare(1564~1616)의 「로미오와 줄리엣」은 원수지간인 몬터규와 캐풀렛 가문의 자제인 로미오와 줄리엣의 사랑과 비극적인 죽음으로 유명하다. 캐풀렛 가문의 줄리엣은 로미오를 사랑하므로 아버지의 이름을 버리겠다고 말한다. "오 로미오, 로미오, 왜 이름이 로미오인가요? 아버지의 이름을 버리세요. 아니, 그렇게 못하시겠다면 저를 사랑한다고 맹세해주세요. 제가 아버지의 이름을 버리겠어요." 이들은 가문에 반대하는 개인의 선택과 목숨 건 낭만적 사랑을 보여준다. 신분제 사회에서 귀족의 자제가 스스로 택한 최대의 개인적 행동이라고 할 수 있다.

18세기 초 대니얼 디포Daniel Defoe(1660~1731)의 소설 『로빈슨 크루소』(1719년)에 등장하는 로빈슨 크루소는 근대적 개인, 아버지의 만류를 뿌리치고 미지의 세계를 향해 탐험한 청년, 안락한 중산층의 삶을 뒤로하고 새로운 세계와 운명을 개척한 실용적이고 합리적이며 경제적인 신인류의 대표자로 종종 지목된다. 이 소설은 영국 요크 출신의 뱃사람 로빈슨 크루소가 탐험 중 표류해 아메리카 대륙 오리노코 강 주변의 무인도에서 28년간 혼자 살다가 기적적으로 구출된 사건을 자서전 형식으로 쓴 이야기다. 일단 로빈슨의 직업이 탐험가 혹은 모험가라는 점부터 남다르다. 또 바다에서 난파된 후에도 좌절하지 않고 혼자 힘으로 근면하게 생활을 설계하고 탈출할 배도 만들어, 결국 생존에 성공할 뿐 아니라 식인종에게 잡아먹힐 뻔한 원주민 프라이데이를 구출해 언어를 가르치고 친구로 만든다. 근대적 개인이 새로운 세계에서 혼자 문명을 건설하고 생존할 가능성, 그리고 미개인을 교육해 문명화시킨 사례를 보여준 것이다.

근대적 개인은 아버지의 이름, 가문의 지위, 공동체의 전통과 관습과 권위를 거부한 신인류의 삶을 새롭게 개척했다. 그리고 그 행동 원칙은 자율성, 독립성, 유일성이다. 관습에서 벗어나 자신의 의지로 선택한 삶을 혼자서 개척하고 또 성취하려는 개인주의는 자유와 존엄성을 지키려는 정신적 가치이며, 과거에는 사회에 수동적으로 예속되었던 인간을 사회의 적극적 주체로 변모시킨다.

근대적 개인은 지역주의와 신분제의 대물림과 서열을 거부하고, 가족주의나 권위주의에 도전하며, 학연과 지연을 따지는 집단주의를 벗어나 스스로 삶을 설계하고 계획한 대로 실천하면서 자신의 길을 완성하고자 한다. 그것이 바로 자기 계획, 자기교육, 그리고 자기실현이다. 나의 삶은 나 스스로 설계하고, 내가 갈 길은 그 누구도 아닌 내가 결정한다. 그리고 내 설계와 결정을 실현하기 위해 평생 학습하고 훈련하고 연마하는 것이 근대적 개인의 삶이다. 나를 발명하는 것은 다름 아닌 나이며, 내 의지와 노력이다.

05

경제적 인간의 등장

시장경제는 어떻게 성공할 수 있었는가

근대의 과학혁명과 계몽주의 사상은 신분 질서를 무너뜨리고 인권 의식을 확장시켰다. 그런데 무엇보다도 근대 사회를 특징짓는 가장 큰 실생활의 변화는 바로 시장의 확대이다. 시장경제의 대두는 신분 차별이 없는 근대적 인권이 확립된 실질적 배경이 되며, 여기에는 자유롭고 평등한 개인이 천부인권의 권리를 가지고 스스로의 판단에 따라 계약을 통해 경제적 권리를 행사한다는 의미가 들어 있다. 시장의 확대와 시장경제의 발달로 등가적 교환 관계를 통해 합리적 이익을 추구하는 사람들이 생겨났다. 경제적 인간Homo economicus은 어떤 명분이나 대의보다도 이익과 이윤을 추구하는 인간이다. 18세기 후반 애덤 스미스Adam Smith(1723~1790)의 『국부의 본질과 원인에 관한 연구(국부론)』 이후 인간의 이익 추구는 탐욕으로 물든 부도덕한 것이 아니라 국가의 부를 풍요롭게 하는 도덕적인 경제 행위로 인정되었다.

그에 앞서, 경제적 이익 추구가 종교적 지지를 받은 데에는 구교(가톨릭)의 문제를 파헤치고 종교개혁을 이끈 16세기 프랑스의 신학자 장 칼뱅Jean Calvin(1509~1564)의 예정론과 직업 소명설이 큰 공헌을 했다. 종교개혁은 1517년 독일의 마르틴 루터Martin Luther(1483~1546)가 95개조 반박문을 비텐베르크 교회의 정문에 내걸고 로마 가톨릭교회 도미니코회의 면죄부 판매를 강력히 비판하면서 시작되었다. 교회 건립비와 재정문제를 해결하기 위해 금전이나 재물을 봉헌한 사람에게 죄를 면해주는 증서를 교부하는 것은 누가 보아도 기독교의 기본 정신에 어긋났기 때문이다. 그 후 칼뱅은 인간을 구원하는 것은 신의 대리자인 교회가 아니라 전적으로 성령을 통한 하느님에게 달려 있다고 주장하면서 교회의 부패를 비판했다. 칼뱅은 루터가 시작한 종교개혁을 완성했다고 평가받는 인물이다.

루터의 사상을 계승한 칼뱅은 신앙에 의한 정의로움을 인정하고, 신앙의 유일한 기준이자 권위로서의 성서聖書를 인정했다. 그의 독자적 사상은 신만이 절대적 주권을 가지며, 인간의 구원과 멸망은 신에 의해 예전부터 결정되어 있다고 말한다. 그의 예정론은 인간의 구원은 인간의 행위나 노력에 의해 이루어지는 것이 아니라 하느님의 의지로 미리 정해진 것이라고 본다. 따라서 예정된 운명이 사람의 선행이나 악행으로 바뀔 수 없으며, 다만 선행은 구원의 수단이 아니라 구원의 징표가 된다. 구원이 예정되어 있는지 아닌지를 알 방법은 교회가 아니라 오직 일상생활 속에 있으며, 사람을 위해 신이 존재하는 것이 아니라 신을 위해 사람이 존재하므로 신의 뜻을 받들어 열심히 일해서 돈을 모았다면 그것이 바로 구원의 증거이다. 이제 신의 선택을 받은 자는 물질적인 축복도 받을 수 있다.

원칙적으로 칼뱅 사상에서 내가 구원을 받았는지 아닌지를 나타내는 표시는 지칠 줄 모르는 신앙에 있다. 그는 신앙이 곧 은총의 징표를 나타내는 자기 증거라는 입장을 고수했으며, 자신이 선택받았다는 확신과 정당성은 일상생활 속의 투쟁에서 얻어진다고 강조했다. 따라서 무엇보다 먼저 자신을 선택받은 사람이라 믿고, 모든 의심을 악마의 유혹으로 여겨 물리치는 것이 의무화되었다. 다음으로, 이런 자기 확신에 도달하기 위한 가장 좋은 수단으로 강조된 것은 끊임없는 직업 노동이었다. 오직 노동만이 종교적 회의를 떨치고 구원에 대한 확신을 준다는 것이다. 신의 영광을 위해서는 금욕적이고 지칠 줄 모르는 노동이 필요하다고 강조함으로써 이제 노동(직업) 자체가 절대적 목적, 즉 신의 소명이 되었다.

직업 소명설은 '모든 직업이 하느님의 거룩한 부름에 의한 거룩한 일'이라는 직업윤리를 말한다. 목사나 사제 등의 성직만 거룩한 게 아니라 농부나 어부 같은 평범한 직업도 하느님이 허락한 거룩한 일이라고 주장한다. 이런 사상은 중세의 봉건 사회를 구성한 성직자, 귀족, 농민과 달리 도시와 상업의 발달로 새로운 세력이 된 '시민 계급'의 지지를 받게 되었다. 자본력을 가진 상공업자는 사회에서 큰 영향력이 있었지만, 청빈을 강조하는 기독교 관점에서 이들의 사유재산은 부정한 것으로 간주되었다. 그러나 이제 열심히 노력해서 번 돈은 구원의 징표이자 거룩한 부름에 응답한 결과라는 정당성을 얻게 되었다. 일하는 것 자체가 거룩한 것이므로 노동자들은 성실히 일했고, 임금이 적어도 크게 불평하지 않았기 때문에 자본가의 이윤을 높이는 데에도 유리했다. 또 노동자들은 열심히 일하고도 청빈하게 살고자 했기 때문에 그들의 저축을 통해 자본을 축적하는 데도 효과적이었다.

20세기 초에 출간된 막스 베버Max Weber(1864~1920)의 『프로테스탄트 윤리와 자본주의 정신』은 서구 근대 자본주의의 근본정신이 16세기에 발흥한 프로테스탄트 신교 윤리에 있다고 주장했다. 신교 윤리는 직업을 중시하는 현세적 세속인들에게 영향을 미쳤다. 직업 소명설을 주장한 칼뱅주의 윤리가 이윤을 추구하는 상공인(자본가)의 기업, 공장, 계약을 발달시켰고, 재투자를 위한 자본을 축적할 수 있게 한 것이다. 베버는 이런 이유를 들어 특히 칼뱅의 직업 소명설에서 온 직업윤리가 자본주의 발전에 큰 영향을 끼쳤다고 본다. 신교 윤리는 성실한 노동과 귀천 없는 직업 소명을 강조했지만, 역설적이게도 자본주의의 발달을 이끈 정신적 동력이 된 것이다.

이제 물질적 부를 추구하는 것은 공동체와 국가의 번영에 기여하는 이타적이고 애국적인 행위이며, 열심히 노력해서 직업적 소명을 다하고 부자가 되는 것은 직업의 귀천과 상관없이 고결하고 윤리적인 행동이 되었다. 물질적 풍요는 기본적으로 모든 사회의 염원이지만, 부는 다른 사람과 함께 나누는 것이지 개인이 독점해서는 안 된다는 정신적 가치는 개인의 이익 추구에 걸림돌로 작용해왔다. 기존의 종교 윤리는 물질적 욕구를 부도덕한 것으로 간주했기 때문에 가톨릭이 지배하는 전근대 사회에서 드러내놓고 부를 추구하기는 어려웠다.

그동안 정신적 고결함과 물질적 청빈을 강조해온 종교 윤리는 '부자가 천국에 들어가는 것은 낙타가 바늘구멍을 통과하는 것보다 힘들다'고 말했다. 구교(로마 가톨릭)는 교만, 인색, 질투, 분노, 음욕, 식탐, 태만을 7대 죄악으로 여긴 반면에 겸손, 자선, 친절, 인내, 순결, 절제, 근면을 7대 미덕으로 칭송했다. 자신의 욕망을 줄이고 타인에게 자선을 베풀라고 강조하며, 현세의 물욕은 내세의 지옥으로 연결된다고 가르쳤다. 그러나 신교(프로테스탄트) 윤리에 따르면 성실히 일한 노동자가 부자가 되는 것은 신의 부름에 응답하는 것이며 구원받은 자의 징표이다. 이로써 모든 경제활동은 정당하고도 거룩한 것이 되었다.

물질적 부의 추구가 윤리적이고 종교적인 면에서 정당성을 확보하자, 이제 이익을 늘리고 부를 확대하는 방법이 중요해졌다. 애덤 스미스가 주목한 것은 인간의 교환 본능에 따른 분업이었다. 인간이 오랜 역사 동안 생존한 것은 사회적으로 협력하는 존재이기 때문이며, 따라서 분업이야말로 가장 효율적인 부의 창출 방법이라고 보았다. 근대적 경제체제는 전통이나 권위가 아니라 경쟁의 원리로 운영되는 시장경제체제이고, 분업과 교환에 입각한 이 체제에서 중요한 것은 생산과 이익의 합리적인 극대화였다. 애덤 스미스는 사람이라면 누구나 자신의 이해관계에 가장 관심이 많으며, 본능적으로 자신에게 금전적으로 가장 이득이 되는 활동을 하게 된다고 말했다.

이익을 추구하는 경제적 인간이 탄생하게 된 데에는 몇 가지 역사적 배경이 있다. 우선 중세 봉건 사회가 중앙집권제 국가로 바뀌면서 정치체의 규모가 커졌고, 인본주의와 르네상스 정신이 강화되면서 종교적 정신이 쇠퇴했다. 또한 도시가 계속 커지자 농촌의 식량으로 많은 도시인구를 먹여 살려야 했는데, 그 과정에서 돈으로 물건을 사고파는 행위가 활성화되었고 화폐와 상인이 중요한 위치에 올랐다. 게다가 18세기 영국에서 일어난 산업혁명으로 획기적인 생산기술의 발전이 일어났다. 증기기관의 발명을 필두로 수력발전, 방적, 인쇄, 제지, 풍차, 시계, 지도 제작 등 많은 산업 분야의 신기술이 새로운 발명품을 통해 쏟아져 나와 대량생산이 가능해졌다. 경제적 이익을 추구하는 경향이 중요해졌고, 새로운 학문적 분야로 정착되면서 경제학을 탄생시켰다.

시장경제체제는 토지, 노동, 자본이라는 전통적이고 본질적인 생산요소를 기반으로 발전했다. 인간이 토지에 들인 노동으로 만들어진 생산물이 재산이고, 그것이 축적되어 자본이 되고, 축적된 자본은 더 큰 생산을 위해 재투자된다. 토지, 노동, 자본 이 세 가지의 생산요소는 재화財貨 생산에 들어가는 투입물인데 토지와 노동은 본원적 생산요소, 자본은 파생적 생산요소라고도 한다. 이 중에서 인간이 직접 개입하는 부분은 노동이다. 따라서 인간의 노동생산성을 높이려면 노동을 효율적으로 관리하여 적은 노동으로 많은 생산물을 산출할 방법을 강구하는 것이 중요하다.

같은 노동시간 동안 더 많은 생산량을 얻을 수 있는 방법은 무엇일까? 인간의 노동 효율성을 높이는 방법에는 분업과 교환이 있다. 사람은 저마다 잘하는 활동이 제각기 다르다. 그러므로 삶을 위한 수많은 생필품 전부를 각자가 생산하기보다는 자신이 가장 잘할 수 있는 것만 생산하고 나머지는 다른 사람이 생산한 것과 교환하면 된다. 가령 어떤 사람은 빵을 잘 굽고 다른 사람은 옷을 잘 짓는다면, 한 사람은 빵만 열심히 만들고 다른 사람은 옷만 열심히 만들어서 서로 교환하는 게 효율적이다. 그럴 경우 자기가 잘하는 일만 하니까 생산성도 좋고, 한 가지 일만 반복하다 보니 노하우가 쌓여 전문성도 높아진다. 매일 한 가지 일만 하면 단조로울 수는 있지만, 결과적으로 생산성이 높아지고 사회 전체로 봐도 생산량이 더 커지게 된다.

분업이 좀 더 강화되면 빵 만드는 일 하나도 그 과정을 세분화해서 쪼갤 수 있다. 어떤 사람은 1년 내내 밀농사만 짓고, 다른 사람은 밀을 사다가 밀가루만 만들고, 또 다른 사람은 밀가루를 반죽해 오븐에 구워 많은 빵을 만들고, 또 다른 사람은 구운 빵을 시장에 배달해주거나 배달받은 빵을 팔기만 해도 된다. 농사만 짓거나, 밀가루 제분만 하거나, 운송업만 하거나, 판매만 하는 사람도 시장에서 다른 사람이 구운 빵을 사 먹을 수 있다. 옷도 마찬가지다. 목화 재배나 양 목축, 실잣기, 천짜기, 디자인, 재단과 재봉, 단추와 지퍼 달기 등 여러 단위로 쪼갤 수 있다. 단순 반복 동작으로 세분화된 노동은 기계로 대체할 수도 있다. 분업은 노동을 전문화할 수 있고, 분화된 노동을 기계로 전환하면 생산성을 획기적으로 높일 수 있다.

분업은 생산성뿐 아니라 한 사회의 풍부함과 세련됨도 높인다. 세분화된 분업의 반복은 노동의 숙련도를 높여 전문화된 생산물을 만들게 한다. 그런 고품질의 생산물이 많은 사회는 물적 자원이 풍부하고, 세련된 문화의 고양으로 이어질 수 있다. 분업으로 인한 숙련된 노동의 결과물은 교환을 통해 전체 사회의 삶의 질을 높일 수 있다. 인간은 교환하는 동물이므로 한 사람의 전문화된 생산물을 다른 사람의 전문화된 생산물과 교환한다면 한 사회에서 구할 수 있는 재화와 서비스가 다양하고 풍요로워질 뿐 아니라 제품의 품질과 문화적 품격도 높아진다. 시장의 규모가 클수록 분업은 더 세분화되고 전문화되어 더욱 세련된 문화생활을 가능하게 만들 것이다. 분업과 교환경제에서 무엇보다 중요한 것은 시장의 크기이다. 물품을 교환할 시장이 작으면 결국 한 개인이 여러 분야의 일을 해내야 하므로 생산성과 전문성이 떨어진다.

한편 시장에서의 상거래는 독립적이고 동등한 개인 사이에서 나타난다. 이익 추구라는 똑같은 목표를 가진 경제적 인간은 각자의 경제적 이익을 높이고자 자발적으로 시장에 참여하고, 압력이나 무력이 아닌 계약에 의해 재화와 서비스를 거래한다. 가격이나 제품에 합의가 안 될 경우 안 사면 그만이다. 결정권은 철저히 당사자 개인에게 있다. 가격정찰제 이전에는 매매가격이 흥정으로 합의되었다. 흥정이든 정찰제든, 모든 구매(교환) 행위는 판매자와 구매자 간의 합의를 의미하는 약속이자 계약으로 이루어진다. 따라서 시장에서 판매자와 구매자는 기본적으로 동등하다. 우리가 시장에서 거래를 하는 것은 인류애가 아니라 개개인의 이익 때문인데, 거래하는 모든 인간은 기본적으로 자신의 이해관계에 가장 관심이 많다는 점에서 동등하다.

화폐가 거래의 매개물로 보편화되기 전에도 시장은 존재했다. 그런데 근대의 화폐경제는 시장의 거래를 훨씬 더 활성화했고 경제적 생산성도 높였다. 우리가 협의, 교환, 구매를 통해 자신에게 필요한 물품을 평등한 상호 원조의 방식으로 획득하게 되는 것처럼, 분업은 인간의 교역하고 교환하는 거래 본능과 결합하여 획기적으로 생산성을 높였다. 팔려는 사람이 많은데 사는 사람이 적으면 가격은 내려가고, 반대로 사려는 사람은 많은데 파는 사람이 적으면 가격은 올라간다. 가격은 오르락내리락하면서 자연 가격과 중심 가격을 스스로 찾아간다. 이른바 '보이지 않는 손invisible hand'이 작용하는 것이다. 시장을 있는 그대로 내버려두면 시장에서 거래되는 가격은 원가에 평균 수준의 이윤을 더한 가격, 즉 자연 가격으로 결정되어 상품이 정확히 자신의 가치대로 거래된다. 그리고 이러한 자연 가격은 다른 모든 상품의 가격을 자신에게로 끌어들여 중심 가격이 된다.

시장에서 상거래를 하는 개인은 독립적이고 동등하다. 이들은 개별적 주체이지만 모두 똑같이 개인의 이익을 극대화하려는 목적으로 거래에 임한다. 또한 서로의 이익 극대화 관점을 동등한 권리로 이해하면서 자신의 거래 기준을 제시하고 합리적으로 적용한다. 더 큰 차원에서 보면, 각 개인은 자신이 사용할 수 있는 자본을 가장 유리한 방법으로 사용하려고 계속 노력한다. 이들이 관심을 갖는 것은 자신의 이익이지 사회의 이익이 아니지만, 자신의 이익을 추구하다 보면 자연스럽게 사회에서 가장 유익한 곳에 자본을 투자하게 된다.

상거래를 하는 개인은 자신의 경제적 이익과 가격 대비 효용을 극대화하기 위해 매우 계산적이면서 합리적인 결정을 한다. 이들은 근대적 개인의 개별적 특성뿐 아니라 생산 효율성 및 제품 전문성을 극대화한 분업을 기반으로 서로의 생산물을 합리적으로 교환하는 '경제적 인간'이다. 시장에서 분업한 생산물을 교환하는 각 개인은 저마다 자기 이익을 최우선시한다는 점에서 모두 평등하다.

06

돈이 너희를 자유롭게 하리라?

화폐경제, 해방과 구속의 양면성

시장에서 물건을 사고파는 행위는 '기술과 본능'으로 무장된 독립적이고 동등한 개인 간의 합리적 거래이다. 각자 전문 분야에서 숙련한 기술, 그리고 이익을 추구하려는 개인적 본능을 가진 경제적 인간 사이의 거래에서 가장 중요한 것은 같은 가치척도를 가진 공통의 용구이자 매개물, 즉 돈이다. 타인의 물건이나 서비스를 받는 대가로 지불하고, 내 물건이나 서비스를 주는 대신 지불받으며, 여유가 있을 때는 저축하고 여유가 없을 때는 남에게 빌리는 바로 그것이다.

현대 자본주의 사회에서 돈은 필수품이며, 시장에서 통용되는 합의된 등가교환等價交換의 매개물이자 경제적 가치의 척도라고 할 수 있다. 지금은 신용카드, 휴대전화 혹은 각종 금융

앱 페이, 사이버상의 다양한 전자화폐, 실시간 계좌 이체가 발달해서 작은 물건을 사고팔 때뿐만 아니라 큰 거래를 할 때도 돈의 실물이 나타나지 않는 경우가 많다. 그러나 그런 실물 없는 거래 뒤에도 돈이라는 교환 매개물은 항상 존재한다.

돈 자체가 처음부터 있지는 않았다. 지폐는커녕 동전조차 없는 시대도 있었다. 돈이 활발하게 쓰인 것은 물물교환을 하는 시대가 근대적 시장경제로 변화하면서 상업의 공통된 용구가 필요해졌기 때문이다. 처음에는 소나 돼지, 닭 같은 살아 있는 가축이 공통 용구로 쓰였는데, 점차 이동하기 용이하고 등가물로 소분하기 편한 소금, 조개껍데기, 말린 대구, 담배, 설탕, 가죽, 못, 대나무, 포목 같은 물품화폐(실물화폐)로 대체되었다. 이후 이런 등가물이 부패해버린다거나 정확한 등가물로 분할하기 어렵다는 문제가 생기자 금속화폐가 등장했다. 그러다가 금속의 순도와 무게 측정의 난제를 해결하기 위해 공적 각인이 박힌 주조화폐, 즉 주화가 제도적으로 생겨났다.

서양 최초의 주화는 터키 인근 지역인 고대 리디아 왕국에서 사용한 리디아 금화이고, 고대 그리스에서는 은제 주화인 드라크마가 사용되었다. 한국에서 출토된 가장 오래된 금속화폐는 기원전 6세기경의 명도전明刀錢(중국 춘추전국시대에 사용된 돈)이고, 한국 최초의 금속화폐로는 고려 성종 때 철전과 동전으로 주조된 건원중보乾元重寶가 있다. 세계 최초의 지폐로는 10세기 말경 동銅으로 만든 통화가 부족하자 쓰촨四川 등지에서 상인들이 임시로 사용한 것으로, 닥나무 종이로 만든 예탁증서인 송나라의 교자交子가 꼽힌다. 유럽 최초의 지폐는 1661년 스웨덴의 민간은행(스톡홀름 은행)에서 발행한 은행권이고, 은행이 아닌 정부가 발행한 구미권 최초의 지폐로는 1775~1779년 미국 독립 전쟁 비용을 마련하기 위해 13개 식민지 주정부가 발행한 대륙 지폐가 있다.

하지만 현재 세계의 기축통화로 통용되는 달러 지폐를 중심으로 생각해보면, 근대적 지폐의 탄생은 17세기 영국에서 발행된 금 보관증goldsmiths' note에서 출발한다. 당시 영국에서는 상인들이 금 세공업자에게 금을 맡기고 보관증을 받았다. 그 배경은 이렇다. 이전에는 상인들이 돈을 벌어 영국 정부에 금으로 맡겨두었는데, 그랬더니 왕이 마음대로 금을 꺼내 쓰는 것이었다. 이를 알게 된 상인들은 금 세공업자에게 보관료를 내고 금을 맡기기 시작했다. 그 뒤로 상인들은 언제든지 보관증만 들고 가면 맡겨둔 자기의 금을 편하게 꺼내 쓸 수 있게 되었다.

금 보관증은 곧 돈처럼 사용되었다. 무거운 금을 들고 다니지 않아도 상거래가 가능했고, 거래 대금 대신에 받은 증서를 들고 세공업자에게 가면 금으로 교환할 수 있었기 때문이다. 금 보관증이 현금처럼 유통되자 금 세공업자들 중에서 전문적인 금 보관업자가 늘어났고 이들은 점차 은행업자로 발전했다. 이 지폐(금 보관증)는 언제든 지폐의 가치에 해당하는 액수를 금으로 교환해준다는 약속을 담은 태환지폐였으므로 현금 기능을 했다. 나중에 금의 시세에 따라 지폐의 가치가 변동되자 1930년대에는 지폐를 금으로 바꿔주지 않는 불환지폐가 나타났다. 1971년 8월 15일 닉슨 대통령이 '앞으로는 달러를 금으로 교환해주지 않겠다'고 선언함으로써(이른바 '닉슨 쇼크') 미국 달러는 불환지폐가 되었다. 그럼에도 미국 달러는 여전히 기축통화로 기능한다. 지폐는 화폐가치가 안정적으로 유지될 것이라는 암묵적 약속 아래 발행되고 있으며, 사람들은 그 약속을 믿으며 종잇조각인 지폐를 돈으로 사용한다.

물품화폐, 금속화폐, 주조화폐, 금 보관증, 태환지폐, 불환지폐 등 돈은 시대마다 다른 양상으로 나타났지만, 공통된 가치의 척도로 인정받으며 시장에서 유통되어왔다. 이런 돈의 유통은 근대의 대도시를 중심으로 큰 규모의 시장이 발달하면서 더욱 중요해졌고, 현대 자본주의 사회에서는 전능한 신의 위치에까지 오르게 되었다. 칼 마르크스Karl Heinrich Marx(1818~1883)는 화폐가 가진 '보편성'이 그 존재의 '전능성'이며, 화폐는 현존하며 활동하는 가치 개념으로 사물의 구별을 없애고 뒤섞거나 뒤집어버리기 때문에 '만물의 보편적 혼동이자 전도'라고 주장했다. 돈으로 할 수 있는 일이 많아지자 돈은 모든 것을 가능케 하고, 모든 사물의 가치를 전도하거나 역전할 강력한 힘을 가지게 된 것이다. 현대의 돈은 아픈 사람을 치유하고 비참한 삶을 행복하게 만들어주기도 하지만, 반대로 돈에 대한 집착과 걱정을 만들어 모든 사람을 돈의 노예로 만들기도 한다.

전근대 사회에서는 돈보다 땅이 중요했다. 중세 유럽 인구의 90퍼센트는 장원에 거주하는 농부였고 거주 이전의 자유가 없었다. 농민은 1년 내내 노동으로 정신없이 바빴다. 특히 6월의 성 요한 축일부터 9월 말까지는 밀이나 포도 등 농작물을 재배해야 했고, 수확이 끝나면 포도주를 만들고 가축을 도살하며 영주의 겨울나기를 도와야 했다. 성탄절 무렵에는 영주를 위해 사역을 해야 했고, 이듬해 2월부터는 다시 보리농사가 시작되었다. 수확이 끝나면 각종 농기구와 시설 이용료를 영주에게 지불하고, 1주일에 사흘은 영주의 직영지에서 무료로 노동해야 했는데, 영국에서는 인두세까지 내야 했으므로 농부는 그저 먹고사는 것만으로도 삶이 고단해 다른 생각을 할 여유가 없었다.

중세 유럽의 장원莊園에는 크게 영주와 수도사, 농부 계급이 있었는데 자세히 보면 같은 농부끼리도 신분이 조금씩 달랐다. '농노農奴'는 영주의 땅에 예속된 농부로, 영주의 보호와 사법 지배를 동시에 받았다. 그 대신 매년 영주에게 생산물과 노동력을 바쳐야 했다. 농노는 사유재산권을 인정받았기 때문에 노예보다 신분이 높았으나 자유민보다는 낮았고, 영주의 땅을 빌려 쓰는 대가로 농업 수확물을 공납하고 일정 기간 영주에게 노동력을 제공하는 부역의 의무가 있었다. '소작농'은 지주에게 땅을 빌려 쓰는 임대료(소작료)를 지불해야 했고, 소작료에는 밀, 감자, 보리, 콩 등 곡식으로 납부하는 물납소작료와 화폐로 지불하는 금납소작료가 있었다. '자유농민'은 봉건 계약이 맺어지지 않은 자유 토지를 스스로 경작했기 때문에 편차는 있지만 영주에 대한 의무가 상대적으로 적었다.

봉건제 사회에서 대다수의 농민은 피지배자의 위치에 있었고, 영주와 농노는 군신 간의 보호와 복종, 부양과 봉사라는 종속적 계약관계였다. 하지만 14세기 이후 농노제도가 축소되고 소작제도가 유행하면서 예속성이 줄어들었다. 지주는 직영 경작지를 농민에게 소작지로 내어주고 수확물의 절반을 소작료로 받았다. 소작농은 땅을 빌리긴 했지만 지주에게 농사일을 간섭받지 않았고, 지주가 바뀌더라도 소작권은 보호되었다. 장원의 농노도 자신의 경작지를 가진 경우 자작농이 되었고, 이 무렵에는 소작과 자작을 겸한 자소작농이 대부분이었다.

그래도 여전히 농민에게는 기본적인 공납과 부역의 의무가 있었는데, 14~15세기에 화폐경제의 영향력이 점차 커지면서 장원에서도 일정한 금액으로 그 의무를 대신하는 화폐지대가 생겨났다. 생산물 공납과 부역의 의무가 화폐지대로 바뀌자 농민들은 자신의 경작지에만 집중해서 노동력을 투입할 수 있었고, 그 결과 농민들 스스로 부를 축적할 수 있게 되었다. 영주의 직영지는 고용된 농업 노동자들이 경작했다. 농민들이 부역 대신 화폐로 지대를 낼 수 있게 되자 사실상 농노는 노예살이에서 해방되었다. 돈이 영주와 농민 간의 지배와 예속관계를 붕괴시킨 것이다.

돈은 농노의 해방과 자유민의 탄생을 의미했다. 농노는 영주에게 노동력을 제공하거나 생산된 농작물을 바치지 않아도 그것에 해당하는 지대를 화폐로 지불하면 종속과 예속을 피할 수 있었다. 돈은 합의된 등가의 교환 매개물이자 경제적 가치의 척도였고, 합당하게 맺어진 계약에 따라 정해진 지대를 지불하는 것만으로도 영주의 구속에서 벗어나 자유롭고 풍요로운 생활을 기대할 수 있었다. 교환의 매개 수단에 불과한 돈이 종속적 수직 관계에서 농민을 벗어나게 해준 것이다. 돈은 계량적이고 정량화된 순수한 객관성을 지녔으며, 모든 현상에 공통되게 수량적으로 적용된다. 그에 따라 사물의 성질과 질적 특성을 평준화하면서, 양적 교환가치를 통해 평등한 수평 관계를 가능하게 한다.

시장이 발달한 도시에서 근대의 화폐경제는 사람들의 정신과 심리에도 영향을 미쳤다. 18세기 상공업의 발달로 부를 축적한 도시의 시민들은 계급주의 정치와 권위주의 종교라는 역사적 속박에서 해방되고자 했고, 모든 인간의 평등과 존엄성을 주장하기 시작했다. 그리고 19세기에 와서는 이 같은 보편적 자유와 평등의 추구 외에도 개인의 특수성이 주장되었고, 개인은 남과 비교되거나 대체될 수 없는 존재로 인정받는 독특한 상황이 벌어졌다. 사회적이고 기술적인 메커니즘 속에서 개인이 평준화되고 개별성이 소모되는 데 대한 반작용이었다. 돈은 양적 가치를 질적 가치로 변화시켰다. 순수한 객관성과 교환가치를 중시하는 돈의 비인격적 · 양적 가치가 관습과 신분의 굴레에서 벗어난 평등과 자유, 그리고 누구도 대체할 수 없는 독특한 개성이라는 인격적 · 질적 가치로 변화된 것이다.

이성적 계산에 입각한 개인주의는 화폐경제의 특성과 맞물려 있으며 대도시라는 새로운 생활환경과도 밀접하게 연관된다. 대도시에 사는 사람들은 대체로 신경과민과 둔감함을 동시에 갖고 있다.(제16장 참조) 대도시에서는 내적이고 외적인 자극이 급속도로 밀려 들어와 끊임없이 변하므로, 감각적 · 정신적 생활의 리듬이 소도시보다 훨씬 더 빠르고 변화무쌍하게 흘러간다. 이런 상황에서 개인은 쇄도하는 이미지 변화에 심리적 부담을 느끼며 신경과민에 걸리기 쉽다. 대도시는 소도시나 시골과 달리 자극이나 정보의 양이 많고 그 속도 또한 빠르기 때문에 심리적 부담이 커서 늘 긴장되고 예민해진다.

그런 반면, 방어기제가 작동해 급속도로 밀려드는 신경 자극과 외부 환경의 변화에 대해 대도시의 개인은 뜨거운 감정이 아닌 차가운 지성으로 반응하면서 오히려 냉정함과 둔감함을 보이기도 한다. 사물들이 가진 차이의 의미나 가치를 성찰할 겨를도 없이 모든 대상을 공허하고 단조로운 색조로 받아들이면서 딱히 더 선호할 것도 없다는 생각에 빠져드는 것이다. 현란하고 유별난 개성의 표출만큼이나 그 정반대 현상인 속내 감추기, 상호 무관심, 무심함이 나타난다. 이런 둔감함과 무심함은 사실상 냉담뿐 아니라 은밀한 반감, 적대감, 반발심도 포함한다. 겉보기엔 무관심한 듯 아무 반응이 없지만, 사실 속으로는 상대를 경멸하고 증오하는 것이 대도시의 소통법이다.

반감을 숨기며 속내를 드러내지 않는 태도는 대도시의 개인에게 일정 정도 자유를 보장하는 보편적 삶의 형식으로 나타난다. 무심함 속에서 별난 개성이, 개성의 과도한 표출에서 몰개성의 공허가, 혼잡에서 고독이, 빠르고 강한 자극에서 차갑고 무신경한 냉담이, 신경과민에서 둔감함이 나타나는 것이 대도시의 역설적 심리이다. 보통 도시인이 시골 사람보다 더 차갑고 무심한 경향이 있는데, 그 속내를 알 수 없고 어쩌면 내부에 상호 적대심까지 품고 있다면 그것은 화폐경제에서 비롯된 이성적 계산이 만든 피폐한 정신의 세계일 수 있다.

독일의 사회학자 게오르그 짐멜Georg Simmel(1858~1918)은 『돈의 철학』에서 돈의 이중성과 화폐경제로 인한 물질문화, 그리고 그것이 현대인의 생활과 심리에 미친 영향을 분석한다. 그에 따르면 근대 이후 자본주의는 거역하거나 흐름을 되돌릴 수 없는 역사적이고 사회적인 힘이자 질서가 되었다. 자본주의 물질문화는 새로운 정신문화의 물질적이고 경제적인 토대가 되므로 물질문화와 정신문화의 상호작용이 중요해진다. 그래서 대도시의 화폐경제체제는 사회학, 심리학, 경제학, 인류학, 미학 전반에 영향을 미친다. 아무런 특성도 없는 획일적 매개물이자 모든 것을 무차별적으로 평준화하는 돈은 근대적 개인의 인격을 발전시키고 자유를 고양하는 조건이다. 화폐경제는 그 물질문화 안에 살고 있는 개인의 삶 전체와 상호 작용하여 개인의 정신에 변화를 가져온다.

돈과 정신은 복합적으로 연결된다. 짐멜은 돈 자체에 이중적 성격과 역할이 있으며, 집단의 동일성과 개인의 차이를 동시에 가능케 한다고 말한다. 돈은 어디서나 동일하게 통용되는 보편적 이해관계와 결합 수단, 소통 방식을 제공하여 모든 것을 수평화·평등화함으로써 서로 다른 것들을 동일한 조건으로 결합한 결과 큰 사회 영역을 창출한다. 한편 돈은 가장 개인적인 것을 자유롭게 성취할 수 있게 함으로써 개인의 독립성과 자율성을 지켜주기도 한다. 돈의 무특성이 특성으로, 비인격성이 인격성으로 전환되는 것이다. 요약하면, 돈은 보편성을 개별성으로, 양적 기준을 질적 기준으로 전환시킨다. 무심하고 계산적이라서 모든 것을 양적으로 획일화하는 돈이 질적으로 독특한 개인의 개성과 개별성, 대체 불가능한 유일성을 만든다는 역설이다.

이 같은 짐멜의 화폐 이론과 철학은 일견 자본주의(화폐경제)의 인간 소외를 비판하고, 계산적인 양적 가치 중심으로 변해버린 지금의 사회를 부정적으로 보는 것 같지만 꼭 그런 것은 아니다. 그보다는 화폐경제로 인한 삶의 변화에 주목하며, 물질과 긴밀히 연결된 인간 정신의 상호작용을 강조한다. 돈은 사물의 다양성을 균등한 척도로 재고, 질적 차이를 양적 차이로 표현하면서 모든 가치의 공통분모로 작용하는 강력한 평준화 기계이다. 그 앞에서 사물의 핵심과 고유성, 특별한 가치와 비교 불가능성은 사라지게 된다. 그것은 대도시 특유의 냉담함과 둔감함을 만들기도 하지만, 역설적이게도 개인이 강한 개성을 자유롭게 펼칠 수 있는 문화적 조건이 된다.

화폐경제가 활성화된 대도시는 수적·공간적 의미와 삶의 내용이 커서 소도시나 시골보다 집단의 내적 통일성이 느슨해진다. 큰 집단 속의 개인은 행동하는 데 훨씬 더 많은 자유를 얻기 때문에 개성과 특수성을 강화할 수 있다. 집단은 작을수록 구성원의 행위를 촘촘히 규제할 수 있는 반면, 집단이 커질수록 그러한 통제가 어려워지는 경향이 있기 때문이다. 무미건조한 돈의 양적 가치는 자유의 확대라는 질적 가치로 전환되고, 돈의 객관적인 비인격성이 주관적인 인격성을 만든다. 대도시는 화폐경제와 근대인의 정신 사이에 상호작용이 이루어지는 장소, 모더니티가 활성화되어 개인의 정신적 삶을 형성하는 장소가 된다.

대도시의 크기에 비례하는 개인의 자유는 이동의 자유나 편견에 구애받지 않는다는 소극적 의미만 있는 것이 아니다. 자유의 궁극적 본질은 인간이 저마다 특별하고 비교 불가능한 삶을 영위하는 가운데 표출된다. 자유로운 개인의 고유성은 어떤 것으로도 대체할 수 없는 개인의 개별성, 즉 유별남, 변덕, 멋부리기 같은 대도시 특유의 과장된 행동으로 나타나기도 한다. 도시가 비인격적인 화폐경제의 공간이기 때문에 오히려 개인적인 것을 표현하기 위해 개성과 특성을 짜내고 개별적인 것을 과장할 필요도 생긴다.

대도시 화폐경제의 양적 조건은 개인의 독립성과 인격의 특이성이라는 두 가지의 개인주의를 생산했고, 이것은 정신의 세계사에서 새로운 가치를 획득했다. 개인은 과거의 정치, 농업, 길드, 종교의 억압과 역사적 구속에서 해방되어 독립된 존재가 되었고, 그 누구도 대신할 수 없는 질적으로 유일하고 대체 불가능한 개인적 가치를 갖게 되었다. 대도시의 개인은 독립적이면서 특이하다. 그것이 화폐경제가 만든 문화적 성과이다. 현대인을 탈개성화하고 탈인격화한 평준화 기계가 역설적이게도 유일하고 대체 불가능한 개별적 개인의 가장 독특한 특성을 만든 것이다.

돈은 인간을 계급에서 해방된 독립적이고 특이한 개인으로 만들어 자유를 가져다주기도 했지만, 모든 것이 돈으로 수량화되고 계산되자 다른 모든 사물의 핵심, 고유성, 가치, 비교 불가능한 특성을 무화시키기도 했다. 돈이 전능성으로 군림하는 획일적이고 강력한 구속이 된 것이다. 그래서 현대인에게 돈은 자유이자 구속이며, 평등이자 불평등이고, 개성이자 몰개성이며, 인격이자 비인격이고, 특성이자 무특성이라는 역설적이고 이중적인 조합으로 발현된다.

07

나는 나를 표현할 권리가 있다

자유정신의 토대 위에서 형성된 사생활의 역사

현대인은 자신의 개성과 특성을 강조하는 경향이 있지만, 내가 외부에 표현하고 싶은 모습이 있는 만큼 감추고 싶은 부분도 있다. 그래서 개인의 사생활 혹은 프라이버시privacy 침해에 대한 거부는 개별성을 표현할 권리만큼 중요하다. 대한민국 헌법에 모든 국민은 사생활의 비밀과 자유를 침해받지 않는다고 명시되어 있고, 세계인권선언도 개인은 자신의 개인적인 일, 가족, 주거 또는 통신과 관련하여 타인으로부터 간섭받거나 명예와 신용에 대해 공격받을 일이 없으며, 사람은 누구나 간섭 또는 공격에 대해 법의 보호를 받을 권리를 갖는다고 적시한다.

현대 사회에서 가장 사적인 것은 한 개인의 정신적으로 혹은 육체적으로 내밀한 부분이나 가족, 연인, 부부 등 개인적인 관계의 영역에서 발생한다. 프라이버시는 이러한 사적인 영역을 공적인 영역과 구분하여 '개인의 존엄과 인격을 보호하는 정치적 공간'이다. 그것은 근본적으로 개인이 맺는 관계와 개인만의 고유 영역에 관한 공간 개념이다. 본인의 동의가 없는 한 개인의 사생활과 개인 정보가 타인이나 사회에 노출되지 않도록 보호하기 위해서는 독립된 개별 공간이 필요하다. 이진우의 『프라이버시의 철학』에 따르면 프라이버시는 정체성, 자율성, 인격성의 세 가지 양태를 갖고 있다. 개인의 정체성은 몸의 불가침성, 자율성은 자신에 관한 통제권, 인격성은 보호받아야 할 개인의 고유한 가치를 의미한다.

모든 인간은 스스로 자기의 생활을 드러내어 개별성을 표현할 권리가 있다. 하지만 개인이 노출하고 싶은 정보는 그 개인의 진면목이 아닐 수 있다. 또한 모든 인간을 대상으로 한 자기표현이 아닐 수도 있다. 원하는 특정 대상에게, 보여주고 싶은 이미지로만 자기 모습을 공개하고 싶은 개인의 욕망도 개인의 권리다. 자신의 사생활이 여과 없이 불특정 다수에게 노출되기를 원하는 사람은 없다. 밖으로 표현되는 개인의 개별적 이미지는 그가 보여주려고 선택한 개인 정보에 의해 구성되며, 어느 정도는 선별적 선택 작업을 통해 이미 특정 방향으로 개념화되어 있다. 그것이 타인에게 전혀 다른 개념으로 이해된다고 해도 말이다. 사생활 혹은 프라이버시라는 개념은 개인의 권리에 기반을 두고 고유한 몸의 정체성, 자기 이미지 관리, 개별 인격의 보호를 추구하는 근대의 발명품이라고 할 수 있다.

전근대 사회에서는 개인의 개별성이나 개성에 대한 관념이 약했고, 개인에게 정체성이나 자율성, 인격 같은 것이 있다는 생각조차 없었다. 계급사회의 신분제에 예속된 채 좁은 지역공동체 안에서 살아가는 사람에게는 그 지역이나 자신이 속한 가문이 중요했을 뿐, 개인의 특성은 필요하지 않았다. 태어난 지역과 가문, 혹은 자기 집이라는 울타리 안에서 평생 아버지의 일을 대물림하며 살았다. 단칸방에 온 가족이 모여 살았고, 외부에서 손님이 찾아오면 한방에서 같이 잤다. 중세의 단칸방 가옥은 축사와 겹쳐 있는 형태가 많아서 가축과 함께 생활하기도 했다. 사람의 생김새나 복식 스타일에는 관심조차 없었다. 초상화는 귀족이나 성공한 부르주아의 전유물이었고, 거울 달린 가구가 도시의 가정으로 확산된 것은 19세기에 들어서였다.

그렇다면 사생활은 어떤 역사를 거쳐 근대 개인주의와 자유라는 정신의 토대 위에서 형성되었을까? 자기 이름을 갖고, 그것을 묘비나 비석에 새기며, 거울로 자기 얼굴을 보고, 화가를 시켜 초상화를 그리는 것은 개인주의가 확산되면서 일어난 일상의 변화이자 사회의 모든 영역에서 개인의 모습이 드러나기 시작했다는 구체적 증거이다. 개인주의는 계몽사상이나 인권

선언 같은 철학적·정치적 영역뿐 아니라 일상생활에서 구체적인 형태로 나타났다. 이런 현상은 전근대적 전통의 유산이 인간을 지역과 가문의 일원으로 인식하던 방식에 균열을 일으켰다.

프랑스의 역사학자 알랭 코르뱅Alain Corbin(1936~)은 『사생활의 역사 4』에서 독창적인 개인의 이름 짓기, 거울을 통한 몸의 정체성 발견, 초상화로 표현되는 이미지 욕구, 사진술로 가능해진 초상의 평등한 확대, 개별화된 묘비명과 장례 담론 등을 통해 개인주의가 확대되는 과정을 보여준다. 19세기를 지나면서 개인의 정체성에 대한 감각은 분명해졌으며 점차 확산되고 있었다.

우선 이름의 변화다. 18~19세기에는 위대한 기독교 성인의 이름을 붙여주라는 가톨릭교회의 권고에도 불구하고 새로 태어난 아이들에게 다양한 이름이 지어졌다. 어떤 이름은 널리 유행했는데, 그 주기가 짧아지면서 세대 간 차별화가 일어나기도 했다. 어떤 세대에 인기 있는 이름은 급속히 확산되어 귀족과 민중, 도시와 농촌에서 동시에 같은 이름이 쏟아져 나왔다. 조부모나 부모의 이름을 아이에게 물려주는 관행은 점차 힘을 잃어갔다. 과거의 덕목을 이름으로 이어받거나, 좋은 이름이 좋은 운명과 직결된다는 생각도 줄어들었다. 도시화로 인구가 한 지역에 집중되다 보니 동명이인으로 인한 혼란의 가능성이 커지자 독특하고 개성적인 이름이 필요해졌다.

몸과 얼굴의 정체성도 달라졌다. 19세기의 농촌에서 거울을 가진 사람은 남자 이발사뿐이었다. 행상인이 확산시킨 손거울로 여자들이 자기 얼굴을 비춰볼 수는 있었지만 전신 거울은 홍등가에나 있었다. 아이에게 거울을 보여주면 성장이 억제된다거나, 사람이 죽은 다음 날 거울이 펼쳐져 있으면 불운이 온다거나, 처녀는 거울에 자기 알몸을 비춰봐서는 안 된다는 등 거울에 관련된 미신과 금기도 많았다.

당시 사람들은 필요에 따라 자신의 모습 일부를 볼 수 있었지만, 아직은 몸 전체에 대한 자기 이미지나 육체적 정체성이 부족했다. 하지만 19세기 말 부부 침실용 가구에 전신 거울이 달리면서부터 몸의 정체성이 새롭게 생겨났다. 육체의 영상은 관능적인 자극이었고, 아름답고 날씬한 몸에 대한 욕구가 생기면서 몸의 관리와 식이요법이 필요해졌다. 부드러운 살결, 조화로운 이목구비, 그리고 적당한 체중과 근육에서 오는 아름다운 몸의 선이 주는 시각적 쾌락도 알게 되었다.

초상화가 사회적으로 널리 확산되면서 개인은 자신의 남다른 성공을 멋지게 연출할 수 있게 되었다. 초상화는 한 인간이 자기 개성을 확인하고, 개별적인 자신을 의식하려는 노력의 결과로 나타났다. 부르주아의 초상화는 부유하고 강해진 사람의 사회적 위치를 나타냈고, 개인의 성공으로 가계의 위신까지 높이려는 욕망을 보여주었다. 초상화의 유행은 모방 과정이기도 했지만 평등에 대한 욕구를 만족시켜주었고, 그로 인해 이미지에 대한 욕구가 급속히 확산되었다. 이미지는 상품인 동시에 권력의 도구였다. 앙시앵 레짐 말기에는 초상화 기법이 더욱 정교해져서, 심지어 목걸이 장식이나 메달, 화장용 분통 뚜껑에도 그려졌다.

사진술은 개인의 초상을 빈부 격차 없이 민주적으로 확산시킨 획기적인 기술이었다. 초상화는 비용이 많이 들어서 귀족이나 부자의 전유물이었던 반면, 사진은 상대적으로 값이 싸서 이미지의 빈부 격차를 무너뜨릴 수 있었다. 1841년 사진술에 대한 특허권이 신청되었고, 이후 기술이 발전하여 1854년에는 명함판 사진을 찍을 수 있었다. 사진은 소도시에까지 퍼져 1프랑만 주면 거리의 사진사에게 자기 사진 한 장을 받을 수 있었다. 단돈 1프랑으로 개인의 이미지를 누구나 소장할 수 있게 된 것이다.

사진의 대중화는 또한 보정 기술의 발전을 가져왔다. 사진을 찍은 개인들이 몸 이미지의 시각적 아름다움을 높이고 결점이 되는 부분은 감추려 했기 때문이다. 주근깨, 주름살, 여드름은 사라지고 피부와 얼굴선이 매끄러워졌으며, 머리 뒤쪽에는 부드러운 후광이 자리했다. 시간이 지나면서 누드 이미지가 대중화되자 1850년에는 공공장소에서의 외설 사진 판매를 금지하는 법이 생겼다. 1880년에 아마추어 사진사가 등장하면서부터는 누구의 사생활이라도 카메라 렌즈에 포착될 수 있었다.

묘비 문화도 달라졌다. 19세기 초부터 개인 무덤이 크게 유행했는데, 너도나도 묘비명에 한 개인의 자랑스러운 인생을 열거하기 시작했다. 무덤 제작이 산업화되어 독창적 묘비명이 사라지자 이번에는 메달 형태의 사진을 추가해서 무덤의 개별성을 돋보이게 했다. 장례 담론의 출현으로 사람이 죽은 후에도 그 고결함이 상승하거나, 반대의 경우에는 불명예스러운 추문이 달리게 되었다. 이제 개인은 죽어도 죽지 않고 이미지나 글로 된 기념물로 존속하게 되었는데, 이렇게 자신을 후대에 남기려는 마음은 능력자나 영웅이 되고 싶은 개인적 자아감이나 자긍심에서 비롯되었다.

개인을 확인할 수 있는 기술이 발전하면서 신분 확인 기법도 달라졌다. 인구조사와 명부 작성, 호적, 여권과 주민등록증 발급 등의 수단으로 국가는 개인의 얼굴 사진뿐 아니라 출생과 주거지 기록을 갖게 되었다. 경찰은 범죄 방지와 처벌을 명분으로 개인의 신상 정보를 축적했는데, 그 과정에서 인상착의 기록 방법, 인체 측정 확인법, 지문 감식법 등 과학적이고 체계적인 수사 기법이 개발되었다. 국가와 경찰이 개인 정보를 갖게 되면서 사생활에 대한 감시 체제, 즉 파놉티콘panopticon이 나타났다. 파놉티콘은 19세기 영국의 공리주의 철학자 제러미 벤담Jeremy Bentham(1748~1832)이 제시한 전방위 감시 체제인데, 어두운 중앙탑에서 간수가 탑을 둘러싼 도넛 모양의 환한 감옥에 갇힌 죄수의 일거수일투족을 감시하는 시설에서 비롯되었다. 밝은 빛에 노출된 죄수는 간수가 보이지 않으므로 간수가 언제 자신을 감시하는지 알 수 없고, 그 결과 언제나 자신은 감시당한다고 생각하기 때문에 효과적인 통제 수단이다. 또한 한 명의 간수가 여러 명의 죄수를 감시하는데도 죄수는 늘 감시당한다는 심리 때문에 스스로의 행동을 통제하므로 효율적인 관리 수단이기도 하다.

국가를 유지하는 수단 중 하나는 개인에 대한 통제라서 국가와 개인은 사생활에 관한 한 대립 국면에 있다. 국가는 국민의 안전을 위해 개인을 감시하거나 통제하려 하고, 국민은 사생활과 프라이버시라는 개인의 권리를 고수하려 하기 때문이다. 국가는 안전을 위해 규칙과 질서, 구성원 개개인의 정보를 원하지만 개인은 국가의 통제나 관리를 받지 않는 고유한 자신만의 사적 공간을 원한다. 또 자신을 드러내더라도 자신이 원하는 방식, 원하는 이미지로 제한적으로 제시하려 한다. 안전을 위해 더 많은 가공되지 않은 전방위 정보를 원하는 국가와 제한적이고 가공된 정보만 선택적으로 주고 싶은 개인의 갈등은 근대 이후 늘 있어 왔다.

쉽게 말해 개인은 SNSSocial Network Service 정보만 주고자 하고, 국가는 CCTVClosed Circuit Television 정보를 원한다. 현대인 상당수가 이용하는 소셜 네트워크는 개인이 자발적으로 올린 사진과 개인 정보로 매일 넘쳐나고, 대도시 곳곳에 설치된 방범용 카메라는 수많은 개인 정보를 무차별적으로 녹화한다. CCTV는 공공질서와 방범 보안용으로 설치되었으나 양적으로 무한정 확대되면서 개인의 사생활을 침해하는 수준에 이르렀다.

소셜 미디어 속의 개인은 아름답고 멋지게 가공된 정보로 서로의 사생활을 공유하며 사교 활동을 한다. 여기에는 자신을 특정한 이미지나 개성으로 연출하고 선택적으로 노출하려는 욕망이 한쪽에 있고, 다른 한편으로 타인의 사생활을 엿보고 캐내려는 은밀한 욕망이 있다. 인간 심리의 관점에서 보면, 소셜 미디어는 노출증과 관음증의 절묘한 조화 속에 꾸준히 발전해 왔다. 거기에 사회적인 인기를 더하면서 이제는 팔로워 수에 따라 인플루언서로서의 권력, 경우에 따라서 직업적 경제력까지 누릴 수 있게 되었다. SNS는 개인의 개성 과시뿐만 아니라 온라인 사교 및 인맥 형성, 그리고 상업 광고용으로 폭풍 성장했고 지금도 나날이 진화 중이다. 19세기에 새로이 등장한 개인의 사생활이라는 개념은 21세기에 들어서 새로운 영향력으로 변화를 거듭하며 또 다른 의미로 정의되고 있다.

08

시간은 돈인가

테일러주의와 포드주의

시간에는 두 종류가 있다. 크로노스Chronos와 카이로스Kairos다. 누구에게나 공평한 하루 24시간은 크로노스이고, 사람마다 제각각 다르게 쓰는 불공평한 시간은 카이로스라고 한다. 크로노스(시간의 신)는 그리스 철학에서 시간을 의미하는 말로, 이름 자체가 시간이라는 뜻이며 그리스 신화에 나오는 태초의 신 중 하나다. 크로노스는 규칙적으로, 직선 형태로 흐르는 연대기적 시간이다. 한편 카이로스는 제우스의 막내아들이며 기회의 신이다. 앞머리는 길고 풍성하지만 뒤통수는 민머리다. 발에는 날개가 달려 있고 손에는 저울과 칼을 들고 있다. 그가 내 앞에 왔을 때는 쉽게 붙잡을 수 있지만 일단 뒤돌아서면 잡을 머리가 없고, 날개를 이용해 금방 사라져버린다.

손에 들린 저울과 칼은 기회가 왔을 때 정확히 판단하고 엄중히 결단하라는 의미라 할 수 있다. 카이로스는 불규칙하게 무정형으로 오는 기회chance의 시간이다.

시간은 근대화의 진행과 함께 표준화되었다. 사실 과거에도 시간이 없었던 것은 아니다. 그러나 시간의 단위가 지역마다 달랐고 기준도 제각각이었다. 지금은 모든 국가가 영국의 그리니치 천문대를 기준점으로 규격화된 시간대time zone를 사용하므로 시간 차이가 있는 국가 간에도 실시간 통신이 가능하다. 비행기와 철도를 이용한 집단 이동이나 수송에도 문제가 없다. 시간의 단위나 기준이 다르다면 불가능한 일이다. 현재의 표준시간Greenwich Mean Time, GMT이 형성된 것은 19세기 말엽의 일이다. 그 전까지는 카나리아 제도를 기준으로 그은 파리 자오선이 해도海圖 작법의 기준이었다.

그리니치 천문대가 세계 시간의 기준점이 된 과정은 순탄하지 않다. 기준 시간이 된다는 것은 '시간의 권력'을 쥐는 것이기에 국가 간의 갈등이 많았다. 통일된 시간이 특히 필요한 분야는 기본적으로 원거리를 잇는 통신과 교통 산업이고, 철도 회사는 각 지역의 시간이 통일되지 않으면 운영하기 어렵다. 1875년 영국 철도 회사의 요청으로 국제지리학회가 열렸고, 여기서 전 세계의 시간을 통일하자는 제안이 나왔다. 그때는 기준점을 파리 자오선으로 잡고자 했지만, 1881년에 일급 천문대가 있는 곳이 기준점이 되어야 한다는 새로운 주장이 제기되었고 그 기준점을 놓고 그리니치, 워싱턴, 베를린이 경합했다. 미국과 유럽의 철도 회사들은 그리니치 자오선을 받아들였지만, 프랑스는 완강히 반대했고 1911년 파리에 '국제시간국'이 설립된 후 이를 수용했다.

표준시간이 설정된 후에도 실제로 전 세계의 시간을 통일해서 맞추기는 쉽지 않았다. 1901년 굴리엘모 마르코니 Guglielmo Marconi(1874~1937)가 영국 콘월에서 캐나다 뉴펀들랜드까지 대서양을 가로지르는 무선 송·수신에 성공한 후, 사실상 무선전신이 실용화되면서 지구 전체가 전파속도가 허용하는 오차범위 안에서 시간을 맞출 수 있었다. 각 가정에 라디오와 전화가 보급되자 1924년 영국의 국영방송국 BBC가 라디오 방송으로 시보를 알렸고, 전화를 하면 현재 시각을 알려주는 서비스도 생겼다.

그런데 시간에 대한 표준적 기준이 모든 사람의 일상 속에서 효과적으로 작동하려면 무엇보다 개개인이 늘 시간을 알 수 있어야 한다. 지금은 휴대전화와 컴퓨터에 시계가 달려 있고 텔레비전과 라디오에서도 정기적으로 시보를 전하지만, 시계가 일반인에게 대중화된 것은 19세기 후반이다. 1880년대에는 6달러짜리, 이후에는 1달러짜리 시계가 대량 생산되면서 개인용 시계가 실용화되었다. 값싼 손목시계가 대중화되면서 대부분의 사람이 시간 장치를 몸에 지니고 다녔고, 이제 시간은 업무나 사교에서 중요한 기준이 되었다.

시간이 표준화되자 이질적 지역과 서로 다른 문화권 사이에 동질적이고 균일한 척도가 확립되었다. 아날로그시계에 있는 시침과 분침의 공간적 배치가 지도나 해도에서 방향을 나타내는 좌표로 인식될 정도로 시간의 공간화가 이루어졌고, 이제 시간은 측정뿐 아니라 계산도 가능한 양적 개념으로 변환되었다. 쉽게 설명하면, 우회전이나 좌회전 대신 '3시 방향, 9시 방향'이라는 말로 시간을 공간적으로 지칭할 수 있게 되었고, 3시에서 9시까지 양적으로 측량 가능한 여섯 시간이 있다는 것도 분명해졌다. 양적 개념이 된 시간을 더 작은 단위로 나누어 미시적인 조정을 할 수도 있고, 시간의 누적에 의해 어떤 방향성이 생기면 그것을 토대로 거시적인 계획을 세워 생산성을 높일 수도 있게 되었다. 시간이 표준화되자 시간은 양적 개념이 되었고, 시간이 양으로 변환되자 근대의 다른 생산물처럼 계산, 측정, 축적이 가능해졌다.

양적 개념으로 변환된 시간은 느슨하게 흐르던 개인의 일상에 구획을 만들고 삶의 효율성을 높였다. 산업현장에서는 노동생산성을 높이는 데 적극 활용되었다. 예를 들어 9시부터 6시까지 근무하는 직종의 경우라면 한 달 월급이나 1년 연봉을 하루 평균 아홉 시간 근로라는 단위시간으로 쪼개어 계산할 수 있다. 공장주는 상벌제를 도입해 근로자들의 출퇴근 시간을 적극적으로 관리할 수도 있다. 즉 지각이나 결근에 대해 단위시간 임금이나 하루치 임금을 공제할 수도 있고, 초과근무나 평균 이상의 우수한 실적에 대해서 임금 외 특별수당을 지급할 수도 있다.

출퇴근에 필요한 대중교통에도 표준시간이 활용되었고, 노동자들은 출근 시간에 맞춰 일어나 이동하고, 근무하고, 퇴근했다. 공장주의 노동시간 관리는 처음에는 단순히 출퇴근 시간을 정확히 지정하고 지각하면 벌금을 물리는 방식이었다. 영국에서 도자기 공장을 경영한 조샤이어 웨지우드Josiah Wedgwood(1730~1795)는 새로운 기계를 도입하지 않고 노동자들의 시간만 잘 관리해도 생산성을 비약적으로 상승시킬 수 있다는 것을 알았다. 웨지우드는 제시간에 출근해 일하는 사람을 칭찬하고 격려했으며, 때로는 그들에게 상금을 주었다. 그렇지 않은 사람에 대해서는 비난하거나 야단을 치고 벌금을 매기는 방식으로 노동시간을 통제했다. 단지 표준화된 기계적 시간을 도입해 정시 출퇴근이라는 단순한 규제를 했을 뿐인데도 생산성이 높아졌다.

그런데 규정된 근로시간 동안 노동을 효과적으로 관리하고 통제하는 것은 더 큰 효과를 가져왔다. 가장 효율적으로 계산된 노동량을 '하루의 과업'으로 설정한 뒤, 그 과업을 달성한 사람은 공개적으로 칭찬하고 상여금을 지급하거나 임금을 인상해주는 반면, 과업을 달성하지 못하는 사람은 공개적으로 비판하고 정도에 따라 임금을 고정하거나 삭감하는 방식으로 금전적 불이익을 주자 유능한 노동자는 살아남았고 무능한 노동자는 도태되었다. 유능한 노동자는 더욱 효율적인 노동 방식을 연구할 뿐 아니라 업무 실적을 놓고 서로 경쟁하는 방식으로 생산성 향상에 기여했다.

표준적 시간의 확립은 자본주의적 생산성을 높이는 방식으로 이어졌다. 시계 위의 시간이 자본주의적 시간이 된 것이다. 말 그대로 '시간은 돈'이었다. 노동자는 근로시간에 따라 임금을 벌기 때문이다. 시간이 분절도 되고 축적도 되는 계산 가능한 것이 되자 자본가에게 시간은 노동생산성을 높일 수 있는 중요한 요소가 되었다. 쉽게 말해 하루 아홉 시간 근무라는 똑같은 조건이더라도 노동자가 그 아홉 시간 동안 가장 효과적인 방식으로 주어진 일에 매진하면 생산성을 더 높일 수 있다. 노동시간은 자본가에게는 지급해야 할 인건비이고, 노동자에게는 임금을 의미했다. 노동자 입장에서는 적게 일하고 많이 버는 것이 효율적인 반면, 자본가는 정반대로 노동자에게 일을 많이 시키고 돈을 적게 주어야 효율적이다. 따라서 자본가 입장에서는 능력 있는 소수의 직원에게 돈을 많이 주더라도 전체 인원을 줄이면 비용 면에서 더 유리하다.

시간이 돈이므로, 효율적 시간 관리는 자본의 확대와 축적을 의미했다. 이제 노동자는 점점 더 자신의 행동을 시간표(하루의 과업)에 맞추게 되고, 경영자는 정해진 시간에 과업을 수행했는지 확인하고 결과에 따라 상과 벌을 주는 방식을 반복하며 노동생산성과 시간 대비 효율성을 계속 높여갔다. 표준화된 시간은 시간표에 노동(또는 개인적 삶)을 미리 계획하고, 결과를 확인하고, 확인된 결과에 따라 상벌을 주는 '시간 계획-결과 확인-포상' 체제를 다듬으며 시간 기계의 자본주의적 기능을 강화해갔다. 시간이 길수록 노동시간의 효율적 관리 방식이 점차 세밀해지고 정교해졌다.

시간의 효율성을 높인다는 것은 단위시간 내에 최대의 생산물을 만든다는 뜻이다. 노동 행위를 분절해서 단순한 동작으로 만들고, 단위시간 동안 노동자가 정신을 집중해서 단순 동작을 반복하면 적은 인력으로도 생산성을 높일 수 있다. 따라서 가장 효율적인 작업 과정을 설계하는 일이 중요한데, 미세한 노동 분업의 효율성은 너무나 뛰어나서 인원을 절감하고도 생산성을 높일 수 있었다. 목표가 달성될 경우 노동자는 상여금을 받거나 월급이 올라서 좋고, 자본가는 인건비 총액이 줄어서 좋다. 노동자끼리의 생산성 경쟁이 치열해지면 회사 전체의 생산성이 더 높아진다.

18세기 산업혁명 시대의 방적 공장에는 시간표와 시간 관리인이 있었다. 19세기 초까지만 해도 시간표는 간단한 수준이었지만, 19세기 후반에는 그것이 훨씬 더 정교하고 자세해졌다. 프리드리히 엥겔스Friedrich Engels(1820~1895)는 『영국 노동자 계급의 상태』에서 '시간이 돈'이라는 말이 실감나게 공장 풍경을 묘사한다.

> 다음과 같은 공장 규칙은 아주 일반적이다.
>
> 1) 작업 시작 10분 후 정문을 폐쇄한다. 그 후에 온 사람은 아침 식사 시간까지 들어갈 수 없다. 이 시간 동안 작업을 하지 않은 사람은 누구나 직기織機당 3펜스의 벌금을 물어야 한다.
>
> 2) 기계가 작동 중인 동안 자리를 비우는 직공은 한 직기당 한 시간에 3펜스의 벌금을 물어야 한다. 작업시간 중 감독자의 허가 없이 작업장을 떠나는 사람은 3펜스의 벌금을 물어야 한다. (……) 3분 늦게 온 노동자는 15분에 해당하는 임금을 벌금으로 물어야 하고 20분 늦게 온 노동자는 하루 일당의 4분의 1을 벌금으로 물어야 한다. 아침 식사 시간까지 출근하지 않은 노동자는 월요일은 1실링, 다른 날에는 6펜스의 벌금을 물어야 한다.
>
> –프리드리히 엥겔스, 『영국 노동자 계급의 상태』

시간이 돈이라는 생각은 경제학적으로도 유효하다. 시간

자체가 화폐화되어 있다는 생각은 기준 시간 동안 거둔 노동 생산물을 등가의 것으로 간주할 수 있게 한다. 예를 들어 하루 동안 토끼 네 마리 또는 노루 한 마리를 잡을 수 있다면 토끼 네 마리와 노루 한 마리는 등가의 가치여야 한다. 그런데 만일 토끼 한 마리가 노루 한 마리와 교환된다면 사람들은 모두 노루 대신 토끼를 잡을 것이다. 그렇게 되면 노루를 잡는 사람이 적어져 노루 값이 오를 것이고 결국 노루 한 마리와 토끼 네 마리가 애덤 스미스의 '보이지 않는 손'의 조정 작용에 따라 등가로 교환된다. 이는 경제학 개념인 기회비용opportunity cost에서도 나타난다. 기회비용은 하나의 재화를 선택했을 때 그로 인해 포기한 것 중 가장 큰 가치를 말한다. 어떤 생산물의 가치를 그 생산으로 인해 포기된 다른 생산 기회의 희생(비용)으로 보는 것인데, 기본적으로 선택과 포기의 바탕에는 동일한 시간 개념이 전제되어 있다. 그 시간에 다른 것을 했을 때 발생하는 가치를 비교하는 것이다.

하루의 노동시간은 제한되어 있는데, 그 제한된 시간에 노동생산성을 높이려면 어떻게 해야 할까? 시간의 효율적 관리를 통해 가능하다. 테일러주의Taylorism와 포드주의Fordism는 노동 관리를 통해 단위시간 내 노동생산성을 집중적으로 향상시키고자 했고, 생산물 중심으로 기계 체제를 재구성해 작업 노동자의 위치를 고정시켰다. 노동자들의 시간 관리와 공간 관리는 대량생산을 가능하게 했고, 성과급 제도로 구매력이 높아진 유능한 소수의 노동자는 회사의 제품을 구매하는 소비자로 기능할 수 있었다. 공장에서 열심히 일해서 노동의 대가로 받은 임금으로 자기 회사의 제품을 살 수 있게 된 것이다. 공장주나 기업은 노동시간 관리를 통해 노동생산성을 향상시켜 대량생산을 할 수 있게 되었을 뿐 아니라 자신이 생산한 물품을 구매할 소비자도 갖게 되었다. 그것이 노동 관리가 대량생산, 대중 소비로 이어지는 이유다.

테일러주의는 기술과 관리를 결합시켜 '노동의 과학적 관리'를 창안한 프레드릭 테일러Frederick W. Taylor(1856~1915)의 관리 방식을 말한다. 19세기 말에 등장한 테일러주의는 그때까지 노동과정에 통합되어 있던 구상과 실행의 기능을 분리해 구상은 관리자가, 실행은 노동자가 맡게 했다. 종전에는 숙련된 노동자 자신이 어떻게 일할지 구상하고 실행했지만, 이제는 관리자가 노동을 미세하게 분절하여 생산성을 높이는 방식을 구상하고, 노동자는 관리자의 구상에 맞춰 기계처럼 분절된 기능적 노동을 반복하게 했다. 기계와 같은 단순 반복 노동은 생산성을 높였지만 노동자들은 자신의 노동이 전체 과정에서 어떤 의미를 갖는지 알 수 없었기 때문에 해당 노동 전체에 대한 노동자의 이해도나 숙련도를 높이기는 어려웠다. 그 결과 과거의 장인이나 숙련공은 사라지고, 관리자의 지휘와 통제를 받는 기계 부품 같은 노동자가 생겨났다.

테일러주의의 핵심 개념은 '과업'이었고, 그것은 노동자에게 부과되는 하루의 작업을 의미했다. 관리자는 노동자의 직무를 아주 잘게 세분화한 후 각각의 직무에 대한 정교한 시간 연구를 수행함으로써 노동과정의 모든 요소를 사전에 계획한다. 그리고 가장 효율적이라고 인정된 작업 방식에 따라 노동자 개개인에게 과업을 부과한다. 이제 노동자에게는 노동과정을 계획하는 구상 단계에 참여할 기회가 주어지지 않기 때문에 노동자는 자신의 작업이 전체 과정에서 어떤 부분을 차지하는지, 자신이 무엇을 어떻게 만드는지 모른 채 아주 잘게 분화된 작업을 수행하는 것으로 역할이 제한된다. 그 대신에 분화된 반복 노동만큼은 빠른 시간 내에 잘해낼 수 있다.

테일러는 작업 도구의 형태와 작동 방식을 개량하고 규격화한 뒤 노동자들에게 그 사용법을 자세하게 지시했다. 또한 노동자들의 작업 과정을 기본동작으로 분해해 쓸모없는 동작을 제거하고 각 동작별로 최선의 동작을 찾아낸 후 스톱워치로 단위시간을 측정했다. 생산과정을 해체해 각각의 손동작을 관찰하고, 각 과정에 요구되는 시간을 측정한 뒤 그것들을 부분적 구성 요소로 바꿈으로써 노동자들의 생산성을 증대시켰다. 이런 식으로 특정 작업을 위한 도구, 동작, 시간을 결합하여 노동자에게 미리 부과되는 과업을 구상했다. 시간 연구는 테일러주의의 출발점이자 가장 중요한 요소였다.

테일러주의는 노동자 스스로가 노동 속도의 완급을 조절하거나 필요에 따라 작업을 늦출 수 있는 가능성을 인정하지 않고, 노동자를 사람이 아닌 노동 기능으로 한정했다. 인간의 노동을 시간에 맞춰 자동화된 기계 노동으로 만드는 것이 목적이었기 때문에, 노동자들은 노동시간 동안 잠시도 한눈을 팔 수 없고 화장실에 가거나 아플 수조차 없어서 긴장감이 매우 높아지고 억압적인 면이 많았다. 이런 문제를 해소하기 위해 차별적 성과급 제도가 도입되었다. 그것은 과업을 달성한 노동자가 30~100퍼센트의 임금을 추가로 받을 수 있도록 고안되었는데, 테일러는 기계와 작업에 대한 정밀한 시간 연구를 통해 구상된 적절한 과업 달성의 중요한 핵심이 바로 차별적 성과급제에 있다고 보았다. 기계적 시간에 따른 노동의 구상과, 그 구상에 따른 노동 실행 기능의 결과에 따른 상벌체계인 셈이었다.

노동의 구상과 실행의 분리는 정신노동과 육체노동의 분리라는 분업을 통해 생산성을 높이고, 과거의 숙련 노동자가 가졌던 작업 지식을 관리자에게 귀속시키는 제도적 장치였다. 생산성이 높아지도록 과업을 수행한 노동자에게는 성과급이 추가로 지급되었지만, 이 제도에 반발하거나 통제를 따르지 않는 노동자는 점차 일자리를 잃어갔다. 노동자는 노동과정 전체에 대한 구상이나 기획을 할 수 없었고, 오로지 부과된 과업 달성에 초점을 맞추어야 했다. 테일러주의는 기술적이고 조직적인 측면에서 뛰어났는지 모르지만, 인간적이고 사회적인 측면을 경시함으로써 노동자를 노동 기계로 전락시켰다.

한편 포드주의는 테일러주의적인 구상과 실행의 분리 및 직무의 세분화에 더해, 부품의 표준화와 컨베이어벨트를 이용한 이동식 생산공정을 도입하고 그 둘을 결합한 생산방식이었다. 자동차의 대중화 시대를 가져온 헨리 포드Henry Ford (1863~1947)는 1913년에 4층으로 된 하이랜드 파크 공장을 신설했는데, 1층부터 4층까지 생산 라인이 유기적으로 설계된 최신형 공장이었다. 4층에서 차체가 만들어지면, 3층에서는 타이어가 부착되고 차체에 페인트를 칠했으며, 2층에서 모든 조립이 끝난 자동차는 1층에서 최종 검사를 받았다. 여기서는 생산과정의 연속화가 중요했으므로 유사한 기능을 가진 기계를 그룹별로 묶어 생산성을 높였다. 포드주의적 생산방식이 가능하려면 생산공정에서 사용되는 부품들이 완전히 호환 가능할 정도로 정교하게 만들어져야 하며, 공장 전체가 유기적인 흐름에 따라 운영될 수 있도록 사전에 설계되고 건설되어야 한다. 정밀기계공업과 거대 장치산업에서의 기술적 발전이 필요했던 것이다.

포드 자동차 회사의 컨베이어벨트로 연결된 조립라인은 기존의 생산방식과 완전히 달랐다. 포드주의적 생산방식은 노동자가 거대한 공장 안에 고정된 한자리를 차지하고 자신에게 끊임없이 운반되는 노동 대상에 아주 간단한 몇 가지의 조작을 가하는 방식이었다. 이런 작업 방식은 엄청난 생산성 향상을 가져왔고 적은 인원으로 높은 생산성을 유지할 수 있게 만들었다.

1914년 포드사에서는 1만 3,000명의 노동자가 약 26만 대의 자동차를 생산했다. 그러나 나머지 299개 자동차 회사는 6만 6,000명의 노동자로 28만 대 정도의 자동차를 생산했을 뿐이었다. 포드사에서 비슷한 양의 자동차를 생산하는 노동자 수는 타사에 비해 5분의 1 수준이어서 인건비를 대폭 줄일 수 있었다. 하루 종일 나사를 조이는 반복 작업이었지만, 포드사는 당시 하루 여덟 시간 노동에 5달러를 지불했다. 다른 회사의 노동자가 아홉 시간 노동에 2달러 38센트를 받았으니 두 배 이상의 임금을 지불한 것이다. 하지만 노동자 수가 5분의 1로 줄어들었으니 그들에게 두 배의 임금을 지불해도 고용주의 이윤은 다른 회사보다 두 배 이상 많았다. 이에 대해 포드는 '내가 한 것 중에 가장 멋진 비용 절감 운동'이라고 말하곤 했다.

1920년대 중반 포드사에서 생산한 자동차 '모델 T'의 가격은 290달러였는데, 그것은 포드사에서 근무하는 일반 노동자의 세 달치 월급에 해당했다. 타사에 근무하는 노동자보다 두 배 이상의 월급을 받았으므로 이제 일반 노동자도 마음만 먹으면 자동차를 구매할 수 있는 경제력이 생긴 것이다. 이런 방식으로 포드사의 컨베이어벨트와 일당 5달러 정책은 대량생산과 대중 소비의 결합을 추구했다. 그리고 이것은 오늘날의 대표적인 노동

방식이 되었다. 포드주의의 성공은 비약적인 생산성 향상을 가능하게 했으며, 대량생산과 대중 소비의 가능성을 현실로 바꾸어놓았다. 그러나 노동자들이 효율 중심의 기계적 노동을 하는 과정에서 인간 소외가 발생했으며, 기본적으로는 노동자보다 자본가의 이익이 더 커지는 구조였다는 점을 간과할 수 없다.

19세기의 근대화 과정을 겪으면서 시간은 런던 그리니치 천문대를 기준점으로 누구에게나 표준적인 것이 되었다. 그리니치 평균시GMT는 그리니치에서의 관측을 토대로 계산되는 시간이고, 1972년부터는 '협정세계시Coordinated Universal Time, UTC'라고 표현하기도 한다. 이렇게 표준화된 시간은 자본주의적 노동시간이 되었고, 시간은 자본주의의 생산성을 좌우하는 중요한 요소가 되었다. 노동자의 시간은 '시간 계획-결과 확인-포상' 체제를 통해 더욱 효율적으로 관리되고 결과적으로 유능한 노동자와 이윤이 증가된 자본가를 낳았다. 반면 노동생산성이 떨어지는 근로자는 도태되고, 유능한 직공이나 명망 높은 장인도 소멸되었다. 모든 활동은 생산성이라는 가치로, 모든 시간은 노동하는 시간으로 환원되었다. 그래서 근대적 의미의 시간은 여러 활동이 가능한 중립적 시간이 아니다. 모든 시간은 '노동하는 시간'이다. 그래서 시간은 돈이다.

Time is not fair to everyone

제2부 21세기 신인류의 초상

INDIVIDUAL

09

시간은 모두에게 공평하지 않다

자본주의적 시간을 계획하고 관리하는 습관

인생의 시간은 과거와 현재의 모든 문화권에서 중요하다. 한자문화권에서 옛사람들은 인생의 중요한 단계에 이름을 붙였다. 10세는 충년沖年, 20세는 약관弱冠, 30세는 이립而立, 40세는 불혹不惑, 50세는 지천명知天命, 60세는 이순耳順, 70세는 고희古稀, 80세는 산수傘壽라고 불렀다. 목표의 성취 가능성을 놓고 잠룡潛龍, 현룡見龍, 비룡飛龍, 항룡亢龍의 네 단계로 설명하기도 했다. 잠룡은 용의 덕성을 지녔지만 물속에 잠겨 있는 단계, 현룡은 이제 막 세상 밖으로 나와 능력을 발휘하려는 단계, 비룡은 열정과 함께 하늘로 날아올라 솟구치는 단계, 항룡은 더 이상 오를 곳이 없어 내려올 것을 걱정하는 단계다. 힌두교에서는 10대에 공부하고, 20대에 결혼하며, 30대에 가정을 이루고, 40대에는 사회에 공헌하고, 50대가 되면 산으로 가라고 충고한다. 프랑스의 계몽주의 철학자 장 자크 루소Jean-Jacques Rousseau(1712~1778)는 '10세는 과자에, 20세는 연인에게, 30세는 쾌락에, 40세는 야심에, 50세는 탐욕에 움직인다'고 말하기도 했다.

인생의 단계에 대한 지표는 역사와 문화마다 다를 수 있지만, 한번 가면 다시 돌아오지 않는 시간이 소중하다는 것은 누구에게나 마찬가지다. 또한 이러한 직선적·일회적·비가역적 시간은 서구의 계몽주의가 만든 근대적 개인의 자기 계획, 자기교육, 자기실현에 매우 중요하다. 시간의 효율적 사용은 삶의 계획과 실천 효과를 극대화할 수 있기 때문이다. 유년기부터 규칙적으로 분절되고 계산되는 시간에 단련되면서 점차 성년으로 성장한 개인은 자신의 삶을 스스로 계획하고, 스스로 교육하고, 스스로 실현하려고 노력한다.

근대의 후예인 우리는 시간의 생산성을 높이기 위해 미래를 계획하고, 실천을 다짐하며 수첩을 꺼내 적어놓는다. 한 예로, 매년 초 많은 사람이 시스템 다이어리 중 하나인 프랭클린 플래너를 장만한다. 원래 이것은 『성공하는 사람들의 7가지 습관』의 저자 스티븐 코비Stephen Covey(1932~2012)가 '미국 건국의 아버지들' 중 한 명인 벤저민 프랭클린Benjamin Franklin(1706~1790)이 64년간 기록하고 실행했던 열세 가지의 덕목을 기본으로 디자인한 것이다. 누구나 한 번은 써보았을 법한 프랭클린 플래너에는 시간 자체가 생산성을 높이기 위해 존재한다는 생각이 기본으로 깔려 있다.

프랭클린 자서전에 제시된 열세 가지의 덕목은 절제, 침묵, 질서, 결단, 절약, 근면, 진실, 정의, 중용, 청결, 침착, 순결, 겸손 등이다. 절제는 배부르도록 먹거나 취하도록 마시지 말자는 것이고 침묵은 이익과 무관한 말은 아끼자는 것이다. 질서는 모든 물건을 제자리에 두고 때를 정해 일을 하자는 것이고, 결단은 결심한 것을 반드시 실행하자는 것이다. 그 외에도 물건이나 시간을 낭비하지 말고, 공정한 생각으로 남에게 피해를 주지 않으며, 침착하고 온화하게 몸과 마음을 깨끗이 하고 예수와 소크라테스를 본받자고 한다. 그는 삶의 효율성을 높이고 자본을 축적하는 데 시간을 활용하라고 말한다. 그의 사상은 소비보다 생산을 중시한다.

한마디로 말해 벤저민 프랭클린에게 시간은 곧 돈이다. 시간은 노동하는 시간이므로 시간이 쌓일수록 생산성이 높아지기 때문이다. 그의 초상이 현재 미국 화폐 중 가장 고액권인 100달러 지폐에 들어 있다는 점도 상징적 의미가 있어 보인다. 영국의 아메리카 식민지 보스턴에서 태어나 가난한 집안 형편 때문에 제대로 된 교육을 받지 못했지만 불굴의 노력 끝에 자수성가한 미국인의 꿈을 대표하기 때문이다. 그에게 아무것도 하지 않는 시간은 있을 수 없다. 소비하는 시간은 곧 낭비다.

시간은 언제나 생산성과 연계되어 있다는 의미에서 자본을 만들고, 그런 의미에서 자본주의적 시간이 된다. 시간의 가치는 그 시간에 일을 했을 때 얻을 수 있는 임금의 가치를 갖는다. 우리가 하루 일당으로 5만 원을 벌 수 있는데 노동하지 않고 하루 종일 빈둥댔다면, 심지어 5,000원짜리 카카오 프렌즈 소품도 샀다면 우리는 오늘 5,000원만 지출한 것이 아니라 5만 5,000원을 쓴 것이다. 그것이 자본주의적 시간의 셈법이다. 실제로 프랭클린은 이렇게 말한다.

> 시간이 돈임을 잊지 말라. 매일 노동을 통해 10실링을 벌 수 있는 사람이 반나절을 빈둥거리거나 산책을 했다고 하면, 비록 그 사람이 오락을 위해 6펜스만 썼다고 하더라도 그 돈만 쓴 것이 아니다. 실제로 그 사람은 6펜스 외에 5실링을 더 쓴 것이 되며, 더 적절하게 말한다면 5실링을 갖다 버린 것이다.
>
> – 벤저민 프랭클린, 『어느 젊은 상인에게 주는 충고』

한번 지나간 시간은 되돌릴 수 없다. 그런 일회성과 비가역성이 시간에 가치를 부여한다. 그래서 우리는 하루하루를 계획한다. 연초에는 시스템 다이어리를 사서 1년의 시간을 계획하고, 방학 때는 생활 계획표를 짜고, 학기 중에는 강의시간표와 아르바이트 시간표를 작성하고, 휴가 때에는 여행 계획을 세운다. 그 외에도 각종 스터디, 발표, 프로젝트, 세미나, 친구 만나기 등 모든 것이 시간 단위로 진행된다. 장기적으로 진학과 졸업, 취업, 결혼, 집, 자녀도 계획한다. 지나간 시간은 되돌릴 수도, 생산성을 가질 수도 없다. 오직 앞으로 다가올 시간만 생산적인 계획이 가능하고, 그래서 중요하다.

자본주의적 시간은 노동시간으로 인식된다. 우리는 재화뿐 아니라 서비스를 위해서도 돈을 지불한다. 그런데 구입한 재화는 사용 시간에 제약이 없지만 서비스는 다르다. 서비스는 시간당으로 계산되기 때문이다. 가령 영화와 뮤지컬, 콘서트 등은 제한된 시간 동안 제공되는 서비스다. 어학이나 미술 혹은 음악 학원의 교습도 시간 단위로 이루어진다. 어떤 개인이 시간 단위로 타인의 노동시간을 산다면, 그의 노동시간 역시 타인에게 시간 단위로 팔 수 있다. 그렇다면 그 시간은 단순한 시간이 아니라 노동시간이 되고, 그래서 시간은 돈이다.

이처럼 한 번뿐이라서 소중한 시간, 그리고 노동한 만큼 돈이 되는 시간은 단기적으로, 또 장기적으로 구획하여 계획할 수 있다. 단기 계획은 실현 가능성을 높이고 더 잘해낼 수 있게 도와주는 관련 상품의 구매로 이어지기도 한다. 한국 사람들이 보통 새해에 하는 대표적인 결심은 영어 공부, 다이어트, 금연 또는 절주라고 한다. 그래서 금연, 다이어트, 어학 교육 관련 상품이 매년 초 결심 상품으로 기획된다. 이처럼 시간 계획은 소비나 생산 면에서 우리의 행동에 직접적인 영향을 미친다.

코로나19 팬데믹 이후, 새해의 결심 상품이 달라졌다. 비대면으로 여가를 즐기거나 자기계발을 할 수 있는 방법이 필요해졌기 때문이다. 해외여행이 불가능해지자 여행업계가 된서리를 맞고 어학 공부에 관련된 수요도 줄어들었다. 주식과 부동산 시장이 요동치자 공인중개사 자격시험이나 주식 혹은 재테크 관련 전문 서적의 판매가 늘어났다. 사회적 거리 두기로 인해 학원에 다니는 대신 집을 아예 독서실처럼 꾸미려는 사람이 증가하면서 칸막이 책상과 공간 분할 가구, 백색소음기, 산소발생기, 노이즈 캔슬링 이어폰 등의 매출이 늘었다. 피트니스센터 같은 운동시설을 꺼려 홈 트레이닝 용품을 구입하는 사람이 많아졌고, 집에서 간단히 조리할 수 있는 식품의 매출도 늘어났다. 이 모든 것이 달라진 상황에 대응하려는 시간 계획에 따른 변화다.

스크랜튼Scranton 대학의 조사(복수 응답)에 따르면 사람들이 가장 많이 하는 새해 결심을 살펴보니 47퍼센트는 교육과 자기계발, 38퍼센트는 다이어트, 34퍼센트는 돈에 관한 결심을, 그리고 31퍼센트는 대인 관계와 관련된 결심을 한다고 한다. 좀 더 구체적으로는 다이어트, 정리정돈, 덜 쓰고 저축하기, 인생 즐기기, 건강 지키기, 흥미로운 것 배우기, 담배 끊기, 좋은 일 하기,

사랑하기, 가족과 시간 보내기 등을 결심한다고 한다. 이런 목표를 한 해 동안 꾸준히 노력해서 이루는 사람은 겨우 8퍼센트에 불과하다지만, 아무리 작심삼일이라도 꾸준히 계획하는 것이 무계획보다는 낫다.

단기 계획의 실천을 가능케 하는 것은 시간의 세밀한 분절이다. 장기 계획은 단기적 시간 계획의 실천과, 그것의 꾸준한 축적에 의해 이루어진다. 우리는 보통 주간 단위로 하루에 한두 가지의 일정을 계획하고, 월간 단위로 큰 틀을 본다. 하지만 좀 더 적극적인 시간의 계획자라면 하루 단위로 매시간, 매분 일정을 계획하고 결과를 대조해 스스로에게 상과 벌을 줄 수도 있다. 어떤 면에서 보면, 근대의 테일러주의와 포드주의를 스스로 내면화하여 자신에게 적용하는 것이다. 테일러주의와 포드주의의 시간이 공장주와 기업가의 생산 효율성을 높이기 위한 것이었다면, 현대인이 즐겨 사용하는 시스템 다이어리는 자기 인생의 생산성을 높이는 데 유용한 도구다.

하루 24시간은 누구에게나 공평하게 주어지지만, 생산성 면에서는 공평하지 않다. 시간을 효율적으로 쓰면 단위시간 안에 많은 일을 할 수 있다. 예를 들어 대중교통으로 이동하는, 일상적으로 반복되는 시간을 이용해 책을 읽거나 영어 단어를 외울 수 있다. 물론 유튜브를 보거나 팟캐스트를 듣거나 게임을 할 수도 있다. 아무튼 그렇게 꾸준히 쌓인 시간은 한 달 뒤, 6개월 뒤, 1년 뒤에 다른 결과를 가져온다. 시간 계획은 방향성을 제시하고, 계획의 실행은 그 방향성에 맞게 생산물을 쌓아가기 때문에 중요하다. 자기 삶의 발명자인 근대적 개인은 자본주의적 생산성과 깊이 관련된 시간을 효과적으로 활용할 수 있어야 한다.

근대적 시간은 수량화되고 분절화됨으로써 계산과 예측, 그리고 설계가 가능해졌으며, 그것은 근대적 개인의 자기 계획, 자기교육, 자기실현에 중요한 토대를 제공한다. 우리는 시스템 다이어리를 활용해 하루 24시간, 1주일, 한 달, 또는 1년 단위로 시간을 계획하고 성과를 기록할 수 있다. 목표에 미치지 못한 시간은 다시 계획하고, 한번 이룬 것은 달성 시간을 단축하거나 더 크고 원대한 다음 과제와 연계될 수 있다. 이런 계획은 삶의 리듬을 활기차게 만들며 인생의 초년, 청년, 중년, 장년을 거쳐 노년기를 구성한다. 그것이 근대적 개인의 인생 성패를 결정한다. 시스템 다이어리는 근대적 시간관, 즉 시간의 표준화와 자본화를 바탕으로 한 효율적인 삶의 설계도다.

10

나홀로 인간

혼밥·혼영·혼놀 시대의 사회적 관계성

개인주의 시대를 가능케 하는 것은 개인의 독립성이다. 그러다 보니 개인주의 문화에 대한 개념이 '무엇이든 혼자 하는 것'으로 정착된 느낌이다. 혼자 밥 먹기(혼밥), 혼자 영화 보기(혼영), 혼자 놀기(혼놀), 혼자 카페에 가기(혼카), 혼자 공부하기(혼공), 혼자 취업하기(혼취) 등 갖가지 '혼자 활동'이 계속해서 생겨나고 있다. 특히 코로나19 사태 이후, 비대면 기술의 발전과 디지털 전환이 진행되면서 개인주의 경향이 더욱 공고해졌다. 2021년 1월에 열린 세계 최대의 국제전자제품 박람회 'CES 2021'은 현장 참가자 없이 온라인으로 개최되었는데, 주요 섹션으로 디지털 헬스, 디지털 전환, 로봇, 자동차 기술, 5G 연결, 스마트시티가 주목받았다. 공교롭게도 이것들은 모두 1인 시대, 1인 가족이 가능하도록 개인의 독립성을 강화시키는 기술적 장치였다.

호모 솔리타리우스Homo solitarius라는 신조어는 모든 것을 기꺼이 혼자 하는 현대 신인류의 정체성을 잘 표현해준다. 디지털 기술의 발전과 개인주의 문화가 결합해 혼자 일하는 사례가 점점 많아지고 있으며, 사회적으로도 그런 행동이 독려되거나 응원받는 분위기다. 게다가 사회적 거리 두기 정책에 의해 비대면 환경이 강제되자 외부와 분리되어 고립 상태로 혼자 처리해야 하는 일이 비약적으로 증가했다. 디지털 체제로의 급격한 변화도 비대면의 일상화에 속도를 붙였다. 마이크로소프트사의 최고경영자 사티아 나델라Satya Nadella(1967~)는 '우리가 코로나19를 겪은 지 단 두 달 만에 두 해 분량에 맞먹는 디지털 전환이 이루어지는 것을 목격했다'고 말했다. 코로나19로 산업의 거의 모든 분야에 원격화가 불가피해지면서 지구적 디지털 전환이 가속화된 것이다. 기업은 제조부터 판매, 고객 지원에 이르는 모든 과정의 원격화를 시도하고 있으며, 그 효과가 매우 부정적이었던 교육과 피트니스 분야도 온라인 중심으로 옮겨가는 중이다.

이런 변화는 아날로그에서 디지털로의 전환이자 언택트untact에서 온택트ontact로의 전환이라 불린다. 쉽게 말해 만나지 않는 것이 아니라 온라인으로 만난다는 뜻이다. 실제로 디지털 장비와 온라인 네트워크의 힘을 빌리기만 하면, 인간이 직접 만나지 않고도 공간 제약이 없는 협업이 얼마든지 가능하다. 과거에는 한곳에 모여 함께 일하고, 놀고, 운동하던 사람들이 이제는 각자의 집이나 분리된 사무 공간에서 혼자 일하고, 랜선 모임에 참가하고, 게임을 하며 논다. 대형 모니터나 프로젝터를 구비해 넷플릭스, 왓챠, 웨이브, 티빙, 디즈니플러스 같은 OTT 실시간 스트리밍 서비스를 통해 혼자 영화를 본다. 휴대전화로 유튜브를 보며 혼자 밥을 먹고, 태블릿 PC를 세워놓거나 휴대전화를 스마트 TV와 연결해 트레이너의 코칭 동영상을 보며 혼자 운동한다.

엄밀히 말해 이 모든 혼자 활동은 사람을 대신해 사람이 찍어둔 동영상을 실시간으로 공유하고 재생해주는 디지털 장비가 늘 곁에 붙어 있어야 가능하다. 따라서 적절한 장비가 없으면 온택트는 불가능하다. 손바닥만 한 휴대전화 화면부터 한쪽 벽면 크기의 프로젝터 스크린에 이르기까지, 다양한 디스플레이 장치 앞에서 사람들은 디지털 네트워킹으로 일하고, 놀고, 영화를 보고, 밥을 먹고, 운동한다. 이때 사람보다 중요한 것은 가상의 이미지를 나와 연결해주는 고급 사양의 스마트폰, 태블릿 PC, 노트북이나 데스크탑 컴퓨터 같은 고가의 전자 기기다. 또한 채팅, 사진, 동영상, 파일 등을 자유롭게 공유할 수 있게 해주는 플랫폼 기술력이다. 하드웨어와 소프트웨어를 능란하게 다루는 디지털 숙련자는 자율적으로 가상공간의 모임과 연대를 선택할 수 있지만, 기계의 전원이 꺼지는 순간에는 오롯이 혼자가 된다.

디지털 네트워크로 연결된 개인은 많은 일을 할 수 있다. 디지털 정보력과 커뮤니케이션 장비로 업그레이드되어 힘이 더 강해졌기 때문이다. 정보화 시대의 개인의 힘은 21세기가 시작되면서부터 주목받았다. 미국의 시사주간지 〈타임〉은 2006년 올해의 인물로 '당신You'을 선택했는데, 그것은 정보화 시대를 지배할 주체, 즉 그 기계적 통신망과 정보망을 활용할 개별 주체가 바로 '당신'이라는 이유에서였다.

인간은 사회적 동물이지만 정보화 시대의 개인은 오프라인에서 대면하지 않고도 온라인 사회관계를 맺을 수 있고, 그 관계성에서 사회를 변화시킬 동력을 가동할 수 있다. 개인은 단순히 인터넷 정보의 수신자가 아니라 적극적인 참여자로 활동하면서 디지털 민주주의라는 새로운 사회현상을 만들어내는 데 적극 기여할 것이라고 〈타임〉은 전망했다. 당시에도 전 세계에서 1억 3,000만 명이 마이스페이스MySpace(지금의 페이스북과 같은 위상에 있던 2000년대 중·후반 미국의 인기 소셜 네트워킹 웹사이트)를 사용했고, 유튜브의 하루 평균 접속자는 1억 명에 달했다. 〈타임〉은 전문가가 아닌 평범한 개인의 참여로 만들어지는 미디어 콘텐츠가 세계를 바꾸고, 세계의 변화 방식마저 바꿀 수 있다는 점에 주목했다. 현대 사회의 기술, 문화, 상품과 서비스의 경제구조는 개인을 향하고 있으며, 특히 기술의 발달은 과거에 개인이 할 수 없었던 많은 일을 가능하게 만들었다.

생산의 개념도 바뀌었다. 1인 경제활동자가 많아지면서 프리랜서 이코노미, 즉 특정 회사에 속하지 않으면서 자신의 전문지식으로 고소득을 올리는 경제활동이 생겨났다. 2019년 미국 프리랜서의 수입은 전년 대비 78퍼센트, 영국 프리랜서의 경우 59퍼센트 증가했다. 비선진국권인 파키스탄의 프리랜서 수입도 전년 대비 47퍼센트 높아졌다. 정규직과 비정규직 간의 대립 자체가 해체되고 새로운 노동자가 생겨나고 있는 것이다. 현재 국내에는 많게는 130만 명 정도의 프리랜서가 활동하는 것으로 추산된다. 한국고용정보원에 따르면 온라인 플랫폼에서 일하는 라이더, 택배 배송업자, 가사 도우미 등 플랫폼 노동자도 50만 명 내외로 추산된다. 특정 회사에 속하지 않은 자발적 비정규직이나 독립사업자의 증가는 전 세계적 현상이다.

소비의 개념도 소유의 경제에서 공유경제와 구독경제로 전환되고 있다. 과거의 소비는 '내 것'을 사기 위한 것이었다. 하지만 공유경제나 구독경제에서는 내 것이 아니어도 함께 나눠 쓰거나, 이용한 만큼 비용을 내면 된다. 이미 생산된 제품을 기존의 소유주와 나눠 쓰는 협력적 공유 소비 경제로는 에어비앤비Airbnb, 우버Uber, 위워크WeWork가 있고 생산자에게 월정액(구독료)을 지불하고 이용하는 구독경제로는 넷플릭스, 로켓 프레시

배송, BMW의 올 더 타임 미니, 현대자동차의 제네시스 스펙트럼, 음원 스트리밍 서비스 멜론Melon 등이 있다. 공유경제는 소비자가 중개 플랫폼을 통해 제품이나 서비스 보유자와 거래하여 일정 기간 제품 또는 서비스를 경험하는 모델이다. 구독경제는 제품을 공급하는 기업이 판매 방식을 구독 방식으로 바꾼 것이므로 중개 플랫폼 없이 공급자와 직거래를 한다는 점이 다르다. 공유경제는 구독경제로 점차 옮겨가는 추세다.

생산과 소비의 개념이 바뀌면서 디지털 장비를 능숙하게 사용하는 스마트 생산자와 스마트 소비자도 증가하고 있다. 프리랜서뿐 아니라 1인 사업자도 늘어나고 있는데, 개인이 혼자 하기에 가장 어렵다는 제조업도 예외가 아니다. 3D프린터가 등장하면서 제조업도 개인의 영역에 훌쩍 가까이 다가왔다.

『개인의 시대가 온다』의 저자 서준렬은 자신이 회사에 다니지 않으면서도 열 개의 직업을 갖고 있다고 말한다. 사회경제적 플랫폼을 만들어 집에서 SNS, 메신저, 이메일, 전화로 일을 처리하며 수익을 창출하는 것이다. 그 많은 일을 한꺼번에 해낼 수 있는 것은 하나의 직장 대신 여러 직업을 가졌으며, 매일 출근하는 대신 매일 확인하는 시스템을 구축한 덕분이라고 그는 말한다. 실제로 그는 (사)한국공유경제진흥원 대표부터 IT 프리랜서에 이르기까지 여러 가지의 연관 업무를 처리하고 있다. 그러나 모든 일을 혼자 다 하는 것은 아니다. 각 분야의 실무자를 적절히 배치하고 합리적 수익 구조를 만들어 메신저, 클라우드 스토리지, 개방형 플랫폼을 통해 일을 연결하고, 날마다 일의 진행 상황을 확인하는 것이 그의 역할이다. 이런 방식으로 그는 직장에 출근하지 않고도 각 지역의 여러 사람과 연계하여 대기업 직원 수준 이상의 소득을 올릴 수 있다고 말한다.

경제 및 사회체제의 변화와 함께 노동시장도 큰 변화를 맞고 있다. 한국에서는 1997년의 외환위기(이른바 'IMF 사태') 이후 신자유주의가 도래하면서 비정규직이 급격히 늘어났다. 그에 따른 사회적 갈등도 심각했다. 그런데 2015년 국내의 한 취업 포털 사이트에서 직장인 1,300여 명을 대상으로 자신이 부러워하는 직업이 무엇인지를 조사했을 때 응답자 중 절반이 공무원을 꼽았고 기술직, 교사, 프리랜서가 그 뒤를 이었다. 프리랜서가 최상위권은 아니었지만 2004년의 조사에서 부러워하는 직업이 공무원, 의사, 변호사, 회계사, 교수 순이었던 것과 비교하면 큰 변화다.

코로나19를 계기로 가속화된 제4차 산업혁명은 플랫폼 비즈니스의 확산을 가져왔다. 디지털 전환 이전의 가치 창출은 원자재 구매와 가공을 통해 생산한 완제품을 소비자에게 판매하는 선형적 모델이었고, 이 과정에서의 경쟁력은 각 단계에 투입되는 비용을 최소화하는 데 있었다. 반면 플랫폼 비즈니스는 둘 이상의 상호 보완적 주체 간의 재화와 서비스 교환을 통해 새로운 가치를 창출한다. 플랫폼을 중심으로 다양한 조합을 엮어 새로운 수익모델을 모색하는 것이다. 한국의 대표적 플랫폼 기업인 네이버와 카카오는 각각 콘텐츠와 생활용품을 중심으로 디지털 생태계를 구축하고 있다. 음식 배달 중개 플랫폼으로는 배달의민족, 요기요 등이 크게 성장했고, 배달 중개 서비스 시장이 커지자 바로고, 생각대로, 부릉 같은 배달 대행 플랫폼이 잇달아 등장했다. 플랫폼 노동자들은 모두가 1인 사업자다. 물론 현실에서는 기본 개념과 달리 본사와의 계약조건으로 인한 분쟁이 일어나기도 하지만 어떤 플랫폼의 어떤 조건을 수용할지는 개인의 자유에 달려 있다.

새로운 아이디어와 그 분야의 전문성을 갖춘 사람들 간의 프로젝트 사업은 긱Gig 경제를 활성화할 것으로 보인다. 'Gig'은 소규모의 연주나 공연을 뜻하며, 긱 경제라는 용어는 1920년대 미국에서 재즈의 인기가 높아지자 즉흥적으로 하룻밤 연주자를 구하는 단기계약이 유행한 데서 유래했다. 처음에는 1인 자영업을 의미하다가 지금은 디지털 장터에서 거래되는 기간제 근로로 그 뜻이 바뀌었다. 기업이 정규직을 채용하지 않고 필요할 때마다 임시로 단기계약을 맺고 고용하는 경제 형태가 된 것이다. 미래의 기업은 프로젝트 단위로 사람을 고용하고 프로젝트가 끝나면 팀을 해체하는 방향으로 나아갈 수 있다.

혼자 하는 일의 가장 큰 장점은 의사 결정과 집행이 빨라서 효율이 높다는 것이다. 가령 일을 진행하기 위해 누군가를 만나려면 인간적으로 고려할 사항이 많다. 상대방이 어디에 사는지, 어디쯤이 중간 지점인지, 뭘 타고 오는지, 주어진 기한에 일을 마칠 수 있을지, 추가적인 일이 생겼을 때 흔쾌히 처리할 여유가 있는지 등등이다. 심지어 식성이나 생활 습관 같은 사적인 부분도 염두에 둬야 한다. 하지만 디지털 커뮤니케이션 장비를 활용해 혼자 일하면 이런저런 인간적 배려가 필요 없다. 인간의 몸이 만나는 것이 아니라 디지털 공간에서 특정 기능과 업무 내용만으로 소통하고 관계를 맺기 때문에, 합리적 관리와 합당한 수익 체계만 구성되면 안정적 직업으로 손색이 없다. 물론 단점도 있다. 몸과 몸이 만나 맺어지는 관계가 아니기 때문에 상대방이 어떤 사람인지 제대로 알기 힘들다. 특정한 목적과 기능에 대한 이해관계가 맞아서 연결된 만큼 이익과 수익 중심의 관계는 때로 불안하고 위태롭다.

단순하게 말하면, 혼자 하는 모든 일은 개인의 효율성은 높이지만 타인과의 관계성을 낮추거나 무관심하게 한다. 인간은 자족적이고 자율적인 존재이지만, 그와 동시에 의존적이고 타율적인 존재이다. 특히 몸이나 감정과 관련될 때 그러하다. 젊고 팽팽한 몸은 이성과 합리성, 논리력으로 무장한 계몽 주체의 학습 능력과 업무 능력을 갖고 있다. 컴퓨터 한 대, 휴대전화 하나로 세상을 다 가질 수도 있다. 그러나 아무리 독립적인 청년도

의존적 유아기를 거쳐 누군가의 전폭적 지지와 지원을 받은 덕택에 청년기에 도달한 것이며, 일정 시간이 지나면 누군가를 보살펴야 하는 입장에 놓인다. 또한 그 자신도 나이가 들어 신체 기능이 떨어지면 남의 보살핌을 필요로 하게 된다. 아무리 드넓은 지구와 광대한 우주를 꿈꾸는 사람이라도 먹고 마시고 배설하고 잠을 자야 생존할 수 있는 유기체라는 점에서 모든 인간은 몸의 존재이다.

인간은 또한 관계적 존재여서 사랑하는 사람들과의 정서적 연대 속에서 행복과 만족감을 느낀다. 그 사람이 가족이건 친구이건 연인이건, 우리는 내가 중요하게 생각하는 누군가에게 기대어 살며 그 사람과의 관계에 크게 좌우되고 영향을 받는다. 아무리 혼자 사는 것이 효율적이라도 평생 고독하게 살고 싶은 사람은 없을 것이다. 대부분의 1인 가구가 반려동식물을 키우는 것만 봐도 인간은 기계의 효용성만이 아니라 따뜻한 체온이 있고 삶의 리듬 속에 체취가 흐르는 생명체와의 소통과 관계를 중시한다는 것을 알 수 있다. 혼자 모든 것을 해내는 문화는 효율성과 가성비가 높은 선택을 중시하는 데서 비롯되었다. 그러나 다치고 병들고 늙어 죽는 몸, 사랑하는 사람에게 의존하고 흔들리는 관계성은 효율성이나 가성비가 놓친 이면에 대해서도 생각하게 해준다.

아무리 혼밥이 일상화된 시대라 해도 평생을 혼자서 밥 먹고 싶은 사람은 없을 것이다. 삼시세끼건 간헐적 단식이건 1일 1식이건 간에 평생 혼자 밥 짓고 혼자 밥 먹는 사람은 상상하기 힘들다. 가족이나 연인, 혹은 친구가 정성껏 만들어준 요리가 아니라 해도 식대를 내고 식당에서 사 먹는 음식, 배달 서비스 음식, 또 방금 냉장고에서 꺼내 전자레인지로 데운 간편식 등 우리의 '혼밥'은 많은 사람의 보이지 않는 노력이 개입된 '더불어 밥'이다. 만일 누군가가 식재료 공급부터 요리와 상차림까지 진정으로 독립적인 혼밥을 한다면 인생은 고단해질 것이다. 근대적 개인은 고립된 자급자족형 인간을 의미하지 않는다. 내가 먹을 밥을 미리 계획해서 직접 쌀농사를 지어 수확하고 도정한 뒤 밥을 짓고 상차림까지 해서 혼자 먹는다면, 그것은 근대의 경제체제가 탄생시킨 분업과 교환의 원칙에 맞지 않을 뿐더러 경제적 효율성도 떨어진다. 이런 논리에서 가장 효율적인 밥은 전자레인지로 3분 조리해 먹는 즉석 혼밥이겠지만, 이 또한 혼자가 아닌 더불어의 결과물이다.

시장경제체제에서 살고 있는 우리에게 혼밥은 대체로 공장에서 제조된 음식 제품이나 식당에서 요리한 음식을 혼자 먹는 것을 의미한다. 하지만 여건만 된다면 마음이 맞는 친구, 연인, 가족, 친지, 공동체와 함께 느긋하게 먹고 마시며 여유 있게 소통하는 시간이 더 즐겁다. 혼밥은 시간을 쪼개서 일해야 하는 바쁜 상황 혹은 제한된 여건에서 업무 성과를 최대화해야 하는 근로자가 선택하는 대안일 뿐이다. 인간은 독립적 개인이기도 하지만 관계적 존재이기도 해서 다른 사람과의 연대와 소통이 필요하다. 자기 삶을 개척하는 독립적 개인이 서로 기대고 협력하며 사회관계망 속에 존재할 때, 그 균형감 속에 더 의미 있는 삶이 나올 수 있다.

그럼에도 현재 우리가 사는 세상이 혼밥·혼영·혼놀의 시대라는 것을 부정할 수는 없다. 개인의 독립성은 컴퓨터 네트워크와 디지털 장비를 통해 더욱 개인화될 수 있다. 그러나 개인화된 주체는 사이버 공간 속 공동체를 통해 사회성을 보강하고 있다. 다시 말하자면, 몸은 혼자여도 휴대전화가 손에 들려 있는 한 개인은 혼자가 아니다. 다양한 정보망과 관계성의 지원을 받고 있다. 혼밥을 할 때는 맛집을 탐색하고, 혼영을 할 때는 인기 영화를 검색하며, 혼놀을 할 때는 최신 게임을 다운로드할 수 있다. 1인 사업의 경우에도 이메일과 소셜 네트워크 소통 앱으로 비즈니스를 진행하고 동료의 상태를 확인할 수 있다. 엄밀한 의미에서 '혼자'는 사실상 존재하지 않는다.

공자의 『논어』에 '무엇을 아는 것은 좋아하는 것만 못하고, 좋아하는 것은 즐기는 것만 못하다'라는 구절이 있다. 내가 즐기고 있을 때 그 일은 최고의 가치를 가질 수 있다. 개인주의의 유산은 공동체의 결정이 아닌 스스로의 삶을 선택하고, 교육하고, 개척하여 성취한다는 근대적 정신에서 비롯되었고 디지털 사회는 그런 개인의 선택과 교육, 개척과 성취를 훨씬 더 용이하게 만들었다. 소셜 네트워크와 사이버 스페이스로 인간관계를 대체하는 고독한 호모 솔리타리우스는 이런 자신의 선택과 현실을 즐긴다.

11

일코노미 경제

혼족, 욜로족의 새로운 생활 방식과 소비문화

일반적 혹은 정상적 가족공동체가 과연 존재하는 것일까? 조부모, 아버지의 형제자매, 부모, 자녀가 함께 사는 과거의 대가족은 이미 오래전에 사라졌다. 부모와 자녀로 구성된 핵가족이 한동안 일반적인 가족 형태였지만, 요즘의 젊은이들은 혼자 살아가는 비혼과 1인 가구를 선호하는 추세다. 2020년 기준으로 서울의 1인 가구는 32퍼센트에 육박해 가장 많은 가구 형태가 되었다. 가족공동체라는 말이 무색하다. 서울의 대표적 가족 형태인 1인 가구 열 명 중 일곱 명은 혼자 사는 삶에 만족한다. 혼자 생활하고 경제활동을 하는 이들을 위한 일코노미(1인+이코노미)가 등장하면서 1인 가구에 최적화된 가구, 주방 기구, 전자 제품 등 생활용품뿐만 아니라 여행 상품과 금융

상품도 속속 나오고 있다. 가장 많은 가구 형태를 정상이라고 본다면 이제 '정상 가족'은 1인 가구다.

2021년 행정안전부의 발표에 따르면 2020년 대한민국의 인구는 2019년보다 0.04퍼센트 감소했다(1인 가구는 전체 가구의 39퍼센트를 차지한다). 인구조사가 실시된 후 처음으로 사망자보다 출생 인구가 적은 데드크로스dead cross가 발생했다. 출생 인구는 전년 대비 10퍼센트가량 감소했다. 출산율 감소는 장기화된 저출산 기조 때문이기도 하고, 코로나19로 인한 사회 전반의 경제적 불안과 심리적 위축감 때문에 혼인과 출산이 미뤄진 결과이기도 하다. 심화된 경쟁 환경에서 결혼보다는 취업을 선택하고 비대면 생활 방식이 확산되면서 1인 가구가 지속적으로 증가한 것도 영향을 미쳤다.

통계청이 발표한 2019년 '인구주택총조사' 결과를 보면, 2019년 11월 기준 대한민국의 총인구는 5,178만 명으로, 남녀 비율은 거의 같았다. 1년 전보다 인구가 0.3퍼센트 늘어났는데, 증가 비율은 내국인보다 외국인이 높았다. 생산연령인구는 0.4퍼센트 감소하고 고령인구는 4.6퍼센트 증가했다. 가구 수는 1.9퍼센트 증가했지만 일반 가구의 평균 가구원 수는 2.39명으로 전년보다 약간 감소했다. 세부적으로 살펴보면, 1인 가구(30.2퍼센트)와 2인 가구(27.8퍼센트)는 증가한 반면, 3인 가구(20.7퍼센트)와 4인 가구(16.2퍼센트), 그리고 5인 이상 가구(5퍼센트)는 감소했다. 저출산 고령화와 더불어 1인 가구의 폭발적 증가가 시대적 흐름이 되었다.

통계청의 「2020 통계로 보는 1인 가구」를 보면 2020년 1인 가구는 전체 가구의 31.7퍼센트다. 그리고 전국 1인 가구 중 40퍼센트 이상이 서울과 경기도에 산다. '가족' 하면 으레 떠올리던 엄마, 아빠, 아들과 딸로 이루어진 4인 가족은 이제 더 이상 보편적인 가족 형태가 아니다. 조사에서 나왔듯이, 가장 많은 가구 형태는 1인 가구이고 그다음이 2인 가구다. '취업은 필수, 결혼은 선택'이라는 슬로건을 내건 자발적 비혼족, 부부가 함께 벌되 자식은 낳지 않겠다는 딩크족Double Income No Kid, DINK 가구가 늘어나면서 나타난 현상이다. 경제가 삶의 가치 중 최우선 순위에 놓이면서 결혼이나 자녀보다는 개인의 경제적 안정과 윤택한 생활이 더 중요해진 결과다.

주목할 점은 이런 1인 가구가 젊기 때문에 생산력이 왕성하고 소비문화를 선도한다는 것이다. 2019년의 통계청 인구조사에 따르면 1인 가구는 20대와 30대 연령층의 비율이 높다. 1인 가구, 즉 나홀로 세대를 연령별로 분석하면 70세 이상이 18.4퍼센트로 제일 많지만 바로 뒤에 20대(18.2퍼센트)와 30대(16.8퍼센트)가 바짝 근접해 있다. 20대와 30대를 합하면 35퍼센트나 된다. 과거 1인 가구는 자식을 출가시키고 배우자와 사별한 독거노인이 많았지만, 이제는 취업과 직장을 위해 집을 떠나 혼자 사는 청년인구가 더 많다. 젊은 인구는 생산력만큼이나 소비력이 크기 때문에 제품의 수요를 형성하고 그에 맞는 공급이 이루어질 수 있다. 그것이 1인 중심의 일코노미 경제다.

나홀로 문화가 활성화된 원인에서도 젊은 1인 가구의 확대와 가속화가 큰 비중을 차지한다. 구매력을 가진 20~30대 소비계층은 혼자 외식하고, 혼자 영화 보고, 혼자 여행할 뿐 아니라 혼자 밥 해먹고, 혼자 게임하고, 혼자 일하는 새로운 '혼족 문화'를 만들어내고 있다. 혼족은 '욜로You Only Live Once, YOLO'를 주장하며 풍요로운 미래를 위해 궁핍한 현재를 견디려 하지 않는다. 어차피 혼자인 세상이라면 지금 나의 개성을 충분히 드러내고 현재의 개인적 삶을 마음껏 즐기며 살고자 한다.

텔레비전 드라마 「혼술남녀」와 예능 프로그램 「나 혼자 산다」는 이런 문화를 잘 반영한다. 그들은 원치 않는 감정노동과 비즈니스의 연장인 회식, 서로 취향이나 관심사가 달라서 불편한 술자리를 피한다. 집에서 좋아하는 술과 고급 안주를 차려놓고 여유롭게 나만의 시간을 즐긴다. 친구를 불러 집에서 배달 음식을 먹거나 혼자 반조리 제품으로 식사를 하기도 한다. 혼족이 혼술이나 혼밥을 하는 이유는 누구의 방해도 받지 않고 나에게만 오롯이 집중하면서 고요하고 충만한 시간을 즐기기 위해서다.

친구와 마음을 나누는 의미 있는 시간이 아니라면 오히려 내 취향대로 휴식할 수 있는 혼자가 편하다. 사회적 관계가 개인적 우정이나 친밀감보다 사업적 인맥이나 갑을 간의 권력 구도로 변화한 것도 관계 맺음의 스트레스와 피로도를 높이는 이유 중 하나일 것이다. 예를 들어 텔레마케팅 콜센터나 애프터서비스센터 직원의 의례적 인사가 '사랑합니다, 고객님'인 세상이니, 사랑의 의미도 무색해졌다. 기업이 자사의 제품을 팔기 위해 직원에게 마음까지 강요하는 것은 아닌지도 혼란스럽다.

직업과 생활은 각각 경제적 이익과 정서적 삶이라는 별개의 영역인데, 이제 직업이 정서적 삶의 영역인 감정적 헌신까지 요구한다. 삶과 일은 분리되지 않고, 일이 사생활 영역을 침범하고 있다. 직업상의 사교나 인간관계는 대부분 이윤이나 승진과 연관되어 경쟁적 성격을 갖고 있으므로 개인의 일상과 분리되지 않으면 피곤하다. 경제적 이익이나 제품 판매를 위한 대인 관계는 일의 연장이므로 인간에 대한 깊은 이해를 수반하기도 어렵다. 어린 시절의 친구나 학교 친구, 혹은 동네 친구와 달리 업무로 맺어진 관계이므로 업무 상황에 따라 변동되거나 사라지기도 쉽다. 그런 공적 업무 관계가 개인의 사교 활동에 개입하고 정서적 헌신까지 강요한다면 부담스러울 수밖에 없다. 마음을 솔직히 터놓을 가족이나 친구가 지금 당장 가까이에 없다면 차라리 혼자만의 고요한 충만감을 즐기는 것이 낫다.

가족 없이 혼자 살아가는 '혼족'의 일코노미 소비에는 몇 가지의 특징이 있다. 우선 평소에는 혼자 누릴 수 있는 작고 실용적인 제품을 선호한다. 그러나 여가 시간의 취미나 재도약을 위한 자기계발에는 지출을 아끼지 않는다. 또한 가치 있고 합리적이라고 생각되면 비록 그것이 고가이더라도 기꺼이 소비한다. 자본주의 경제에서 대다수의 사람은 가격 대비 성능을 비교해 품질이 뛰어나면서 상대적으로 저렴한 제품을 선호한다. 하지만 일코노미 경제에서는 때로 비싸더라도 필요하다고 생각되면 과감하게 소비한다. 이렇게 소비하는 비율이 전체 가구의 40퍼센트에 가깝다면, 그리고 이들이 소형의 생활형 제품만 선호하는 것이 아니라 때때로 고가의 제품도 기꺼이 구매한다면 이들은 중요한 소비자 집단이 된다. 양적으로, 질적으로 구매력이 크므로 새로운 소비 트렌드를 창출할 수도 있다.

혼자 누릴 수 있는 작고 실용적인 제품에는 혼밥 도시락이 있다. 택배가 가능하고 전자레인지로 해동하면 한 끼 식사가 되는 냉동 도시락부터 편의점에서 쉽게 살 수 있는 다양한 가격대의 냉장 도시락도 있다. 레토르트형 가정 간편식도 있고, 뜨거운 물만 부으면 되는 건조 블록 형태의 국이나 수프를 인터넷으로 주문할 수도 있다. 가전제품의 크기도 작아졌다. 용량이 클수록 인기를 끌었던 과거와 달리, 3킬로그램짜리 벽걸이 세탁기나 1인 가구를 위한 미니 밥솥이 출시되어 일코노미 정착에 기여했다.

혼족의 독립적이고 개성적인 취향은 여행과 레저 상품의

개발로 이어진다. 패키지여행이 아닌 자유 여행 상품이 늘어나고, 굳이 해외에 나가지 않아도 도심 한가운데에서 혼자만의 휴식을 즐길 수 있는 호캉스(호텔 바캉스) 상품이 많아졌다. 서울 시내의 고급 호텔들은 1인 고객을 유치하기 위해 전망이 좋은 고급 객실 숙박에 와인 바 이용권, 호텔 카페의 치맥 세트, 영화 관람권을 포함시켜 패키지를 구성하기도 한다. 하룻밤 비용으로는 꽤 비싼 편이지만 혼족 직장인에게는 혼자만의 시간을 즐기는 매력적인 선택이 될 수 있다.

가치 있고 합리적이면서 미래를 위한 투자상품도 있다. 금융업계는 일코노미 시대의 혼족을 겨냥해 금융상품에 리조트 무료 숙박, 여행 할인, 워터파크 할인 등과 같은 부가 서비스를 끼워 팔고 있다. 다이어트나 금연 등 건강관리 목표를 달성하면 우대금리를 적용해주는 금융상품, 무료 반찬 쿠폰이나 여행 보험 서비스를 제공하는 상품도 있다. 자신에게 줄 선물을 상기시켜 동기를 부여하는 금융상품이 있는가 하면, 1인 가구 관련 업종에 투자하는 펀드 상품도 있다. 아이디어만 좋으면 혼족의 구매 대상이 될 수 있고, 이 구매력은 일코노미 발전의 동력이 된다.

지금 서울은 1인 가구가 대세이고, 그것이 새로운 '정상 가족'으로 급부상하고 있다. 부모와 자녀라는 과거의 규범적 가족 형태는 사라지고 있다. 기존의 정상 가정(4인 가족)은 전체 중 20퍼센트에도 미치지 못한다. 나홀로 가구는 새로운 소비 트렌드를 만들고 새로운 문화를 형성해간다. 현대 사회에서 가족보다 중요한 것은 개인이다. 혼자인 삶은 건조하고 가벼워 보이지만, 그들은 개별적 만족을 추구하는 혼밥과 혼술을 즐기며 자기만의 시간이 생기면 누구의 눈치도 보지 않고 여행과 레저를 즐긴다. 그리고 미래의 삶을 위해 자기계발에 투자한다.

개인의 시대에 달라진 소비 성향은 새로운 상품시장을 개척하고, 혼자이되 즐거울 수 있는 소확행(소소하지만 확실한 행복), 워라밸(일과 삶의 균형), 욜로(당신의 삶은 한 번뿐) 문화를 창출하고 또 추구한다. 젊은 층이 주도하는 이러한 삶의 방식은 기존의 가치관이 거부할 수 없을 정도로 굳건히 정착하고 있으며 갈수록 확산되고 있다. 그러나 일코노미 경제가 안고 있는 결정적 한계가 있다. 몸을 누이고 편히 쉴 수 있는 '집'이라는 공간이다. 집은 가장 내밀한 사생활의 공간이자 내 삶을 풍요롭게 할 나만의 충전 공간인데, 개인이 홀로 감당하기에는 너무나 벅찬 무게로 다가온다.

12

그 많은 집은 어디로 갈까?

'지옥고'에 갇혀 사는 청년들

사람들은 카페에 자주 간다. 친구를 만나러 가기도 하지만 혼자 공부를 하거나 일을 하러 가는 경우가 더 많다. 웬만한 지하철역 근처는 고개만 조금 돌려도 스타벅스, 커피빈, 투썸플레이스, 파스쿠치, 테라로사 등 한 집 건너 카페가 있을 정도다. 이런 대형 프랜차이즈 커피숍에서는 가장 저렴한 아메리카노 한 잔 가격이 4,000~5,500원에 달하고, 몇몇 스페셜티를 추가하면 7,000~8,000원으로 뛰어오른다. 쿠키나 케이크 한 조각을 더하면 밥값을 훌쩍 넘긴다. 주식도 아닌 값비싼 음료와 디저트를 위해 많은 사람이 카페에 간다. 왜 그럴까?

문제는 공간이다. 비대면 시대에는 제아무리 스마트 시스템으로 완비된 집이 있다 해도 하루 종일 혼자 집에 있기보다는 작업 공간을 분리하거나 바꾸고 싶은 욕구가 생기게 마련이다. 그것이 예전에는 조용한 도서관이나 사무실이었지만, 1인 기업가 시대에 개인의 업무 효율성과 직업 관련 상호 소통성을 높이기 위해서는 대면, 비대면 모두 적당한 소음과 대화가 가능한 새로운 공간이 필요하다.

이제 카페는 차를 마시며 친구와 담소를 나누는 곳이 아니라 일하고, 회의하고, 공부하는 장소가 되었다. 음료는 그 공간을 활용할 수 있는 두 시간짜리 티켓 같은 것이다. 한자리에 오래 앉아 있기가 불편하면 음료를 한 잔 더 시키면 된다. 물론 시간제로 운영되는 스터디카페도 많다. 하지만 집중하는 데 필요한 백색소음과 적당한 데시벨의 대화도 가능한 공간은 아무래도 대형 프랜차이즈 커피숍이다. 계약직 노동자(주로 대학생 알바)가 일하는 곳이므로 주인의 눈치를 볼 필요도 없고, 가끔은 두 시간짜리 공간 사용료를 추가로 지불하지 않아도 된다. 이런 공간에 대한 갈증은 청년층의 주거 공간 문제와 연결된다. 집이 만족스럽지 못하니까 고가의 이용료를 내고 만족스러운 공간을 찾는 것이다.

'지옥고'라는 말이 있다. 지하방, 옥탑방, 고시원의 줄임말로, 대도시(특히 수도권)에 거주하는 1인 가구 청년들의 지옥같이 고생스러운 주거 환경을 의미한다. 취업이나 진학 문제로 일찍부터 고향을 떠난 청년들은 학교나 일터를 중심으로 서울과 수도권 지역에 자리잡게 되는데, 매달 지출해야 하는 주거비 부담을 줄이기 위해 점차 좁고 열악한 환경으로 옮겨가게 된다. 그러니까 지옥고는 집이라는 생활공간의 질적 환경이 악화되는 현실을 반영하는 말이기도 하다.

서울에 사는 청년들 중 3분의 1가량은 최소의 주거 여건을 견디며 살고 있다. 20대와 30대 초반 인구의 주거 빈곤율은 40퍼센트에 육박한다. 주요 대학과 일자리가 서울과 수도권에 몰려 있으므로 더 나은 삶의 기회를 잡기 위해 상경한 청년들은 웬만해선 귀향하지 않는다. 서울에서 공부하고 취업해서 좁은 방이라도 참고 버티며 더 나은 기회를 엿본다.

어려운 입시 경쟁을 거쳐 대학에 합격한 뒤 고향을 떠나 서울 생활을 시작한 20대 초반 청년들의 앞길은 험난하다. 처음에는 기숙사 생활도 하고 편안한 원룸이나 하숙집에서 지내기도 하지만, 매달 지불해야 하는 주거비는 상당한 경제적 부담이다. 주거비용을 줄이려다 보니 점차 상대적으로 저렴한 옥탑방과 반지하를 전전하게 된다. 그중에서도 최악은 고시원이다. 몸 하나 누이기 힘들고 방음도 안 되는 좁은 공간에서 공부하고 잠을 자야 한다. 식사와 간단한 조리, 세면과 세탁은 공동 시설을 이용해야 한다. 사생활은커녕 인간의 기본권이나 존엄성조차 보장받지 못한다.

지옥 같은 공간에서 탈출하는 방법은 알바를 늘리거나 빨리 졸업해서 연봉이 높은 직장에 취직하는 것뿐이다. 그러나 취업시장의 경쟁은 더 치열하다. 유명 대학을 졸업해도 쉬운 일은 아니다. 높은 학점, 어학 특기나 교환학생 경험, 인턴 경력, 각종 자격시험 합격 등 엄청난 스펙이 기본이다. 일찍부터 집을 나와 홀로 독립한 대학생은 이런 스펙 관리를 하면서 등록금, 생활비, 교통비, 주거비를 감당해야 하므로 아르바이트에 많은 시간을 빼앗길 수밖에 없고, 일하면서 공부하니 둘 다 성과가 떨어지기 쉽다. 피나는 노력으로 경쟁적 시장에서 살아남아 취업의 문턱을 넘더라도 당장 주거 환경을 개선하기에는 목돈이 부족하다. 그래서 지옥고는 미래의 꿈과 달리 현실의 삶이 밑바닥에 묶인 청년들의 낙후한 주거 환경의 현주소다.

2019년 MBC의 보도에 따르면 서울에 사는 청년 1인 가구 셋 중 하나는 최소 주거 면적에도 미치지 못하는 곳에서 산다. 1인 가구의 상당수가 대학이나 직장 근처에서 혼자 사는 젊은이인데, 이들에게 서울과 수도권의 주거비용은 만만치 않다. 대학가에서 가장 저렴한 편에 속하는 서울 신림동을 기준으로, 보증금 500만 원에 월 25만~30만 원의 주거비로 가능한 곳은 지하방과 옥탑방, 고시원이다. 서울 대학가 원룸의 평균 월세는 54만 원인데, 대학생 신분으로 공부하면서 감당하기에는 적지 않은 액수다. 기숙사에 입주하면 좋겠지만, 수도권 4년제 대학 33곳의 기숙사 수용률은 평균 14퍼센트 정도다. 대학이 기숙사를 더 늘리고 싶어도 대학생을 대상으로 원룸과 하숙 등 주거 임대업을 하는 주민들의 반대로 그 또한 쉽지 않다. 결국 86퍼센트의 대학생이 스스로 집 문제를 해결해야 하는데, 고정비용에서 가장 큰 부분인 주거비를 줄이다 보니 점점 더 열악한 주거 환경으로 내몰리는 것이다.

법이 정한 최소 주거 면적인 14제곱미터(약 4평)에 못 미치는 좁은 공간에 사는 것을 주거 빈곤이라고 한다. 한국 전체 평균으로 보면 주거 빈곤은 많이 줄어들었다. 2000년부터 2015년까지 서울에 사는 35세 이상 인구의 주거 환경을 조사한 결과, 그 기간 동안 두 배가 넘게 개선되었다. 하지만 청년층인 20~34세 인구의 주거 빈곤율은 31.2퍼센트에서 37.2퍼센트로 증가해 상황이 더 나빠졌다. 집을 재테크 수단으로 이용하는 사람들에 의한 부동산 투기가 만연하고 시의적절한 입법, 행정 조치가 미약하여 서울과 수도권의 집값이 지나치게 오른 탓이다. 부동산을 갖지 못한 서민들의 주거비 부담은 더 커졌다. 2015년 대통령 직속 청년위원회가 대학생 원룸 실태를 조사한 바에 따르면 서울에 사는 대학생은 평균 1,418만 원의 보증금에 42만 원의 월세를 낸다. 2016년 통계청 조사를 보면 서울 지역 지하방과 옥탑방에 거주하는 서울 청년인구의 비율은 21.6퍼센트에 달한다.

지옥고를 장기간 경험한 사람들은 하나같이 '최악은 고시원이다'라고 말한다. 그나마 통풍과 일조가 가능한 옥탑방은 그들 사이에서 '부의 상징'이라고 불린다. 냉·난방비를 아끼느라 학교 도서관에서 밤을 새우고, 주거비를 아끼느라 학교 동아리방에서 살다 보면 일상생활은 더욱 초라해지고 자존감은 바닥을 치게 된다. 잠을 자는 것 외에도 세탁과 건조, 보안과 사생활 보장에 추가 비용이 들기 때문에 생활비를 더 아끼게 되고, 그럴수록 청년들의 삶의 질은 더 떨어진다.

청년들의 주거 빈곤 문제를 해결하는 방법은 부의 욕망을 줄이는 것이라고 모두가 한목소리로 말한다. 사람들이 재테크 용도가 아니라 자신이 살 집만 구매한다면 집은 부족하지 않다. 인구가 줄어들기 시작했으니 제한된 수요에 맞게 주택을 공급하면 집값이 천정부지로 오를 일도 없다. 사람들이 집을 재테크 수단으로 활용하는 한 부동산 투기 문제는 해결되지 않는다. 웬만한 직장의 연봉으로는 평생을 저축해도 집값이 오르는 속도를 따라잡을 수 없기 때문에 일단 융자를 얻어 집부터 사려는 사람이 많아진다. 공급은 제한적인데 집을 사려는 수요가 더 많아지니 집값이 더 오른다. 악순환이다.

개인의 공간은 인간의 기본권을 구현할 수 있는 기초 환경이다. 사생활이 가능해진 것은 화장실, 욕실, 침실 같은 분리된 개인 공간이 있었기 때문이다. 앞서 말했듯이 중세의 평민들에게는 개인의 개성이나 개별 공간, 프라이버시에 대한 개념 자체가 없었기 때문에 가족이 모두, 때에 따라서는 손님까지 한방에서 생활하고 잠을 자는 것이 크게 문제되지 않았다. 그러나 자유와 평등이라는 인간의 기본권이 유전자처럼 각인된 현대인에게 물질적 빈곤으로 인한 개인 공간의 제한은 심리적 불안정과 박탈감을 가중시킨다.

공간은 사람의 인식틀을 만든다. 몸 하나 누이기도 빠듯한 생활공간에서 행복한 미래의 설계는 애당초 불가능한지 모른다. 근대인은 중세의 귀족제로부터 해방되었지만 자본주의 체제가 만들어낸 다른 종류의 계급 체제, 즉 가진 자와 갖지 못한 자라는 경제적 계급구조에 구속된다. 신자유주의적 질서 안에서 살고 있는 현대인이 당면한 물질적 공간의 불평등 문제는 계급 간의 위화감과 불만족을 가져오고, 그로 인한 갈등은 서로에 대한 불신과 분노, 시기와 혐오의 감정을 낳고 사회 불안을 가중시킨다. 근대적 주체성의 이성이 마비되는 순간이다.

근대적 주체의 공간은 대도시의 공공 편의 시설과 그 안에 깃들어 사는 개인의 개성과 개인성을 보장할 개별 공간의 조화 속에서 만들어진다. 공공의 기반 시설, 각종 문화시설과 편의 시설이 확충되었더라도 개인성을 보장할 개별 공간이 빈곤해지면 근대적 개인의 자아의식과 자존감이 위축될 수 있다. 보편적이면서 개별적인 주체, 즉 평등하면서도 자유로운 근대적 주체성은 그에 상응하는 공간의 확보에서 올 수 있다. 모두에게 접근가능한 공공시설과 모두로부터 보호되는 개별 공간의 균형적 확립이 필요하다. 따라서 사적으로 거주하는 공간, 즉 집이라는 안정된 사생활의 공간과 기본적 생활의 유지는 근대적 개인의 필수 요건이다. 지금도 우리 주변에서 수많은 집과 아파트가 지어지는 현장을 볼 수 있다. 그 많은 집은 과연 어디로, 또 누구에게로 가는 것일까?

13

'매력'이라는 이름의 자본

몸 이미지 관리에 열중하는 현대인

현대 사회에서 특히 중요해진 것은 젊음과 건강, 아름다움과 매력이다. 과거에는 이성과 합리성에 기초한 지성 교육을 중시했고, 직업적 전문성이나 업무 능력을 상대적으로 더 강조했기 때문에 외모나 체력 관리를 중요하게 생각하지 않았다. 개성을 강조하기보다는 조직 내에서 두드러지지 않는 무난한 이미지, 기본적으로 깔끔하고 성실한 태도에 더 비중을 두기도 했다. 그런데 지금은 매력 자본erotic capital이라는 새로운 말이 만들어질 정도로 매력 있는 몸, 젊고 건강하고 아름다운 몸에 대한 지향이 커졌다. 정신의 가치보다 몸의 정체성이 더 중요해졌다.

영국의 런던 정책연구센터 연구위원이자 사회학자인 캐서

린 하킴Catherine Hakim(1948~)은 『매력 자본』이라는 책으로 전 세계의 이목을 끌었다. 하킴은 개인의 매력과 호감이 사회적 지위를 얻고 돈을 벌 수 있는 중요한 능력이라고 보고, 매력 그 자체를 자본으로 해석한다. 물론 하킴이 말하는 매력은 단순히 아름다운 외모만이 아니라 자기표현의 기술이자 사회적인 기술이다. 그것은 꾸준한 자기 관리와 노력으로 가꾸는 얼굴과 몸매만을 뜻하지 않으며 유머 감각과 활력, 세련됨, 상대에게 편안함을 주는 매너 등 타인의 호감을 살 수 있도록 만들어진 후천적 기술도 포함한다.

매력은 사람의 마음을 사로잡는 힘이다. 매력이라는 이름의 자본은 사적 영역인 친구, 연인, 사교 관계에서만이 아니라 공적 영역에서도 성공을 이끄는 요인이 된다. 매력은 사적으로 친구, 연인, 동료 간의 사회성을 높여줄 뿐 아니라 공적으로도 고객, 의뢰인, 팬, 후원자와의 직업적 지원 관계를 형성할 수 있다. 더 나아가 그 매력이 지지자 집단을 구성하면 정치적 세력이나 사회적 권력으로, 때로는 경제적 위력으로도 작용할 수 있다. 그래서 매력은 곧 자본이다.

생물학적 성별에 의거해 이원적이고 고정적인 젠더gender 규범을 강조하던 과거만 해도 남자는 직업적 능력과 사회적 생산 활동을, 여자는 성적 매력과 검약한 가사 활동을 강조했다. 단순화하면 남자는 능력, 여자는 외모라는 이분법이 가능한 시대였다. 그때는 주로 매력으로 어필하는 주체가 여성이었고, 그러한 매력은 여성이 부족한 능력을 메우거나 경제적 안정을 이룬 남자와 결혼하기 위한 수단으로 간주되었다. 하지만 지금은 미모와 젊음, 성적 매력, 톡톡 튀는 개성이 단순히 개인적 관계나 결혼 상대를 위해서만 쓰이는 것이 아니다. 직업적 업무 능력에 가산되는 추가적 긍정 요소로도 작동한다. 따라서 여성만이 아니라 남성도 헤어스타일이나 피부 표현, 패션에 신경을 쓸 뿐 아니라 유머 감각, 세련된 매너, 풍부한 교양에 관심이 많아졌다. 캐서린 하킴은 한 인터뷰에서 이렇게 말했다.

> 프랑스 말에는 이런 표현이 있어요. '벨르 레이드belle laide.' 못생겼지만 훌륭한 자기표현력과 세련된 스타일로 매력적으로 보이는 사람이라는 뜻입니다. 얼굴이 예쁘거나 잘생기지 않았더라도 유머 감각을 가지고 있다든지, 활력이 넘쳐 긍정적인 에너지를 준다든지, 옷을 잘 입는 세련됨을 갖추었다든지, 상대를 편안하게 해 무장 해제시킨다든지, 개인이 매력적일 수 있는 요소는 무궁무진합니다. 이런 기술들 역시 누구에게나 있는 것은 아니지만, 후천적인 노력으로 얼마든지 키울 수 있어요.
>
> – 캐서린 하킴, 『매력 자본』

사진 기술이 발달하고 영상 매체가 보편화된 현시대를 관통하는 강력한 흐름의 하나는 루키즘lookism이다. 헤어스타일, 화장, 패션으로 얼굴과 스타일을 관리하고, 운동이나 다이어트로 몸매를 개선하는 것이 사회적 의무로 여겨질 지경이다. 특히 한국은 성형수술을 가장 많이 하는 나라 중 하나로 꼽힌다. 2011년 영국의 경제 주간지 〈이코노미스트〉와 일간신문 〈데일리 메일〉은 인구 대비 성형수술 횟수에서 한국이 세계 1위라고 보도했다. 한국은 인구 1,000명당 성형수술 횟수가 13회 이상이며(대략 77명 중 1명), 도시에 거주하는 19~49세 한국 여성의 경우 다섯 명 중 한 명이 성형수술을 받은 것으로 집계되었다.

셀카 문화와 소셜 미디어 때문에 신체 이미지에 대한 관심이 커지고 코로나 사태가 장기화되면서 성형외과를 찾는 이도 늘어났다. 하나금융경영연구소가 2020년 5월 발표한 보고서 「코로나19가 가져온 소비 행태의 변화」에 따르면 2020년과 2019년 1분기 성형외과 매출액은 전년 대비 10퍼센트가량 증가했다. 집에 머무는 시간이 길어지고 누구나 일상적으로 마스크를 착용하는 환경에서, 해외여행 대신 외모 개선에 투자한다는 의미에서 비교적 회복 기간이 긴 성형수술에 대한 수요가 커진 것이다.

코비드19로 비대면 환경이 자리잡고 화상회의가 많아지다 보니 남녀 모두 자신의 외모를 더 많이 분석하고 비판하게 된 이

유도 있다. 신종 코로나바이러스 감염증COVID으로 인한 봉쇄 조치가 내려진 뒤 성형수술과 시술 예약이 급증한 것을 '줌 붐Zoom Boom'이라고 부른다. 비단 한국만이 아니라 독일, 영국, 미국, 오스트레일리아, 일본 등의 성형외과 의사들은 코로나19로 인한 봉쇄 조치 이후 성형수술과 시술 예약이 급증했다고 밝혔다. 세계적으로 성형외과는 코비드19의 수혜 업종 중 하나로 꼽힌다.

이 같은 현상에 대해 영국심리학회의 심리학자 질 오웬 박사는 '컴퓨터 화면을 통해서 바라보는 자신의 모습은 현실을 왜곡할 수 있다'고 경고한다. 영상 속 이미지는 현실과 다를 수 있기 때문이다. 카메라의 각도나 조명, 각종 디지털 장비의 기계적 요건 때문에 얼굴과 몸이 왜곡되어 시각화될 수 있고, 이는 거울을 통해 보던 내 모습이나 실제로 타인이 육안으로 보는 나의 이미지와 다를 수 있다. 영상 매체 속의 몸 이미지에 대한 집착은 지각知覺뿐 아니라 심리적인 왜곡 현상을 가져올 수 있다.

비대면 시대의 개인은 자신의 영상 속 이미지를 더 아름답게 만들기 위해 현실의 몸을 변형시키려고 노력하는 경향이 있다. 기존의 셀카 문화, 소셜 미디어의 인기에 더해 화상회의 프로그램인 줌Zoom이 대중화하면서 외모에 대한 관심이 커졌기 때문이다. 문제는 거울에 비친 실제의 몸이 아니라 스크린 속의 사진과 영상에 더 집착하게 된다는 점이다. 사진만 올릴 때는 보정 효과가 부가된 앱을 사용하는 것으로도 충분하지만, 유튜브나 줌에 올라가는 동영상 이미지를 개선하려면 몸 자체의 시각적 이미지도 바꿔야 한다. 이것이 다이어트와 성형수술 수요가 증가하는 원인이 된다.

하지만 당연하게도 몸의 이미지가 매력의 전부는 아니다. 매력은 단기적으로 육체의 아름다움이나 시각적 호감에서 오는 첫인상과 관련되지만, 그 매력을 장기적으로 지속시키는 요소는 신뢰감이나 배려심 같은 상호적 관계성interrelationship의 능력이다. 시간 약속을 잘 지킨다는 신뢰감, 자신이 한 말을 꼭 행동으로 실천하는 책임감 같은 기본적인 능력 외에도 상대에 대한 친절이나 존중심과 배려심이 매력 포인트가 된다. 또한 타인의 문제를 함께 해결하려는 평등하고 상호적인 태도, 유머의 밝은 기운, 낙관적이고 긍정적인 마음도 관계성을 높인다. 매력 자본은 육체 이미지의 개선에서도 오지만 신뢰와 배려, 상호성과 긍정성에서도 나온다.

냉정히 말해 혈연으로 맺어진 가족 관계를 제외하면 현대의 모든 사교 관계에는 목적이 있다. 사업 관계에서는 그것이 경제적 이익일 것이고, 친구 관계에서는 우정의 기쁨일 것이며, 동호회나 클럽인 경우에는 특정 활동을 더 즐겁거나 효율적으로 수행하는 방법이다. 혈연 공동체를 제외한 모든 사회적 관계에서는 서로가 도움을 주고받으며 함께 성장하기 위한 협력과 협업이 중요하다. 평등한 상호적 관계성도 출발점에서 누군가가 먼저 베풀어야 상대에게도 베풀 기회가 온다. 정확히 반반씩 공평하게 이익과 손해를 주고받으려는 이해타산적인 기브 앤 테이크Give and Take의 태도보다는 내가 조금 더 베풀고 먼저 나눈다는 자세가 필요하다. 그것이 신뢰를 쌓고, 매력이 된다.

19세기 프랑스의 정치철학자 알렉시 드 토크빌Alexis de Tocqueville(1805~1859)은 『미국의 민주주의』라는 책에서 미국인의 공동체의식을 높이 평가한 바 있다. 미국의 민주주의가 발달한 것은 개인이 이상주의적인 규칙을 잘 지켜서가 아니라 올바르게 이해된 자기 이익을 추구하기 때문이라고 그는 분석했다. 합리적인 이익 추구는 개인의 이기심을 충족시키는 데 그치지 않고, 저마다 이해관계를 계산하는 개인으로 구성된 사회 전체의 평등한 협업으로 이어져 공공성을 확대할 수 있다는 것이다. 내가 상대의 문제를 해결해준다면 상대도 내 문제를 해결해줄 수 있다. 그러려면 우선 서로에 대한 관심과 이해가 있어야 하고, 평등하고 상호적인 사회성과 관계성이 필요하다. 그래서 때로는 즉각 보답이 돌아올 것이라고 예상되지 않지만 먼저 도움을 주고 베풀기를 실천할 필요가 있다. 그것이 '선행은 나부터 먼저Pay it forward'이다.

협업도 이해타산적인 기브 앤 테이크보다 본질적인 출발점은 상호적 관계성이다. 나부터 먼저 하는 선행이 선순환되면 관계의 유익함과 즐거움이 더 커질 수 있다. 미국 코넬 대학교의 심리학과 교수 바네사 본스Vanessa Bohns는 '사람들은 생각보다 훨씬 더 기꺼이 타인을 돕는다'는 사실을 실험으로 증명했다. 낯선 사람의 부탁을 들어준 사람의 비율이 도움을 요청한 사람의 예상보다 평균 48퍼센트나 높았다. 내게 돌아올 이익이 없을 수 있어도 곤경에 처한 낯선 사람을 기꺼이 도우려는 선한 마음은 상호적 관계성의 물결을 일으키며 그 사회 전체를 휘감는 선순환의 고리를 만든다. 그것이야말로 사적인 대인 관계뿐 아니라 공적인 업무 관계를 결속시킴으로써 사회를 지탱해주는 매력적인 무형의 자산이다.

미국의 정치학자 로버트 퍼트넘Robert David Putnam(1941~)은 이런 상호적 신뢰와 호혜성이 무형의 자산을 형성한다는 의미에서 '사회적 자본social capital'이라고 불렀다. 퍼트넘은 21세기의 시작과 함께 출간된 『나 홀로 볼링Bowling Alone』에서 '1960년대 이후 미국 사회는 시민의 협동이나 사회관계가 쇠퇴해왔다'고 냉정하게 분석했다. 볼링을 치는 사람은 늘어났지만 주로 개인이나 가족 단위이며, 볼링 리그의 회원 수가 줄어든 것은 미국의 전통적 사회조직이나 조합 같은 사회공동체가 위축된 결과라고 그는 말한다.

미국인은 이제 선거에도 무관심하고 지역사회의 학교 운영회의나 공공 업무 관련 회의는 물론 교회에도 잘 참여하지 않게 되었으며 심지어 타인에 대한 믿음, 정직성과 상호 신뢰, 그리고 개인의 일상적인 사교까지 줄어들어 사회적 자본이 크게 감소했다. 그 결과로 나타난 현상이 사회적 유대의 해체를 상징적으로 보여주는 '나 홀로 볼링'이다.

－로버트 퍼트넘, 『나 홀로 볼링』

퍼트넘은 호혜성reciprocity을 '한정적 호혜성'과 '포괄적 호혜성'으로 구분한다. 한정적 호혜성은 남에게 뭔가를 주고 즉각적인 대가를 기대하는 상호성이다. 포괄적 호혜성은 당장 받을 대가를 기대하지 않고 미리 베푸는 것이다. 미국 프로야구 뉴욕 양키스의 포수였던 요기 베라Lawrence Peter 'Yogi' Berra(1925~2015)는 '네가 다른 사람의 장례식에 가지 않으면, 다른 사람들도 네 장례식에 절대 오지 않는다'고 했는데, 이는 한정적 호혜성의 사례에 해당한다. 반면 어느 대학 선배가 후배들을 만날 때마다 밥을 사준다면 그것은 포괄적 호혜성의 사례가 될 수 있다. 그가 베푼 것이 당장 그 자신에게 되돌아오진 않겠지만 그 밥을 먹은 후배가 나중에 선배가 되어 후배에게 또 밥을 사고, 그런 것이 매년 계속되어 그 학과의 새내기를 환대하는 문화적 전통으로 자리잡으면 그 선순환이 학과 전체의 소속감과 자부심을 만들 것이다. 그런 맥락에서 한정적 호혜성보다는 포괄적 호혜성이 넘쳐나는 사회가 훨씬 매력적이다.

사회적 자본은 결합형bonding과 연결형bridging으로 분류되기도 한다. 결합형 사회적 자본은 비슷한 나이, 같은 인종, 같은 종교, 같은 집단에서 내부 결속을 다지고 동일한 정체성을 강화한다. 그 예로 특정 연예인이나 스포츠 팀의 팬클럽은 배타적 정체성과 내부적 동질성을 강조하면서 자아감을 확대하고 때로는 편협하고 공격적인 면도 드러낸다. 한편 연결형 사회적 자본은 서로 다른 나이, 인종, 종교끼리 연결되어 이질성을 하나의 유대로 잇는다. 세대 간 연합, 다인종 단체, 서로 다른 종교의 연결과 연합은 평화로운 사회를 만드는 데 중요하며, 서로가 속한 팬클럽이나 집단 간의 충돌 없이도 연대할 수 있다. 결합형보다 연결형 사회적 자본이 절대적으로 옳다는 뜻은 아니다. 두 사회적 자본은 상보적으로 강화되는데 결합형은 내부 결속과 역량 강화에, 연결형은 외부적 연대와 소통 강화에 활용된다.

매력 자본의 핵심은 육체의 아름다움과 상호적 관계성이다. 그럼에도 영상시대에 더 중요한 것은 몸의 이미지처럼 느껴진다. 어쩌면 영상 속의 시각적 이미지는 상호적 관계성을 위한 기본조건처럼 보인다. 너도나도 휴대전화에 내장된 카메라로 사진을 찍어 소셜 네트워크에 올리는 것은 결국 사회적 연결을 위한 행동인데, 시각적 이미지 중에서도 개인의 개별성을 가장 잘 드러내는 것이 현재는 바로 몸의 이미지이기 때문이다. 미용,

패션, 헬스 트레이닝, 성형, 다이어트 산업이 번창하는 것도 그런 사회적 맥락에서 이해될 수 있다.

몸의 정체성과 매력 자본이 그 어느 때보다 중요해진 시대에 사람들이 몸의 시각적 이미지 관리에 열중하는 것은 조금도 이상한 일이 아니다. 개인의 사생활은 물론이고 대인 관계와 사교, 회사의 업무까지도 온라인 네트워크를 통해서 이루어지는 시대에는 가상공간에서 개인의 매력을 최대한 표현할 필요가 있다. 눈과 눈, 몸과 몸이 직접 마주치지 않는 비대면 시대에 시각 매체를 통한 관계성과 사회성의 증진 과정은 역설적으로 몸에 더 집중하게 만든다.

14

자발적 노출의 시대

새로운 개인의 창조인가, 사생활의 소멸인가

현대인은 영상 매체에 익숙하다. 어릴 때부터 태블릿 PC, 스마트폰, 노트북 컴퓨터에 익숙한 Z세대는 부모인 X세대보다 훨씬 더 SNS에 친근하다. 대면 접촉으로 만나는 일상의 친구들도 있지만 SNS를 통한 비대면 원거리 친구도 많다. 축하할 일이나 알릴 소식이 트위터Twitter, 구글 플러스Google Plus, 인스타그램Instagram, 페이스북Facebook 등에 게시물로 올라오기 때문에 그 사람을 직접 만나지 못해도 늘 연결되어 있다는 느낌을 받을 수 있다. 이런 대표적 소셜 네트워크는 서비스 회사의 영문 이니셜만 따서 'TGIF'로 부르는데 '금요일이라 신난다Thank God It's Friday'는 의미와 겹치면서 더 재미있게 들린다.

2019년, 미국의 퓨리서치센터Pew Research Center는 미국과 유럽의 각 세대에 대한 연구 결과를 공개했다. 이 연구에서는 19세기 말 출생한 잃어버린 세대Lost Generation와 20세기 초 출생한 가장 위대한 세대Greatest Generation 이후를 다섯 개의 세대로 구분했다. 사일런트 세대(1928~1945년 출생), 베이비붐 세대(1946~1964년 출생), X세대(1965~1980년 출생), 밀레니얼 세대(1981~1996년 출생), Z세대(1997년 이후 출생)이다. 사일런트 세대는 정치적 목소리나 인구수가 상대적으로 적고 큰 특징이 없다. 베이비붐 세대는 제2차 세계대전 이후 풍요를 누린 세대로, 인구수가 많고 떠들썩하다. X세대는 경제적 위기를 겪고 가족주의에서 벗어난 세대로, 독립을 중시한다. 밀레니얼 세대는 첫 인터넷 세대로, 사회적 이슈에 대해 진보적이지만 독립보다는 부모와 살기를 택해 '부메랑 세대' 또는 '피터팬 세대'라고도 불린다. Z세대는 아날로그를 경험하지 못하고 디지털 기기와 함께 삶을 시작한 디지털 원주민digital native 세대라 할 수 있다.

한국에도 유사한 세대 구분이 있다. 일제강점기 세대(1910~1944년 출생)와 광복 세대(1945~1954년 출생), 베이비붐 세대(1955~1963년 출생), 386세대(1961~1969년 출생), X세대(1970~1980년 출생), 밀레니얼 세대(1981~1990년대 중반 출생), Z세대(1990년대 중반~2010년대 중반 출생) 등이다. 한국의 베이비붐 세대는 6·25전쟁 직후 인구가 급증한 시기에 태어난 이들을 가리키며, 386세대는 1980년

대의 민주화 정치투쟁에 앞장섰던 당시 대학생 세대이다. X세대는 경제적 풍요 속에서 각자의 개성을 드러낸 세대이며, 이들에 의해 대중문화가 크게 발달했다. 밀레니얼 세대는 베이비붐 세대의 자식 세대로, 새천년(21세기)에 대학에 들어간 00학번 이후 세대를 말한다. 당시 급속히 확산된 휴대전화와 인터넷 인프라의 영향을 받았으며 Y세대로도 불린다. Z세대는 X세대의 자녀 세대로, 2005년 출범한 유튜브와 함께 자라난 세대이며 인터넷 정보가 풍부하다. 텔레비전이나 컴퓨터보다는 스마트폰을, 문자나 글보다는 이미지와 동영상 콘텐츠를 선호한다.

각 세대의 구분은 조사자마다 기준이 다르거나 겹치기도 하고, 같은 세대라도 문화적 경향이나 디지털 친숙도의 개인차가 있어서 확정적으로 보기 어렵다. 그러나 미국과 유럽, 한국에 공통적인 것은 인터넷과 디지털 기술을 중심으로 볼 때 Z세대는 태어날 때부터 각종 전자 기기에 전면적으로 노출된 디지털 원주민이라는 점이다. 통계청과 맥킨지 코리아의 세대 구분에 따르면 한국의 베이비붐 세대(1955~1964년 출생)가 아날로그를 기본으로 하는 세대였던 반면, 그 이후는 디지털 노출에 따라 구분된다. X세대(1965~1979년 출생)는 디지털 이주민, 밀레니얼 세대(1980~1994년 출생)는 디지털 유목민, Z세대(1995년 이후 출생)는 디지털 원주민으로 불린다.

특히 20세기의 마지막에 태어난 Z세대는 디지털 학습도가 높은 X세대 부모의 영향으로 개인주의, 다양성, 일과 삶의 균형 등 부모 세대의 자유로운 가치관을 물려받았다. 사춘기에 글로벌 금융위기를 겪었고, 이후에도 저성장의 불안한 미래 속에서 성장한 까닭에 실용주의적 · 현실주의적 경향이 강하다. 또 가족보다 개인, 소유보다 공유, 상품보다 경험, 대면 관계의 수직적 위계보다 비대면 네트워크의 수평적 관계를 지향하며 공정성과 윤리를 중시한다.

Z세대는 디지털 경험이 있는 X세대의 영향 속에서 성장하고 교육받아 정보 통신IT 기술에 대한 이해도가 높고, 주로 모바일 기기를 사용해 의사소통을 한다. 유튜브나 인스타그램, 스냅챗 등을 통해 사진과 동영상 이미지로 소통하며 SNS를 적극 활용하여 정보를 습득하는 특성이 있다. 습득한 정보를 남들과 공유하는 것도 좋아해서, 주변의 학교 친구뿐 아니라 해시태그 hashtag 등으로 취향이 맞는 사람을 찾아내어 정보를 공유하며 관계를 맺는 경향이 있다.

모바일인덱스가 국내 안드로이드 운영체제OS 사용자를 대상으로 조사한 결과에 따르면(2020년 8월 기준) 국내에서 가장 많이 사용되는 소셜 네트워크는 네이버 밴드였다. 이어서 인스타그램, 카카오 스토리, 페이스북, 네이버 카페, 틱톡 순으로 집계되었다. 한편 연령별 소셜 네트워크 사용을 보면 10대는 페이스북, 20대와 30대는 인스타그램, 40대는 네이버 밴드, 50대는 카카오 스토리를 가장 선호하는 것으로 조사되었다. 전 세계적으로는 페이스북(약 25억 명), 유튜브와 왓츠앱(20억 명), 페이스북 메신저(13억 명), 위챗(약 11억 6,000만 명), 인스타그램(10억 명) 순으로 나타났다.

국내의 페이스북 이용자는 2006년 200만 명에 불과했는데 2020년에는 1,000만 명을 넘어섰다. 인스타그램 이용자는 1,400만 명으로, 페이스북 사용자 수를 추월했다. 국내에서 가장 많은 사용자를 보유한 카카오톡 이용자는 4,223만 명이며, 그다음은 유튜브 이용자로 4,006만 명이다. 전 국민의 80퍼센트 이상이 카카오톡과 유튜브를 이용하고 있는 것이다. 이처럼 SNS는 우리의 현실에 영향을 주는 거대한 매체로 성장했다. SNS는 개인의 자기표현이 특정 주제나 소수에게 한정된 것이 아니라 모든 주제에 관한 모두의 자유로운 권리라는 것을 일깨워준다.

페이스북이나 유튜브의 성장 배경에는 몇 가지 원인이 있겠지만, 무엇보다 재미있는 게임형 놀이 방식이 대중에게 매력적이었다. 또한 내적인 자기표현의 욕망을 해소할 수 있었고, 온라인 네트워크 공동체의 반응을 반영하여 자기표현의 방식을 변화, 혹은 개선할 수 있다는 점도 강한 동기로 작용했다. 유희 목적을 가진 게임의 기술이 도입되면서 SNS는 개성 있는 자기표현과 사회적 소통의 활발한 상호작용 매체로 진화했다. 그러나 SNS는 현실을 있는 그대로 반영한다기보다는 사람들의 욕망을 피드백해서 현실을 재창조하는 허구 세계의 확장판이라고 할 수 있다.

오늘날 SNS는 전 지구적 사회관계망을 구축해서 새롭게 재창조된 텍스트와 이미지의 자기표현을 다양하고 규모 있게 교환하는 체인 링크chain link를 만들었다. 개인이 자기 스스로를 표현하고 노출하는 글이나 영상을 사회적 연결망 속에서 공유하고, 그 반응의 네트워크 안에서 인간관계를 만들어간다. 그리고 놀이와도 같은 게임의 방식으로 서로 경쟁하고 협력할 뿐 아니라 자유와 억압, 내부적 성찰과 외적 경험을 비교하고 공유하면서 사회적 연결성을 확장한다. SNS의 즐거움은 개인의 자기표현과 그에 대한 사람들의 가치 평가(댓글, 좋아요, 이모티콘, 공유하기 등)가 반복되면서 비슷한 생각을 가진 사람들끼리의 연대감을 높인다는 데 있다. 단순한 사교 외에도 건강관리, 피트니스, 교육이나 훈련, 상업적 광고나 소비 촉진의 목적으로도 사용된다.

SNS는 현실과의 밀접한 연관 속에서 일상을 표현하는 도구이자 다면성과 가변성을 통해 경험하는 새로운 정체성의 세계이다. 현실을 살아가는 평범한 개인은 가상 세계의 외부에 존재하지만, 그 가상 세계 안에서 자유로운 상상의 페르소나persona를 창조해 유희를 추구할 수 있고 가상 세계의 플레이어로서 새로운 장場의 규칙과 문화를 학습할 수도 있다. 새로운 놀이와 학습은 온라인 속에서 새로운 자기 정체성을 확립해주며, 그 새로운 온라인 정체성이 모여 새로운 문화를 만든다. 그리고 이런 활동은 현실의 개인과 상호 작용한다.

SNS의 세계는 현실 유사도가 높은 것에서 환상성과 일탈성 수위가 높은 것에 이르기까지, 그 범주가 다양한 정체성의 놀이와 학습, 그리고 문화의 공간이다. 네트워크 안에서는 얼마든지 다양한 실험이 가능하다. 사회의 지배적 제도와 질서에 순응하며 자기 정체성을 합리화하고 그 영향 범위를 확대하여 자신의 지지 기반을 강화할 수도 있고, 기존의 지배 논리나 관습에 비판적인 태도를 취하며 불편한 문제를 제기해 저항의 선두에 설 수도 있다. 순응이든 저항이든, 자기표현 능력과 새 매체가 결합하여 새로운 정체성이 형성되므로 그 공간에서만큼은 새로운 사회적 지위를 얻을 수 있다.

권보연은 『SNS와 게이미피케이션』(2019년)에서 SNS를 게임의 프레임으로 읽는 관점을 제시하면서, SNS 사용자는 숙련도에 따라 단계별로 다른 놀이 방식을 경험한다고 말한다. 초급 레벨은 '랠리 게임' 방식으로, 사회적 네트워크의 확장을 목표로 한다. 제로 세팅의 고립과 단절에서 시작해서 공격적 관계 확장과 콘텐츠 생산 확대를 지향한다. 중급 레벨은 '전략 게임' 방식으로, 일상에서 경험하기 힘든 대중의 뜨거운 반응에 도취되어 자기표현의 왕좌를 놓고 경쟁자와 대결한다. 이때 선두를 유지하기 위해 작전을 짜고 행동한다. 마스터 레벨은 '트랙 게임' 방식으로, 이질적 존재들이 공존하면서 서로를 자극하고 발전하게 만들 때 경쟁이 의미 있다는 것을 깨닫는다. 타자와의 차이와 그 긍정적 효과를 성숙하게 이해하는 단계라고 할 수 있다. 이 레벨의 이용자는 상대방의 실패를 기대하지 않고 자신의 경로를 유지하면서 자기 기록을 경신하기 위한 활동을 전개한다. 경험 많은 SNS 플레이어는 상대를 제압할 경쟁자가 아니라 소중한 동반자로 보는데, 이때 상대방은 자신이 마스터 레벨에 도달하는 데 필요한 핵심 자원이며 표현 게임을 지속시키는 자유로움과 즐거움의 원천이 된다. 이제 SNS는 단순한 소통 도구가 아니라 랠리 게임, 전략 게임, 트랙 게임 방식을 통해 새로운 나를 형성하고 대안적 공동체를 구성하는 중요한 유희 장치가 된다.

SNS가 자발적 놀이와 학습, 새로운 정체성과 문화의 적극적 창조와 관련된다면, CCTV는 비자발적 감시와 규제, 기존 정체성과 기성 문화의 방어적 관리와 연결된다. 폐쇄회로 텔레비전이나 비디오 감시 장치를 의미하는 CCTV는 시민들의 안전에 대한 높은 우려와 관심 때문에 매년 추가 설치되어 기하급수적으로 증가했다. 한국의 경우 2000년 이전에 250여 대에 불과했던 것이 2016년에는 73만 대가 넘었고, 건물 내부에 설치된 민간 CCTV까지 합치면 약 150만 대로 추산된다(『행정자치통계연보』). 인구 34명당 한 대꼴이다. 여기에 달리는 CCTV라고 할 수 있는 차량 블랙박스도 450만 대에 이른다. 공공과 민간의 CCTV는 계속해서 급증하는 추세이고, 거리를 달리는 차량 대부분도 블랙박스를 달고 있으므로 사실상 움직이는 전방위 카메라들이다.

공공이나 민간 CCTV의 주된 목적은 범죄 예방과 수사, 그리고 교통 단속과 사고 책임의 입증이다. 'CCTV 없는 수사는 없다'라는 말이 나올 정도다. 2015년 개정된 '영유아보호법'에 따라 모든 어린이집에는 CCTV 설치가 의무화되었는데, 실제로 어린이집의 아동학대 영상이 공개되어 사회적 파장을 일으키기도 했다. 또한 동해와 서해의 주요 지역에는 재난 감시 CCTV가 설치되어 자연재해의 위기 가능성을 영상으로 전송한다. 코로나19 사태 이후에는 열화상 카메라가 곳곳에 설치되어 잠재적 코로나19 감염자를 파악하고 통제하는 기능을 했다. 그러다 보니 CCTV는 계속해서 설치되고 있으며, 지금은 거의 모든 곳에 감시 카메라가 있다고 보아도 무방하다. 사실상 현대의 대도시 사회는 거대한 파놉티콘이다.

방범용과 감시용으로 설치된 카메라는 거리, 고속도로, 각종 사업장과 교육기관, 건물의 외부와 내부, 엘리베이터, 아파트 복도에서 흔히 발견할 수 있다. 버스 정류장과 달리는 자동차, 지하철, 주차장 안에도 있고 주택 밀집 지역과 통학로뿐 아니라 공원이나 대자연 앞에도 있다. 인간을 대상으로 하는 범죄는 어디든 일어날 수 있으므로 어디든 감시 카메라가 설치될 명분이 있다. 한 조사 결과에 따르면, 시민들이 공공 CCTV 설치 장소를 선정할 때 가장 중요하게 생각하는 요소로는 강력범죄의 발생 현황뿐만 아니라 주민들의 공개적 의견 수렴 절차가 있었다. 뒤집어 생각하면, 방범 기능만 강조한 나머지 지역 주민의 의견 수렴 과정을 소홀히 해왔다는 문제점을 지적할 수 있다.

CCTV의 가장 큰 문제는 개인의 사생활 침해에 있다. 프라이버시는 근대적 개인의 자율성과 자유 추구권에서 중요하게 간주되는 부분이다. 개인이 주변의 감시와 규제에서 벗어나 스스로 개성을 추구할 수 있는 자유는 중요한 인권 중 하나다. 그런데 여기저기에 설치된 방범 카메라는 개인의 신상을 영상 자료로 기록해 저장하고, 수사기관의 자료로 활용되기도 한다. 전 국민을 통제하는 영상 관리 체제가 국가 운영이나 치안 유지에는 도움이 되겠지만 개인의 자유로운 삶의 보장에는 위협이 될 수 있다.

여기에 불법적으로 악용되는 몰래카메라 문제도 심각하다. 공공 CCTV가 아닌 상업용 초소형 카메라는 각종 소품 장비에 덧붙여져 개인의 은밀한 공간까지 침범하고 있다. 화장실, 침실 같은 개인의 은밀한 공간에 침입한 불법 카메라는 디지털 성범죄와 성 착취에 이용된다. 은밀한 장소에 악의적 의도로 숨겨둔 초소형 카메라 영상은 인터넷을 통해 불법 거래되면서 피해

자에게 평생의 상처를 안긴다. 인터넷에 한번 올라간 자료는 완전히 사라지기 힘들고, 어디선가 누군가에 의해 복제되어 확대 재생산되기 때문이다.

현대 사회는 자발적이건 비자발적이건, 사교나 놀이가 목적이건, 사회적 통제나 상업적 이윤이 목적이건, 무한 증식해버린 전방위 카메라에 노출될 위험에서 자유롭지 못하다. 예쁜 배경이나 맛있는 음식을 찍으려던 촬영 의도와 달리 내 휴대전화의 갤러리 안에는 전혀 모르는 사람의 얼굴이 담겨 있을 수 있고, 그와 반대로 나 역시 부지불식간에 원치 않는 카메라 렌즈의 범위 안에 놓일 수 있다. 디지털 원주민인 Z세대뿐 아니라 아날로그 세대까지 포함하여 지금 현재를 살고 있는 모든 사람은 사실상 눈에 보이거나 보이지 않는 카메라 앞에 언제나 노출되어 있다. 현대의 모든 개인은 카메라 저장장치와 인터넷상의 사진과 영상 이미지로 존재한다.

이 모든 개인 정보의 데이터는 실로 엄청나다. 우리는 매일 여러 카메라 앞에 서서 걷고 먹고 활동하며, 매일 엄청난 양의 문서와 영상 자료를 컴퓨터 하드디스크와 휴대전화 단말기, SNS 서버, 자료 보관용 클라우드, 이메일, 채팅 앱 속에 저장한다. 이 모든 전자화된 개인 정보는 인터넷을 타고 떠돌며 무한히 복제되고 확산된다. 나만의 얼굴, 나만의 이름이라는 개인성과 프라이버시가 나를 표현하고자 하는 사적인 욕망 때문에, 또는 공적 안전의 필요성 때문에 나의 의지와 상관없이 익명의 정보망 속에서 유통되고 확산된다. 아이러니와 패러독스가 여기에 있다.

15

모두가 1인 방송국

유튜브 시대, 조회 수는 돈이자 권력

유튜브YouTube는 1인 방송국 시대를 가능하게 만들었다. 무료 동영상 공유 사이트 유튜브는 이제 1인 미디어 채널의 인기를 넘어 돈이자 권력이 되었다. 많은 사람이 인기 유튜버YouTuber가 되고자 한다. 직장에 다니지 않고 유튜버를 전문 직종으로 삼는 사람도 늘어나고 있다. 유튜브로 돈을 버는 방법은 간단하다. 유튜브에 자기 채널을 만들고 콘텐츠를 계속 쌓아 시청자(구독자)를 모으면 된다. 조회 수와 구독자 수가 많으면 광고가 붙고 비즈니스가 된다. 최근 12개월간 최소 4,000시간의 시청 시간과 1,000명의 구독자를 확보하면 수익 창출이 시작된다. 동영상 조회 수view 1,000번마다 25센트에서 4달러 정도의 평균 수익이 나는데, 구독자나 조회 수가 많은 인기 유튜버의 연간 소득은 수천만 원에서 수억 원에 이른다.

유튜버가 증가하는 이유는, 단순히 말하자면 돈이 되기 때문이다. 자신이 연출한 1인 제작 영상으로 마치 연예인이 된 듯한 만족감을 느끼거나 자신의 영상에 관심을 가진 불특정 다수와 소통할 수도 있지만, 무엇보다도 조회 수와 구독자를 늘려 소득을 창출할 수 있다는 점이 실질적 동기로 작용한다. 유튜버들은 하나같이 가장 큰 동기부여는 수익성이라고 입을 모은다. 2015년 월수입 14만 원에서 시작해 4년 만인 2019년 월 수익 5,300만 원을 올렸다는 한 유튜버의 성공담이 화제가 된 적이 있다. 그래서 매일 회사에 갈 필요도 없고 휴대전화와 아이디어, 간단한 보조장비만 있으면 누구든 부자가 될 수 있다는 신화가 창조된다.

흔히 1인 미디어, 1인 크리에이터 시대가 열린 후, 유튜브라는 부의 추월차선이 뚫렸다고 말한다. 사실 개인 사업으로서 유튜브는 실패해봐야 크게 잃을 것이 없다. 초기 자본이 많이 들지도 않고, 지금은 실패 같아도 언제 다시 붐을 타고 조회 수를 올릴지 모르는 일이니 말이다. 성공한 유튜버들은 그 비결을 자기 이야기와 대중성의 조합이라 말하기도 하고, 외모와 목소리를 꼽기도 한다. 장기적 플랜과 멘탈 관리, 혹은 사람들의 호기심을 자극하는 소재를 끊임없이 찾는 노력을 들기도 한다.

김도윤의 『유튜브 젊은 부자들』(2019년)은 치킨집 배달부에서 엔터크리에이터로, 임용 준비생에서 먹방계의 스타로, 10억 원의 부채를 진 빚쟁이에서 실버 버튼(구독자 10만 명 이상) 유튜버로 인생을 바꾼 억대 연 수입 23인의 성공담을 소개한 책이다. 그들은 한결같이 유튜브가 단순히 콘텐츠를 공유하는 플랫폼이 아니라 수익 창출 수단이라고 말한다. 촬영과 편집과 업로드가 가능한 스마트폰 하나면 누구나 채널의 주인이 될 수 있고, 자신만의 콘텐츠를 제공한 대가로 돈도 벌 수 있으니 최고의 재테크 수단이라는 것이다. 그렇다, 이제 유튜브는 직업이 되었다.

유튜브의 인기 콘텐츠에는 크게 세 종류가 있다고 한다. 유튜버 자체가 매력적인 경우, 유튜버의 능력이 매력적인 경우, 그리고 어떤 유명 콘텐츠를 매개로 한 경우이다. 우선 만능 엔터테이너나 재담가, 개그맨, 연예인 등이 자신의 매력으로 관심을 끄는 것이 가장 흔한 경우다. 다음으로 유튜버 자체는 평범한 사람이지만 그가 제공하는 정보와 지식이 현실적으로 도움이 되는 경우다. 실제로 많은 구독자가 새롭거나 모르는 분야의 지식과 정보를 유튜브 채널을 통해서 얻는다. 마지막은 새로운 게임이나 가전제품, 음식이나 식당, 혹은 유명한 지역에 대한 리뷰를 하는 것이다. 특정 장르를 기반으로 하는 먹방, 브이로그VLOG: video+blog, 뷰티, 제작DIY, 여행, 백색소음ASMR 유튜버들도 이에 해당한다. 그러나 이러한 분류는 서로 뒤섞이거나 다양하게 연결되어서 그 경계가 명확하지는 않다. 그리고 구독자 10만 명 이상의 유튜버들은 이미 채널 고유의 정체성을 넘어 여러 분야를 넘나드는 경우가 많아서 특정한 범주로 묶기 어렵다.

유튜브 채널이 워낙 많은 만큼 콘텐츠의 소재도 매우 다양하다. 우선 자신의 일상생활이나 사생활을 보여주며 자연스럽게 조회 수와 구독자 수를 늘리는 방식이 있다. 노래와 춤을 중심으로 한 아이돌 관련 소재가 있는가 하면, 화장법이나 헤어스타일링 혹은 패션을 소개하는 동영상도 있다. 영화나 애니메이션을 해설하거나 요약해서 보여주는 유튜브, 어린이나 엄마들을 위한 키즈 유튜브, 게임과 스포츠 관련 유튜브, 여행 정보 유튜브도 인기가 많은 편이다. 이외에도 건강 상식, 뉴스와 정치 이슈, 기관이나 단체의 홍보, 엔터테인먼트와 코미디, 요리, 신제품 소개 및 평가, 반려동물 기르기, 비영리 사회운동, 각종 취미, 자동차, 배, 자전거, 경제, 금융, 재테크, 교육과 강의 등 그야말로 무궁무진하다. 사실상 소재를 구분하는 것 자체가 무의미할 정도로 인간 삶의 모든 것이 유튜브에 있다.

유튜브가 인기를 끄는 이유는 문자보다 이해하기 쉬운 동영상을 통해 즐길 수 있고, 혼자 해결하기 힘든 문제를 집단지성과 집단사고를 통해 해결할 수 있다는 것이다. 다시 말해 돈이 안 드는 쉽고 편한 오락거리이자 간편한 문제 해결 방식이라는 점이 유튜브의 매력이다.

사실 휴대전화가 있고 와이파이Wi-Fi만 연결되면 언제든 접속해 다양한 콘텐츠를 무료로 즐길 수 있는 유튜브야말로 가장 편리한 오락 수단이다. 게다가 좋아하는 인물이나 관심사를 몇 번만 검색해도 빅데이터의 알고리즘은 이용자가 가장 좋아할 만한 시청각 자료를 추천 영상으로 보내준다. 말 그대로 안성맞춤 여가 활동이다. 광고 영상이 흐름을 방해할 수도 있지만, 공짜 영상이니 눈 딱 감고 몇 초를 투자하거나 필요할 경우 월정액을 내면 해결된다. 콘텐츠는 무궁무진하며 밤을 새워도 다 볼 수 없을 정도로 많다. 시간만 내면 되는 것이다.

또한 어떤 문제가 생겼을 때 유튜브는 손쉽게 해결 방법을 찾아준다. 우리는 종종 혼자 해결하기 힘든 지식, 학습, 감정, 심리 등의 문제가 생기면 다른 사람들과 함께 문제를 해결하려 한다. 혼자서 문제를 해결하려고 애쓰기보다 집단적으로 문제를 해결하는 것이 더 효율적이고 합리적이라고 생각하기 때문이다. 뭔가 알고 싶은 주제가 생겼는데 물어볼 데가 없다거나, 개인적 문제가 생겼는데 다른 사람에게 노출하고 싶지 않을 때 동영상 속의 친절한 얼굴들은 여러 가지의 해결 방법을 제시해준다. 딱 맞는 해법이 아니어도 유사한 문제를 겪은 사람의 경험을 공유하면 한결 마음이 놓인다. 그래서 집단지성과 집단심리가 내 문제를 해결해준다고 믿는다.

무의식적 집단심리는 인간의 이성적·문화적 세계 인식과 대립할 수도 있다. 에리히 노이만Erich Neumann(1905~1960)은 『의식의 기원사』에서 현대인은 방향감각을 상실해 비합리화·미립자화되고, 그래서 무의식에 의해 분열된 현대인의 의식은 투쟁을 포기한다고 주장한다. 그렇게 되는 이유는 현대인이 심리적으로 감당하기 어려운 대중과의 관계성 속에서 과도한 책임을 져야 하고, 대중을 상대로 한 개인의 고독감을 도저히 견딜 수 없기 때문이다. 영웅은 인류의 발전을 위해서 자신의 과제를 수행하는 존재인데, 개인에게 주어진 영웅적 과제는 홀로 감당하기에 너무 버겁다.

유튜브는 무겁거나 심각하지 않게 쉽고 편한 오락과 해법을 준다. 그러나 세상에는 너무나 많은 유튜브 동영상이 있고, 그 동영상이 전부 객관적 사실을 말하거나 정확한 정보를 전달하지는 않는다는 점에 주의할 필요가 있다. 대부분의 경우 주관적인 판단이나 개인의 취향이 전제되며, 따라서 책임 있는 공영매체처럼 반드시 진실성을 담보한다거나 팩트 체크를 거친 내용이라고 확신할 수는 없다. 사생활을 담은 콘텐츠가 주관적인 것은 당연하지만, 뉴스나 사실 보도를 하는 채널에서도 편향성이 종종 발견되며, 조회 수를 올리고자 의도적으로 거짓을 올리기도 한다.

유튜브 알고리즘은 이용자가 클릭하는 정보의 경향성에 맞추어 점점 더 한쪽 방향으로 편향된 추천 영상을 계속 연결해준다. 그렇게 올라오는 영상을 보면서 다른 사람들도 나와 관심사가 비슷하다고 착각하기 쉽지만, 사실 그것은 자기만의 관심사인 경우가 많다. 그래서 기울어진 운동장이 더 기울어지거나, 혹은 편향성의 확대가 이루어져 그릇된 확증의 근거가 되기도 한다. 이를 확증 편향의 강화라고 한다. 확증 편향은 원래 가지고 있는 생각이나 신념을 확인하려는 경향이 강해서, 보고 싶은 것만 보고 듣고 싶은 것만 듣는 태도를 말한다. 사실 많은 정보가 한꺼번에 쏟아지면 보통은 내가 잘 아는것, 혹은 좋아하는 것을 우선적으로 보게 되며, 비슷한 추천 동영상이 링크되면서 개인의 경향성은 고착되고 심화된다. 유튜브는 확증 편향을 강화할 수 있다.

같은 이유로 유튜브를 통해 음모론이 확산되고, 정설로 입증된 과학이 의심받기도 한다. 예를 들어 '평평한 지구 학회'에 소속된 사람들은 아직도 지구가 평평하다고 믿는다. 2018년 미국의 마이크 휴즈Mike Hughes(1956~2020)는 지구가 원반처럼 납작하다는 '사실'을 증명하기 위해 미국 캘리포니아 주 모하비 사막에서 사제 로켓을 타고 572미터 상공까지 날아올랐다가 추락하기도 했다(결국 2020년 로켓 사고로 사망했다). 이런 사람들은 자신들의 믿음을 위해 허위적인 내용의 자료와 동영상을 공유하고 유튜브에도 퍼뜨린다. 2019년 영국의 일간지 〈가디언〉을 보면, '평평한 지구 학회의 회원이 놀라운 속도로 증가하고 있으며, 가장 큰 원인은 유튜브에 있다'고 걱정하는 과학자들의 시선이 보도되어 있다. 평소에 그런 주장을 믿지 않던 사람들도 유튜브에 올라온 그럴듯한 코멘트와 조작된 영상을 보고 점점 믿게 된다는 것이다. 텍사스 공과대학 교수인 애슐리 랜드럼Asheley Landrum도 입증된 과학적 사실에 대한 대중의 불신을 크게 우려하며, 21세기에 이런 어처구니없는 일이 벌어지는 데에는 유튜브의 책임이 있다고 지적했다.

많은 사람이 집단지성을 신뢰하지만, 집단적인 결정이 개인의 결정보다 비합리적인 경우도 종종 있다. 집단의 불합리한 의사 결정은 주로 집단 구성원이 외부의 정보와 단절되어 있거나, 비판적 검증 능력이 약하거나, 불합리한 결정인데도 강력한 힘을 가진 집단지성이나 지도자에게 복종하는 데서 발생한다. 특정한 사안에 동조하는 집단이 크면 클수록 그 구성원의 동조량이나 위력은 커지게 된다. 집단적 사고는 개인의 판단력이나 비판 능력을 마비시킬 수도 있다.

이런 현상이 나타나는 것은 유튜브가 대체로 영리를 목적으로 한 동영상 공유 플랫폼일 뿐, 진실이나 사실을 전달할 의무나 책임이 없기 때문이다. 사실의 왜곡이나 음모론, 혹은 선정적 조작은 조회 수를 높이기 위해 의도될 수도 있다. 유튜브에서 중요한 것은 논리나 이성이 아니라 조회 수와 구독자 수이기 때문이다. 조회 수와 구독자 수는 곧바로 돈과 영향력으로 연결되고, 파워 유튜버의 권력이 된다. 제목이 자극적이고 도발적일수록,

또 분명 말이 안 되는데도 그럴듯해 보이는 근거를 제시할수록 사람들의 호기심이 발동하게 된다. 유튜버가 진실보다는 인기, 사실보다는 돈과 권력을 선택할 때 유용한 미디어 플랫폼은 과학과 팩트를 조롱하면서 비과학적 신념이나 개별적 취향을 마치 진리인 양 확산하고 확증하는 편향적 집단 미디어의 장으로 전락할 수도 있다.

2020년 기준, 한국에서 개설된 개인 유튜브 채널 중 광고 수익을 올리는 채널이 5만 개가 넘는 것으로 나타났다. 이 중 연 수입 8,000만 원 이상, 구독자 10만 명 이상인 채널은 3,800개로 조사되었다. 취업난과 경제위기가 가중되면서 직장에 매일 갈 필요 없이 개인의 독창성으로 고수익이 가능한 유튜브 비즈니스에 점점 더 많은 사람들이 매력을 느끼고 있다. 사이버 대학과 전문대학에 관련 학과가 생기고, 각종 유튜버 교육과정에 수강생이 몰리는 추세다. 돈을 받고 특정 채널의 구독자나 조회 수를 허위로 늘려주는 업체도 성행 중이다.

유튜버의 상위 1퍼센트는 연간 1억 원 이상 번다고 알려져 있고, 단순히 카메라 앞에서 먹는 행위만 하는 먹방 유튜버들의 소득도 상상 이상이다. 2020년 포브스 코리아가 한국의 파워 유튜버 30명의 소득을 분석했는데, 그들의 연소득은 평균 26억 원이 넘는 것으로 추정되었다. 국내 굴지의 재벌 그룹 CEO에 맞먹는 수준이다. 10위권 안에 드는 먹방 유튜버의 월평균 수입도

1억~2억 5,000만 원으로 추정되니, 연봉으로 약 12억~30억 원을 버는 셈이다. 명문대를 졸업하고 대기업에 들어가 초고속 승진을 해도 벌기 힘든 액수다.

2019년 진로교육 현황 조사를 보면 초등학생의 장래 희망 순위에서 유튜버가 의사를 제쳤다. 우리 시대의 유튜브는 촉망받는 산업, 움직이는 1인 기업이다. 중요한 것은 유튜브 제작자와 시청자의 이성적 판단과 책임 능력이다. 유튜브가 단순히 오락거리와 자극적 호기심을 이용한 영리 목적의 사업만이 아니라 철학과 공공성이 있는 믿을 만하고 책임 있는 매체가 되기 위해서는 제작자와 시청자 모두의 냉정한 판단과 선택이 필요하다. 유튜브는 거대 자본을 가진 방송사가 독점하던 방송 권력을 개개인에게 나누어 주었다는 의미에서 민주적 매체이고, 누구에게나 공개된 평등하고 자유로운 채널이라는 점에서 획기적인 대중 권력의 장을 마련했다. 민주적 권력의 공간, 무궁무진한 수익 창출 공간의 미래가 어떻게 될지는 사용자에게 달려 있다.

16

신경과민과 불감증의 사회

열광에서 냉담으로, 공감에서 혐오로

현대인의 신경과민은 역설적이게도 불감증과 맞닿아 있다. 개인주의로 인해 개인의 성과와 대외적 이미지가 중요해지다 보니, 현대인은 자신의 일에 과민 반응을 보이게 된다. 반면에 자기와 무관한 타인의 일에 대해서는 아무리 자극적인 사건이라도 무심하게 별 감흥 없이 지나치기 쉽다. 그러다 보니 사건 전달의 선정성이나 자극도는 더욱 높아지고, 이미 강하고 격한 표현으로 도배된 뉴스, 검색어, 해시태그도 웬만한 수위로는 관심조차 모으기 어렵다. 경쟁적 개인주의가 당연시되는 문화 속에서, 자기를 표현하는 데는 과민하고 타인에게는 무감각한 현상이 나타나고 있는 것이다. 이런 무관심은 경우에 따라 타인에 대한 냉담과 혐오로 변한다. 현대는 인공지능과 로봇, 사물인터넷IoT이 경제 패러다임을 좌우하는 제4차 산업혁명의 시대이지만 사용자 중심의 확증 편향과 그로 인한 신념 집단의 광기는 건강한 심리의 전반적 퇴행을 야기할 수도 있다.

현대인의 과민과 불감이라는 양가적兩價的 심리는 사실 과도한 자극에서 오는 신경과민에 대해 스스로를 보호하려는 개인의 방어 심리와 맞닿아 있다. 5,200만 명에 육박하는 대한민국 인구의 절반가량이 서울과 수도권에 몰려 살다 보니 대도시의 밀집도와 자극은 양적·질적 면에서 실로 엄청나다. 이런 엄청난 외부 자극에 대한 반응은 두 가지의 상반된 형태로 나타난다. 자극을 받아들여 신경과민에 시달리거나, 모든 자극을 거부하고 불감증으로 대처하는 것이다.

대단위의 감염과 유행병이 생기는 경우 병원균의 확산에 대한 두려움은 심리적 위기를 가중시킨다. 2020년 우리에게 닥친 코로나19 바이러스는 전 세계를 위기에 빠뜨렸고, 팬데믹 현상이 2년 넘게 지속되었다. 일상에서 자기 격리에 준하는 비대면 생활이 장기화하면서 비직업적 취미나 비영리적 사교의 삶이 위협받고 있다. 마스크는 일상이 되고, 최소한의 접촉만으로 제한된 삶을 살다 보니 몸과 마음이 지쳐 심리적·정신적 문제가 생기는 것은 어쩌면 당연한 일이다. 팬데믹의 장기화는 정신건강상의 또 다른 팬데믹, 즉 멘탈데믹mentaldemic을 가져올 수 있다.

대유행병에 감염된 사람은 심각한 물리적·심리적 피해를 입는다. 하지만 감염되지 않았다고 해도 그에 대한 공포심은 사회 전반에 걸쳐 집단적 불안과 우울의 문제를 야기한다. 재난을 경험하거나 목격한 경우에 받게 되는 신체적·심리적·정신적 충격 외에도 지역사회에 유행병이 번져 부지불식간에 자신도 감염될 수 있다는 긴장과 두려움 때문에 정신 건강을 해치게 된다.

인간의 삶은 생산적 노동 활동과 비생산적 여가 활동이 균형을 이룰 때 윤택하고 충만하게 영위되는데, 비대면 환경에서는 삶에 필수적인 노동 활동과 기본적인 의식주만 남고 나머지가 대부분 사라진다. 생업을 위한 일과 식사를 제외한 모든 활동은 거의 정지되거나 최소로 유지된다. 아예 외출하지 않고 집에 갇혀 있는 경우에는 사회성과 언어능력, 심지어 인지기능까지 약화될 수 있다.

2020년 5월, 경기연구원이 '코로나19로 인한 국민 정신건강 실태조사'를 실시했는데, 국민의 절반 가까이(48퍼센트)가 코로나19로 인한 불안과 우울감을 경험했다고 응답했다. 연령이 높을수록 스트레스의 정도는 더 심했다. 직업별로는 전업주부(59.9퍼센트), 자영업자(54.3퍼센트), 계약직 근로자(53.4퍼센트) 등 사회적 취약계층에서 정신 건강 문제가 더욱 두드러졌다. 조사에 응한 사람들은 확진자에 대한 위로와 동정을 느끼면서도 코로나19가 지속될 것이라는 절망감과 함께 방역에 비협조적인 특정 개인과 단체의 일탈적 행동에 비판적인 입장을 보였다. 이는 집단적인 위기가 찾아왔을 때 외부의 특정 대상을 원인으로 지목해 심리적 안정을 추구하는 방식과 유사한 면이 있다.

스트레스는 외부의 자극에 대항해 몸을 보호하려는 생물적 반응을 총칭하며, 간단히는 주어진 요구에 대한 신체의 비특정적 반응을 말한다. 대표적인 원인으로는 특정한 목표나 빠른 변화에 적응하는 과정에서 발생하는 압박감이 있다. 김옥진과 임홍순의 『현대인의 행동과 심리』를 보면 이런 압박감에는 내적인 것과 외적인 것이 있다. 내적인 압박감은 자신의 내적 목표나 자존감과 관련되고, 외적인 압박감은 외부의 경쟁이나 적응하기 힘든 빠른 변화, 부모의 큰 기대 등과 연관된다. 특히 급격한 변화를 요구하는 현대인의 삶은 외적인 압박감을 가중시키고 그것이 스트레스로 이어진다. 스트레스의 원인으로는 압박감 외에도 불안, 욕구 불만, 좌절, 갈등 등이 있다.

스트레스 해소법에는 물적 자원의 보충, 건설적 사고, 효율적 시간 관리, 그리고 사회적 지지 등이 있다. 좋은 집과 직업 등 물질적으로 만족스러운 환경을 보충하고, 심리적 안정을 위해 긍정적인 생각을 가지며, 시간을 잘 관리해 일과 일상생활의 균형을 잡는 것이 중요하다. 다른 사람과의 원만한 관계도 필요하다. 이런 해법을 거꾸로 추적하면, 물질적 자원의 부족과 심리적 불안, 직업적 성취와 여가 활동의 불균형, 적대적 인간관계는 스트레스를 가중시키는 요인이 된다.

세계보건기구WHO의 정신건강국장 데보라 케스텔Devora Kestel은 팬데믹 시기의 정신 건강을 주제로 논의하면서, 자살 방지와 정신 건강은 유엔과 세계보건기구의 주요 의제라고 말했다. 한국의 경우 정신 건강 문제와 경제적 문제, 신체적 건강 문제라는 삼중고가 높은 자살률의 원인으로 지목되는데, 코로나19로 이 모든 문제가 더욱 악화될 위기에 놓여 있다. 프랑스의 사회학자 에밀 뒤르켐Émile Durkheim(1858~1917)은 자신의 책 『자살론』에서 아노미anomie로 인한 자살에 관해 논했는데, 사회 변동 과정에서 사회규범과 가치관이 해체됨에 따라 사회적 연대가 위협받을 때 아노미 상황이 오고 자살 충동에 빠지는 사람이 증가한다고 말했다. 또 미국의 사회학자 윌리엄 오그번William Ogburn(1886~1959)은 『사회변동론』에서 물질문명의 빠른 변동 과정에서 정신문명이 적응하지 못할 때 나타나는 문화 지체culture lag 현상이 사회적 병리로 발전할 수 있다고 했다.

모든 사회의 변화는 필연적이지만, 빠르고 급작스러운 변화는 수혜층과 피해층의 급격한 지각변동을 야기할 수 있다. 코로나19 이후 아날로그에서 디지털로, 대면에서 비대면으로의 전면적 변화는 영상통신 기술 및 관련 장비, 그리고 온라인 주문 및 각종 비대면 배송업체의 비약적 성장을 가져왔다. 반면에 고가의 고사양 컴퓨터와 노트북, 웹캠, 마이크 등 각종 전자 장비를 갖추지 못했다거나, 각종 화상회의와 미디어 관련 앱과 프로그램에 익숙하지 않은 사람들은 디지털 부적응자나 디지털 난민으로 전락할 위험에 처했다. 또한 사람 간의 정서적 관계보다 이성적 기능의 효율적 작동 여부를 강조하는 사회 분위기 속에서 인간이 기능적 능력으로 도구화되는 경향이 더욱 강화되고 있다.

급격한 사회 변동을 추동하는 심리적·물질적 자극은 빠른 적응과 변화를 가져오지만, 반대의 경우 냉담과 혐오를 확산시킨다. 특히 비대면 시대에 인터넷을 중심으로 확산되는 혐오 문화는 견뎌내기 힘든 자극에 대한 불감증이나 냉담을 넘어, 극단적인 분노와 혐오로 발전할 위험이 있다. 혐오 문화가 양산하는 여러 갈등의 뒤에는 인간이 유한한 존재라는 것에 대한 근본적인 두려움 외에도 급변하는 사회에 적응하지 못할지도 모른다는 공포가 존재한다.

신경과민과 불감증이라는 심리 반응 외에도 현대 사회의 특징적 정서에는 두려움으로 인한 혐오, 분노, 비난, 시기 등이 있다. 미국의 철학자 마사 누스바움Martha Nussbaum(1947~)은 『타인에 대한 연민』에서 인간이 느끼는 최초의 감정은 두려움이라고 말한다. 이 두려움은 아무런 힘 없이 유약하고 취약하게 태어난 유아가 타인의 도움 없이는 생존할 수 없어서 느끼는 감정이다. 그래서 기본적으로 자기를 누구보다, 또 무엇보다 중요하게 생각하는 이기심과 나르시시즘에서 비롯된 감정이기도 하다. 두려움은 '가장 지독한 자기애적 감정'으로, 그것이 분노와 혐오의 감정으로 전이될 때 가장 위험하다.

어린아이는 미약한 신체로 태어났기 때문에 부모의 무조건적인 사랑 없이는 살아갈 수 없다. 그래서 유아는 생존에 대한 두려움 때문에 부모를 노예로 부리는 군주로 군림하고자 한다. 두려움이 오히려 연약한 인간을 왕으로 군림하게 만드는 것이다. 두려움은 성숙한 시민의 성찰적 의사소통을 방해하고 민주주의를 저해한다. 인간의 가장 기본적 감정인 두려움이 오히려 군주제를 합당한 정치체제로 만들 가능성이 높기 때문이다. 그래서 이 책의 원제는 '두려움의 군주제The Monarchy of Fear'이다.

『심리학 테라피』의 저자 최명기도 두려움은 생존에 꼭 필요한 감정이며, 우리 삶에 무엇보다 필요한 안전을 가능케 한 것이 두려움이라고 말한다. 생존을 위해서는 용기보다 더 가치 있는 덕목이 두려움이며, 사람들이 함께 모여 살고 도시를 만든 것도 암흑의 밤이 주는 두려움을 극복하기 위해서라고 설명한다. 인간의 삶을 위협하는 맹수와 세균, 질병, 또 그 밖의 적으로부터 인간을 생존할 수 있게 해주는 것은 두려움이고, 그 두려움이 인간의 안전한 생존을 위한 보호 장치인 문명과 도시를 만들었다고 본다.

숙의熟議를 거치지 않은 두려움은 분노로 변화되기 쉽다. 그리고 그 분노는 어려운 상대가 아니라 만만한 상대를 향한다. 약자를 향한 분노는 경멸이나 혐오로 변모하기도 한다. 그 분노가 맹목적으로 분출될 때 그것은 보복이나 복수 같은 폭력적 결과를 가져올 수 있다. 현대의 민주 시민에게는 분노가 결여되어 있다는 지적은 타당하지만, 민주 사회에서 정치적으로 필요한 분노는 이성적 숙고를 거친 이행 분노transition-anger이다. 이행 분노는 건강한 분노로서 변화와 사회복지를 향한 미래지향적이고 합리적인 감정이다. 복수심의 분노가 아닌 이행 분노는 지나간 고통보다 앞으로의 해법에 초점을 두기 때문이다. 이행 분노는 잘못된 행동에 대해 당장 책임을 물어 응징하거나 보복하는 것이 아니라 더 나은 평등한 미래를 위해 합리적 숙고를 거쳐 해결법을 찾는다. 이성적인 성찰과 논의를 거친 이런 분노만이 합리적 대안을 생산할 수 있다.

아동 정신분석학의 창시자로 불리는 영국의 도널드 위니콧Donald Winnocott(1896~1971)은 아동들을 상담하면서 아이가 부모, 특히 엄마를 사랑하는 동시에 엄마에게 분노의 공격성을 보이는 양가적 측면을 발견한다. 아이는 엄마를 사랑하면서도 공격성을 보이고, 일정 기간이 지나면 자신이 보였던 분노와 공격성 때문에 침울해지고 다시 업마의 사랑을 회복하고자 한다.

아이의 분노와 공격성을 조절하고 윤리적인 공감이나 이

타성을 발전시킬 수 있게 하는 것은 아이 주변에 존재하는 '촉진적 환경'이다. 아이가 엄마 가까이에서 위안과 심리적 안락감을 주는 물건들(곰 인형이나 담요 등), 즉 '이행 대상'을 갖고 놀 때 아이는 엄마가 주변에 있다는 것만으로도 안정된 정서를 발달시킬 수 있다. 아이는 이행 대상을 통해 점차 혼자 있을 수 있는 능력을 키워나간다. 이런 촉진적 환경은 아이가 자신뿐 아니라 타인을 인식하고, 타인과 공감하며 윤리적 정서를 발전시키는 데 중요하다. 엄마 옆에서 혼자 놀 수 있는 아이는 심리적으로 안정되어 순응을 요구하는 힘 앞에서도 능히 자기 의견을 말할 수 있다. 이행 대상과 촉진적 환경은 강한 감정을 그대로 발산하는 것이 아니라 합리적 숙고를 통해 분출함으로써 미래의 긍정적 변화에 기여한다.

마사 누스바움은 분노와 혐오를 두려움에서 오는 위험한 감정으로 보았다. 두려움은 자기애에 기반을 둔 이기적 감정이라서, 타인에 대한 비난과 혐오와 시기를 만들어 적개심을 키울 수 있다. 혐오는 타인을 혐오의 대상으로 만들어 자신이 두려움에서 벗어나려는 시도이다. 혐오에는 원초적 혐오와 투사적 혐오가 있다. 원초적 혐오가 죽음과 부패에 대한 것인 반면, 투사적 혐오는 원초적 혐오를 특정 계층의 인간(주로 흑인, 유대인, 불가촉천민, 여성, 게이 등 사회적 약자)에게 투사해 그들로부터 오염을 피할 수 있다면 자기 자신의 동물성(유한성)을 회피하고 초월할 수 있다는 생각과 관련된다.

혐오는 두려움을 유발하는 특정한 사고와 결합되어 있는데, 사회가 불안정한 시기일수록 혐오할 대상(개인 또는 집단)이 더 필요해지며 그들에게 찍는 낙인의 강도도 더 커진다. 시기하는 마음의 공격성도 문제가 되는데, 시기심에 내재한 적대적 욕구는 분노의 보복적 측면과 유사하기 때문이다. 시기와 질투는 약간 다르며, 시기가 더 위험하다. 질투는 내가 가진 것, 즉 가치가 있지만 불안정한 어떤 것을 잃을지 모른다는 두려움과 관련되는 반면에 시기는 내게 없는 것, 내가 가질 수 없는 것을 다른 사람이 갖고 있기 때문에 상대를 망치고 싶은 욕망이다.

한마디로 정리하면, 혐오를 발생시키는 것은 두려움이다. 그것은 인간이 다른 동물과 마찬가지로 먹고 자고 배설하는 몸을 가진 유한한 존재, 결국 죽어 부패할 필멸의 존재라는 근원적 두려움에서 오고, 그 두려움을 혐오로 전환해 특정 대상에 투사할 때 원초적 혐오는 투사적 혐오가 된다. 두려운 것은 죽음과 필멸의 육체성이다. 인간의 두려움과 불안은 완전히 사라지지 않을 것이고, 공포는 몸의 필멸성에서 오지만 사회 변화로 인해, 또 시기심의 분명한 대상이 있을 때 매우 악화될 수 있다.

인류는 계몽주의 시대 이후 인문과학과 자연과학 기술의 발전을 통해 문명을 발전시켰고, 인간 이성의 힘으로 물질적이고 정신적인 풍요를 누릴 수 있으리라 생각했다. 그러나 현대인은 외적인 문명의 찬란한 발달과 달리, 내면에서는 불안과 공허와 신경증을 느낀다. 더 복잡하고 많아진 일과 더 치열해진 타인과의 경쟁 속에서 심리적 고통을 느끼고 늘 불안에 시달리며, 많은 것을 성취하고도 공허감을 느낀다. 내부의 심리 불안정 문제와 외부의 사회 변화 문제를 적절히 해결하지 못하면 부적절한 감정이나 행동을 유발하는 신경증이 나타나기도 한다. 신경증은 내적 갈등이나 외부의 스트레스에 잘 대응하지 못할 때 내면의 심리적 긴장이나 외부적 몸의 증상으로 나타나는 여러 가지의 병리적 상황이다.

스위스의 심리학자 칼 구스타프 융Carl Gustav Jung(1875~1961)은 신경증을 치료하려면 세계관의 변화가 필요하다고 주장했다. 한 사람의 세계관은 그가 이 세상과 자기 자신을 어떻게 규정하는지 그 관점을 제시하며 그가 이 세상에서 살아가는 삶의 태도에서 나타난다. 세계관은 삶에 대한 바른 방향성의 원리를 제시하고, 이 세상과 삶에 대한 태도를 결정하는 지배적 생각과 표상을 제공한다. 그래서 세계관은 인간의 삶에서 결정적인 중요성을 갖는다. 융에게 하나의 세계관을 갖는다는 것은 자기 자신과 세계에 대한 이미지를 만들어 간직한다는 사실을 의미한다. 정신 건강은 사람들이 가진 세계관과 직접적인 관계가 있다. 신경증의 원인을 끈질기게 탐구한 융은 그 분석의 끝에서 세계관의 문제와 만나게 된다고 주장했다.

신경증의 양극을 보여주는 신경과민과 불감증은 현대 대도시의 강도 높고 많은 양의 외부 자극에 대한 인간의 양면적 반응이며, 급격한 사회 변화는 자극에 대한 열광에서 냉담으로, 타인에 대한 공감에서 혐오로의 길을 더 확장한다. 비대면 언택트 시대의 비약적 기술 발전은 디지털 능력자와 관련 산업의 열광적 호응을 가져오는 반면, 기술 비보유자와 부적응자에게는 차가운 냉담과 활동 정지, 더 나아가 불안과 우울을 가져온다. 비대면 시대 온라인 네트워크 속 불특정 다수와의 공감은 시행착오를 통해 이성적이고 중립적인 방식으로 정착되기도 하지만, 두려움을 극복하려는 방편으로 혐오 집단을 양산하기도 한다. 문제는 혐오의 대상이 이질적 집단인 동시에 약자라는 점이다. 혐오는 인간의 근본적인 두려움이나 사회 변화로 인한 불안에서 벗어날 눈앞의 손쉬운 문제 해결 방법처럼 보인다. 그러나 진정으로 필요한 것은 건강한 세계관에 입각하여, 합리적 숙고를 통해 발전적 미래를 모색하려는 이성적이고 실천적인 전략이다.

Employment is a must.

Marriage is a choice.

제3부 제4차 산업혁명과 개인의 미래

INDIVIDUAL

17

인구성장의 위기와 미래의 생산성

학령인구 감소, 생산 인구 절벽을 막을 대책은?

제4차 산업혁명은 노동인구의 감소와 밀접하게 연결되어 있다. 인간 삶의 많은 부분이 자동화되고 기계화되는 시대에 노동인구의 감소는 필연적 결과인지도 모른다. 인공지능Artificial Intelligence, AI의 발달로 로봇 바리스타가 커피를 내리고 로봇 웨이터가 음식을 서빙해주는 카페와 식당이 생겨나고 있다. 그런 현상에 대한 심리적 저항이 없어지면 기계는 점차 더 많은 인간의 직업을 대체할 것이다. 음식점의 키오스크 한 대가 인건비의 10분의 1 비용으로 1.5명의 일을 하는 시대에, 많은 기업이 자동화 기계와 인공지능을 활용해 업무 효율성을 높이고 인건비를 절감할 것이기 때문이다. 한마디로 말해 기존의 일자리가 대량으로 줄어들고 발달된 기계 서비스업이 그

자리를 대신할 것이다. 노동인구의 감소는 예견된 미래다.

그런데 생산이 가능한 인구(보통 15~64세의 연령층)의 감소는 전체 인구의 감소와도 연관되어 있다. 한국의 경우 출산율 저하로 학령인구가 줄어드는 반면에 의료 기술의 발달로 노인층의 평균수명이 늘어나 이미 고령화사회로 진입했다. 그런 인구구조 아래서 생산성 창출력은 급격히 감소할 수밖에 없다. 그 가장 큰 원인은 출산율 감소인데, 결혼을 하지 않는 1인 가구가 늘어나고 젊은 부부도 자녀 출산을 꺼리기 때문에 학령인구가 계속 줄어들고 그에 따라 생산 인구가 감소하는 것은 당연한 일이다. 게다가 일자리마저 줄어들어 적은 노동인구가 많아진 부양 인구를 먹여 살려야 한다. 엄밀히 말해 노동인구의 감소는 인간의 노동생산성이 약화되는 것을 의미할 뿐, 자동화 기계가 인간의 일을 대체하므로 사회 전체의 생산성이 낮아지지는 않는다.

여성이 출산을 기피하거나 거부하는 것은 개인의 선택이다. 모든 것이 경쟁인 신자유주의 체제에서 자녀는 더 이상 미래의 노후를 의지할 대상도, 현재의 생산력을 강화할 요건도 되지 못한다. 농경시대에는 자녀의 수가 가족의 노동력과 생산성을 의미했고, 근대에는 어머니에 대한 사회적 존경과 존중이 있었다. 그러나 개인주의 시대의 자녀는 출산부터 병원비, 산후조리원 비용, 양육비, 게다가 대학 입시를 목표로 한 사교육시장의 과열로 인해 기하급수적으로 늘어나는 교육비 때문에 부모에게 엄청난 경제적 부담을 안긴다. 값비싼 대학 등록금과 기숙사비, 결혼 비용까지 생각하면 한 개인의 입장에서 자녀 출산은 미래의 도움은커녕 당장의 소비 항목이자 앞으로의 잠재적 지출 과제이다.

과거에는 젊은 부모가 어린 자녀의 양육, 교육, 결혼, 주거 비용 등을 지원하고 그들이 성장해 경제적으로 독립하면 노년의 부모를 부양하는 상부상조의 순환구조였다. 하지만 경제 발전이 둔화되면서 대학 졸업 후에도 독립하거나 결혼하지 않고 부모와 함께 사는 트윅스터twixter(미국), 부메랑 키즈boomerang kids(캐나다), 키퍼스Kids in Parents' Pockets Eroding Retirement Savings, KIPPERS(영국), 맘모네mammone(이탈리아) 같은 캥거루족이 늘어나고 있다. 성인 자녀를 노년의 부모가 역부양하는 상황이 온 것이다. 자녀를 경제적으로 독립시키는 게 가장 중요한 노후 대비 재테크라고 말할 정도면, 부모의 자녀에 대한 책임과 양육 의무는 끝이 없어 보인다.

생산 인구 절벽, 학령인구 급감, 출산율 감소로 인한 인구성장 둔화, 노년 부모의 성인 자녀 부양 등의 문제는 사회문화적 현상이라기보다 경제적 문제와 직결되어 있다. 노동인구가 감소하면 국가의 세원이, 학령인구가 줄어들면 학교 재정이, 출산율이 낮아지면 국가의 산업 경쟁력이, 노년 부모가 성인 자녀를 부양하게 되면 고령층의 경제력이 악화되는 문제가 발생한다. 이 모든 것은 사실상 경제적 효율성 문제와 밀접히 연관되어 있다.

생산 인구 절벽은 모든 국가가 크게 우려하는 문제다. 한국의 경우 지속적인 저출산과 인구 고령화 문제로 2020년에는 사망자 수가 출생아 수보다 많아지는 현상이 발생했고, 이는 단순한 인구 감소의 문제가 아니라 생산 인구의 감소라는 문제로 귀결된다. 정부 입장에서 보면, 세입은 줄어들고 세출이 증가하리라는 전망이 위기감을 주는 것이다. 신생아가 줄어들고 노년 인구의 수명이 늘어나면 노동인구의 세금 납부가 줄어드는 반면에 노년 인구에 대한 복지와 의료 지원이 늘어나기 때문이다.

65세 이상을 보통 고령인구로 정의하는데, 한국의 고령인구는 2025년 1,000만 명, 2035년에는 1,500만 명이 넘을 것으로 예측된다. 2025년에는 다섯 명 중 한 명이, 2035년에는 세 명 중 한 명이 노령인구가 된다는 뜻이다. 베이비붐 세대가 고령층으로 진입하면서부터 인구의 고령화 속도가 빨라지고 있으며, 2025년이면 초고령사회에 진입할 것으로 보인다. 정부로서는 재정적 어려움 속에서도 의료 기반 시설에 투자하고 제도적 정비를 서둘러야 하는 상황이다. 초고령사회가 되면 정부의 세원도 문제이지만 경제구조 면에서도 적은 노동인구가 점점 더 많아지는 노인 인구를 감당해야 하므로 국가경쟁력이 떨어질 수 있다.

교육의 위기도 심각하다. 인구 감소는 학령인구 감소로 이어지고, 이는 초중고교뿐 아니라 대학의 위기로 이어진다. 인구가 감소세로 들어선 만큼 모든 학교의 입학 정원이 줄어들게 되는 것이 수순이기 때문이다. 과거에는 대학생이 되는 것조차 힘들었지만, 이제는 대학을 가느냐 안 가느냐가 아니라 어느 대학을 가느냐의 문제로 바뀌었다. 그에 따라 각 대학은 입학 정원 감축, 타 대학과 구분되는 경쟁력 강화 등의 문제를 놓고 고심하는 중이다. 등록금은 대학 재정의 상당 부분을 차지하는데, 그 기반인 입학 정원의 축소까지 감내해야 할 형편이다. 그나마 이공계는 인공지능, 빅데이터, 바이오 관련 학과의 수요가 있지만 문과의 경우 경영학과를 제외하면 전반적으로 정원이 줄어들고 있으며 폐지되는 학과도 많다. 이처럼 대학 자체가 안고 있는 위기감도 큰데, 정부가 인구정책 특별팀을 만들어 부실 대학 관리에 나서 그야말로 심각한 상황에 처해 있다. 지식을 생산하는 국가 최고의 교육기관인 대학의 위기는 장기적으로 국가 전체의 지성의 불안정뿐만 아니라 고등 생산성 저하를 가져올 수 있다.

2021년 기획재정부는 비상경제중앙대책본부 회의를 열고 제3기 인구정책 태스크포스Task Force의 주요 과제 및 추진 계획을 발표했다. 이 조직은 흔히 '부실 대학'으로 불리는 한계 대학을 정리해 국내 대학의 경쟁력을 강화하고 학령인구 감소에 대비한다는 목적으로 만들어졌다. 코로나19 이후 미래 교육의 대전환을 위해 대학 체제를 개선한다는 취지인데, 문제는 대학 자율이 아니라 정부가 주도적으로 대학 행정에 개입해 성과를 평가하고, 그 결과에 따라 지원금을 차등 배분한다는 점이다. 그 과정에서 많은 대학이 존폐 위기에 몰릴 것으로 보인다.

수도권 집중 현상은 교육에도 예외가 없어서 대부분의 수험생은 서울과 수도권 대학을 희망한다. 정부가 대학의 경쟁력 강화를 위해 국·공립대학과 사립대학의 역할 분담을 추진하더라도 수험생들이 집 가까운 지방대학보다 수도권 대학 진학을 원한다면 특화된 분야에서의 대학 간 공유·협력 지원, 평생 학습 활성화, 지자체와 대학 협업을 통한 지역 대학 혁신 등의 사업이 큰 의미를 갖기 어렵다. 지방의 국립대학이나 명문 대학이 정원 미달 사태를 호소하는 것이 현실이기 때문이다. 부산대학교조차 최근 들어 정시모집에서 정원을 채우지 못해 추가 모집을 하고 있다.

생산 인구와 학령인구 감소의 근본 원인은 출산율 저하로 인한 인구 감소에 있다. 그리고 인구 감소의 주요 원인은 여성의 출산 기피에서 비롯된다. 오랫동안 종의 번식과 자손의 생산은 당연한 의무나 도리로 여겨졌지만 한국의 젊은 여성들은 출산을 거부하는 경향이 있다. 2020년 한국의 출산율은 0.9명이다. 인구 유지에 필요한 2.1명의 절반에도 미치지 못하며, 앞으로 더 낮아질 것으로 예상된다.

여성이 출산을 기피하고 거부하는 또 다른 심각한 이유가 있다. 출산으로 경력이 단절되어 집에서 아이만 키우는 엄마는 요새 '맘충'이라 불린다. 조남주의 소설 『82년생 김지영』에서 김지영은 이렇게 말한다. "사람들이 나보고 맘충이래. 죽을 만큼 아프면서 아이를 낳았고, 내 생활도, 일도 꿈도, 내 인생도, 나 자신을 전부 포기하고 아이를 키웠어. 그랬더니 벌레가 됐어. 난 이제 어떻게 해?"

공공장소에서 아이를 방치하는 일부 몰지각한 이기적 엄마를 비하하던 '맘충'이라는 말이 이제 모든 전업주부를 지칭하는 언어로 자리잡았다. 사실 여기에는 경제력을 남편에게 의존하는 가정주부를 비하하는 시선도 숨어 있다. 이렇게 되면 여성의 출산은 경제적 도움도, 사회적 존중도 받지 못하므로 여성이 출산을 원할 이유가 없어진다.

경제적 부담과 사회적 시선은 출산 기피의 주요 원인이다. 주부의 가사노동이나 육아 노동은 흔히 임금노동이 아니라는 이유로 가정이나 사회에서 인정받거나 존중받지 못한다. 특히 육아에 대한 사회적 저평가는 경제적 부담과 함께 저출산의 가장 큰 원인이 된다. 그래서 임신, 출산, 육아를 직접 몸으로 해내야 하는 가임기 여성이 가장 중시하는 정부 대책은 경력 단절 여성(이른바 '경단녀') 예방 지원책이다. 아이 한 명이 고등학교를 졸업할 때까지 들어가는 교육비는 약 9,000만 원, 대학 졸업까지는 4억 원이라고 한다. 그 많은 양육비와 교육비는 어쩔 수 없다

해도, 여성의 경력 단절로 인해 한 가정의 수입이 반토막 난다면 경제적 부담은 두 배로 늘어난다.

직업이 없는 주부를 남편에게 의존하는 기식자寄食者로 여기는 사회적 천대와 경멸의 시선도 숙고해야 할 문제다. 엄마의 돌봄 노동은 가족공동체라는 구조 아래서 '무급 노동'으로 취급되지만 그것을 베이비시터, 가사 도우미, 요양보호사 등의 직업적 노동이 합해진 금액으로 환산하면 고가의 '유급 노동'의 가치뿐 아니라 가족에게 심리적 지원과 편안함을 제공한다는 귀한 정서적 가치를 갖는다. 당장 돈을 벌지 못한다고 가치가 없는 게 아니라 더 큰 가치를 위해 현재를 희생하는 것이다.

여성의 출산 기피는 이기심 때문이 아니다. 근대적 개인은 남녀 모두 동등하게 자기 계획, 자기교육, 자기실현의 권리가 있다. 남녀 모두의 개인주의적 선택은 개인의 삶의 안정성을 가장 극대화하는 방식으로 이루어지게 마련이다. 무자녀 상태의 결혼 생활은 맞벌이 부부의 경제 협력으로 유지될 수 있지만, 출산 이후에는 사정이 달라진다. 양육에 드는 시간과 노력, 비용과 부담을 생각할 때 자녀의 출산은 남녀 모두에게 결코 쉬운 선택이 아니다. 자녀를 낳아 기르면서도 개인의 직업을 유지하고, 기존의 삶의 안정성을 유지할 수 있는 현실적 대안이 필요해 보인다.

물론 일정 기간의 육아가 이루어지면 경력 단절 여성도 재취업할 수 있다. 그러나 많은 경우 낮은 보수의 비전문직을 선택할 수밖에 없는 것이 현실이다. 국가가 보육을 지원해 아이를 안심하고 맡기고 엄마가 일할 수 있는 환경이 필요하다. 그것이 아이를 낳을 때마다 일회성 지원금을 주는 정책보다 효과적일 것이다. 또한 경제적 독립을 포기하고 아이와 가족을 위해 헌신하는 전업주부에 대한 사회적 시각의 변화가 필요하다. 여성들은 '나를 키워준 우리 엄마는 고맙지만 고생하고도 인정받지 못하는 내 엄마, 혹은 옆집 아줌마가 되고 싶지는 않다'고 말한다. 이제 우리 시대의 어머니에게 붙여진 경제적 무능과 의존이라는 꼬리표를 떼고 가족에 대한 헌신으로 가정과 사회와 국가에 기여한 공로의 훈장을 달아주어야 한다. 미래의 생산 인구 절벽을 예방하기 위해서는 국가의 보육 체계뿐 아니라 어머니에 대한 사회적 존경이 필요하다.

18

취업은 필수, 결혼은 선택

자유와 평등의 기반은 경제적 독립

경제력으로 개인의 능력과 잠재력이 판단되는 자본주의 시대에 취업은 필수이고 결혼은 선택이다. 시장경제가 확립된 근대 이후, 자본주의 체제는 계속 발전해 지금은 거의 모든 것을 돈으로 살 수 있는 시대가 되었다. 돈은 신의 위치에 올랐다. 일상에서 자유와 평등이라는 인권이 보장받는 삶을 누리고자 할 때, 우리는 돈의 중요성과 위력을 실감하게 된다. 경제적 합리주의라는 근대의 이념이 만들어낸 결과다.

자본주의 사회에서 경제력은 한 사람의 진정한 독립을 나타내는 지표로 작용한다. 우리가 부모님과 함께 살면서 용돈을 받아 쓸 때는 부모님의 통제와 지도를 받지만, 경제적으로 자립해서 자기의 소득으로 집값과 생활비를 내게 되면 누구의 간섭이나 영향도 받을 필요가 없다. 따라서 근대적 개인의 실질적인 독립은 자신의 생활을 독립적으로 꾸릴 수 있는 경제력에서 완성된다. 칸트는 자신의 이성을 사용해 스스로 생각할 때 모든 외부의 구속에서 해방되어 스스로 사유하는 주체, 즉 계몽 주체가 탄생한다고 했다. 하지만 현대인은 자신의 경제력을 사용해 스스로 밥값과 방값을 낼 때 모든 외부의 구속에서 해방되어 스스로 판단하고 선택하고 결정하는 주체, 즉 독립적 생활의 주체가 된다.

경제적 독립이 누구에게나 중요한 자유와 평등의 기반이 되자 취업과 직업적 능력이 삶의 핵심 요소가 되었다. 남녀 모두 연애보다는 장학금을, 결혼보다는 취업을 원한다. 앞 장에서 생산 가능 인구의 감소는 학령인구의 감소에서, 또 그것은 근본적으로 여성의 출산율 저하에서 온다는 것을 살펴보았는데, 그 이전에 돈을 벌 경제적 능력이 없으면 결혼이나 출산도 없다. 호모이코노미쿠스Homo economicus, 즉 경제적 인간은 근대인의 기반이자 먹고 자고 생활하는 내 삶을 독립적으로 유지시켜주는 현 상황이며, 자본주의 체제가 유지되는 한 앞으로도 변하기 힘든 요건이다. 현대인의 걱정은 대체로 돈 걱정이고, 중요한 선택과 결정의 기준은 이윤 창출을 위한 것이거나 가격 대비 성능, 곧 가성비를 극대화하는 것이다. 그렇다면 결혼은 그 경제적 능력을 원 플러스 원one plus one, 두 배로 증대해주는 것일까?

결혼은 법적인 경제공동체의 탄생을 의미한다. 부부는 일정 정도 공동의 자산을 공유하는 것으로 간주된다. 전통적 성별 분업이나 분리된 젠더 역할이 약해지면서 남편은 가계소득을 책임지는 가장家長, 아내는 집안 살림을 전담하는 주부라는 고정관념도 점차 사라지고 있다. 요즘은 결혼 적령기의 남녀 대부분이 맞벌이를 원하며, 남자나 여자 모두 결혼 전에 취업해 독립적인 경제력을 갖추고자 한다. 결혼은 중요하지만, 개인의 경제적 능력을 확보하는 것이 결혼보다 더 중요하다고 생각한다. 그 기반 위에서 평등한 부부의 경제공동체가 유지될 수 있다. 결혼 후 부부가 각자 자기 직업을 유지하려는 경향도 강해졌다.

그런데 만일 결혼 후 유지하던 직장을 출산 후에는 그만두어야 한다면, 결혼한 여성은 직업과 아이 중 하나를 선택해야 한다. 그럴 때 많은 여성이 출산보다 직장을 선택하는 이유는 육아의 가치보다 개인의 경제력이 독립적인 삶을 만들어주는 데 유리하기 때문이다. 무한 경쟁의 사회에서 육아와 자녀 교육에 드는 시간, 그리고 비용과 취업 단계의 치열한 경쟁을 비교해보면, 어렵게 입사한 직장을 출산 때문에 중도 포기하기란 결코 쉽지 않은 선택이다. 그래서 출산은 좀 더 경제적으로 안정되고, 양육과 교육에 드는 비용을 감당할 여력이 있을 때 고려하는 선택 사항이 되고 있다.

2019년 잡코리아와 알바몬이 20~30대 성인 남녀 1,142명을 대상으로 공동 설문조사를 실시했는데, '반드시 취업해야 한다'고 응답한 비율이 전체의 86.3퍼센트에 달했다. 내 집 마련(66.3퍼센트)과 자가용 승용차(65.1퍼센트) 마련이 그 뒤를 이었다. 취업을 필수라고 생각하는 이유는 '돈을 벌기 위해서'가 가장 많았고, 그다음으로 '자기 발전 기회'와 '자아실현' 순이었다. 결국 취업이 최우선이고, 그 이유는 돈이었다.

한편 결혼을 하지 않아도 된다고 생각하는 비율(71.7퍼센트)은 결혼이 필수라고 생각하는 비율(28.3퍼센트)의 2.5배에 가까웠다. 출산을 안 해도 된다고 밝힌 응답자도 절반을 넘었다(57.4퍼센트). 미혼인데 결혼하지 않겠다고 말한 비율은 38.3퍼센트, 아직 자녀가 없지만 출산하지 않겠다고 응답한 비율은 39.6퍼센트였다. 이런 조사 결과를 종합하면, 취업은 필수지만 결혼이나 출산은 선택이라고 생각하는 사람의 비율이 대다수이며, 출산에 대해서는 미혼이건 기혼이건 상당수가 꺼린다는 것을 알 수 있다.

이와 관련된 또 다른 설문조사로 2020년 결혼정보회사 듀오가 전국의 25~39세 미혼 남녀 500명씩, 전체 1,000명을 대상으로 조사한 「출산 인식 보고서」가 있다. 이 조사에서 결혼을 해도 아이는 낳지 않겠다고 답한 여성이 32.8퍼센트에 달했다. 특히 35~39세 여성의 41.7퍼센트가 출산 거부 의사를 밝혔다. 응답자의 특성별로는 여성(성별), 고졸 이하(학력별), 연봉 2,000만

원 미만(소득별)이 출산을 기피하는 경향이 많았다. 현실적으로 출산은 당사자인 여성에게 큰 부담이며, 학력이 낮거나 경제력이 약한 경우 육아, 양육, 교육, 결혼 비용 등을 감당하기 벅차다는 뜻이다.

출산과 관련하여 가장 크게 걱정하는 것은 양육비와 육아에 드는 시간, 올바른 양육에 대한 것이라고 답했다. 그중에서도 육아로 인한 '경제적 부담'이 압도적이었다. 사회와 미래에 대한 두려움, 일과 가정 양립의 어려움, 실효성 없는 국가 정책 등도 출산을 기피하는 원인으로 꼽혔다. 성별로 보면 남성에게는 '육아로 인한 경제적 부담'이, 여성에게는 '일과 가정 양립의 어려움'이 상대적으로 높게 나왔다. 이 조사에서 응답자들이 원하는 저출산 해소 정책은 보육 지원, 주거 지원, 경력 단절 예방 지원, 출산 지원 순으로 나타났다. 출산 당사자인 여성들은 경력 단절 예방 지원을 가장 선호했다. 이 역시 출산 후 직업 유지를 중시하는 결과라고 해석할 수 있다. 그렇다면 가임기 여성의 출산을 유도하는 가장 좋은 대책은 출산으로 인한 경력 단절을 막고 임신과 출산 이후에도 경제활동을 가능케 하는 정책적 지원이다.

신자유주의적 자본주의 시대를 살고 있는 개인은 경제적 독립 없이 인간의 기본권, 즉 자유와 평등을 보장받기 어렵다. 그런 의미에서도 모든 남성과 여성은 성별이 아니라 개인의 능력에 따라 공정하게 평가되어야 한다. 근대 이전의 계급제도 아래서는 개인의 능력에 대한 공정한 가치 평가가 불가능했다. 산업사회가 열린 뒤에야 비로소 개인의 경제적 능력과 성과 중심의 평가가 이루어지기 시작했으며, 그 평가의 기술은 갈수록 정교해지고 경쟁은 더 치열해졌다. 정서적 공간인 가정과 달리 직장은 직무 능력과 수익성 성과 중심의 살벌한 경쟁 현장이면서 자신의 사회적 가치를 발휘하는 현장이다. 길고 험난한 과정을 거쳐 정규직에 합격하고 또 계속되는 경쟁을 버티고 이겨내면 많은 연봉이 주어진다. 인간의 지나친 물욕은 또 다른 삶의 희생이라는 비용을 지불해야 하지만 경제적 안정성이 실질적 자유와 평등의 기반이라는 점은 누구도 부인할 수 없다.

이런 시대에 '취업은 필수'라는 말은 당연하다. 과거에는 개인의 소득이 없어도 정서적이고 경제적인 연대이자 1차 집단인 가족 관계 속에 있었기 때문에 삶이 크게 위협받지 않았다. 그러나 1인 가구가 증가하고 결혼보다 취업을 중시하게 된 지금, 가족이 실질적인 도움이 되지 않는다면 없느니만 못하다고 여기는 풍조가 만연해 있다. 결혼을 해도 상황은 마찬가지다. 가사나 살림 능력이 뛰어나도 임금 소득이 없으면 실질적인 독립을 인정받기 어렵다. 전업주부와 취업 주부를 나누는 기준에도 경제력이 있는지 없는지에 대한 차별이 은밀하게 개입한다. 전업주부는 소비 활동만, 취업 주부는 생산과 소비를 균형 있게 한다는 함의가 들어 있다. 여기에 자녀까지 있으면 문제는 더 복잡해진다. 주부의 가사노동, 가정 관리, 육아 노동은 무급 노동이라는 이유로 무시받고, 거기에다 소득 활동까지 해야 균형 있는 결혼 생활이라고 평가하는 시선이 있다. 슈퍼우먼이 기본값이고 그에 못 미치면 맘충이 된다. 돈을 버는 능력, 직업적 능력은 한 개인의 가치를 나타내는 최종 지표가 되어버린 듯하다.

성별이 남자든 여자든, 결혼을 꺼리거나 후순위로 미루는 것은 단지 그들이 이기적이어서가 아니다. 남자에게는 부양의 의무, 여자에게는 출산과 양육의 의무가 힘겹고 버겁기 때문이다. 지금의 시대가 '취업은 필수, 결혼은 선택'이라는 말로 요약된다면, 경제활동을 하지 않는 인구는 잉여 인구로 간주될 것이다. 그러나 인간은 기계가 아니어서 쉬고 재충전하는 시간이 필요하다. 일하러 가도록 돕고 일한 후 휴식과 재충전을 도울 또 다른 노동이 필요하다. 어린 자녀가 있는 가정이라면 재생산 노동은 훨씬 더 강도가 높아진다. 쉽게 말해 누군가가 밖에 나가서 일을 하려면 누군가는 집 안에서 일을 해야 한다. 여기에는 남성과 여성의 구별이 없다. 가정경제를 구별하는 생산 노동과 재생산 노동은 가족의 상호 협의와 존중 속에서 결정되어야 한다. 그것이 평등하고 정의로운 가정경제 운영 방식이며, 부부간에 협력적 상호 존중 관계를 가능하게 한다. 결혼이 선택인 것은 취업만큼 분명한 독립성을 아직은 주지 못하기 때문이다.

19

포기할 것인가, 도전할 것인가

N포 세대의 좌절과 성취의 딜레마

N포 세대는 많은 것을 포기하는 세대라는 뜻이다. '3포 세대'라는 말에서 유래했는데, 이 말은 2011년 〈경향신문〉의 기획 시리즈 '복지국가를 말한다'에서 특별취재팀이 만들어낸 신조어다. 당시 취재팀은 '삼포三抛 세대'를 불안정한 일자리, 부담스러운 학자금 대출 상환, 기약 없는 취업 준비, 치솟는 집값 등 과도한 삶의 비용으로 인해 연애도, 결혼도, 출산도 포기하거나 기약 없이 미루는 청년층이라고 정의했다.

그런데 상황이 더 악화되면서 청년 세대가 포기할 것이 점점 많아졌다. 연애·결혼·출산 포기에 내 집 마련 포기, 인간관계 포기가 더해지면 5포 세대, 다시 여기에 더해 꿈과 희망을 포기하면 7포 세대가 된다. 9포 세대는 건강과 외모까지도 포기한다. 포기할 것은 이외에도 많아 그 수가 무한히 확장되는 n개에 이르게 되었다. 다른 나라에도 '천 유로 세대', '이케아 세대', '사토리 세대' 혹은 '달관 세대'라는 말이 있는 것을 보면 청년들의 빈곤 문제가 비단 한국만의 문제는 아닌 듯하다.

N포 세대의 원조 격인 3포 세대는 2008년 미국의 모기지 사태로 발생한 글로벌 금융위기를 겪은 청년 세대다. 세계적인 경제성장 둔화와 경제적 압박 속에서 취업난이 극심해지고 대학 등록금과 집값, 물가가 계속 상승하자 삶이 곤궁해진 이들은 연애와 결혼, 그리고 출산을 포기하는 지경에 내몰렸다. 치열한 경쟁 속에서 버티고 살아남기조차 힘겨워 개인의 생존 자체가 삶의 목표일 뿐, 여타 인간관계에 신경 쓸 여유가 없는 상황을 반영하기도 한다. 대학을 다니면서 자연스럽게 연애하고, 졸업 후에는 취업하고, 결혼해서 몇 년 뒤 아이를 갖는 일은 이제 옛말이 되었다. 연애할 여유도, 결혼할 자금도, 아이를 출산할 장기적인 계획도 잃어버린 세대가 되었기 때문이다.

한국의 많은 청년이 더 나은 삶의 전망을 위해 고향을 떠나지만, 그들 대부분은 대학 학자금 대출 상환과 월세, 생활비 마련에 시달리면서 현실에 지쳐간다. 공부와 아르바이트를 병행하면서 학점을 관리하고 스펙을 쌓아 취업을 준비해도, 취업시장이 매우 경쟁적인데다 어렵사리 직장을 얻더라도 대기업만 중시하는 사회 분위기 때문에 정신적·물질적 압박이 심하다.

이들 세대는 학점 관리와 각종 아르바이트, 스펙과 경력 쌓기, 취업 준비와 생활비를 버는 데 온 청춘을 바쳐왔기에 타인에게 마음을 쏟을 심리적·경제적 여유가 없다. 연애는 딴 세상의 일이며, 그것은 결혼이나 출산 포기로 이어진다. 사실 평범한 연애만 해도 소비지향적 사회에서는 적잖은 비용이 든다. 단정하게 외모를 가꾸고 주말에 한나절 데이트하는 데 드는 비용을 계산해보면 쉽게 짐작할 수 있다. 영화, 뮤지컬, 카페, 식당, 바, 미술관, 콘서트, 놀이공원 등의 데이트 코스는 모두 큰 비용을 요구한다. 한나절 데이트에 수십 시간 일해서 모은 시급을 지불해야 한다면, 연애가 낭만이 아닌 사치로 여겨지는 것은 당연하다. 그러다 보니 결혼을 하더라도 맞벌이 부부를 원하고 출산은 기피하게 된다. 자녀 한 명을 낳아서 키워 대학을 졸업시킬 때까지 드는 비용이 약 4억 원이라니 출산은 더욱 큰 부담이다.

자기 인생을 결혼이나 출산보다 중요하게 여기는 개인의 시대에 관계 지향성은 상대적으로 약화된다. 타인과의 관계는 시간과 비용이 절약되는 온라인 커뮤니티나 동영상 채널의 댓글 혹은 소셜 미디어로 대체하고, 그렇게 아낀 돈은 현실 속 실제의 삶의 질을 개선하고 자기계발을 하는 데 투자한다. 경제성장이 둔화되고 청년 취업난이 극심해지자 소비 경향도 관계보다는 개인에 초점을 두게 되고, 그로 인해 관계 지향성이 줄어들면서 자연스럽게 연애와 결혼과 출산은 다음 순위로 밀리거나 포기하게 되는 것이다. 삼포 현상은 '취업은 필수, 결혼은 선택'이라는 현대인의 성향과 밀접히 관련되어 있다.

2015년 취업 포털 사이트 잡코리아가 2030세대 498명을 대상으로 '7포 세대'와 관련된 설문조사를 진행한 결과, 응답자의 85.9퍼센트가 '일곱 가지 중 하나 이상을 포기하거나 포기할 생각이 있다'고 답했다. 2030세대가 포기할 생각이 있는 것으로는 결혼이 1위였고 이어서 출산, 내 집 마련, 꿈, 원하는 직업 갖기, 연애, 인간관계, 취미 생활, 여행 순이었다. 성별로 보면 남성의 경우 결혼, 꿈, 내 집 마련 순으로, 여성의 경우 출산, 결혼, 내 집 마련, 꿈 순이었다. 전체적으로는 결혼과 출산을 포기하겠다는 사람이 가장 많았는데 남자는 결혼을, 여자는 출산을 제일 먼저 포기하겠다고 답했다. 그 이유를 묻는 질문에는 지금 사회에서 이루기 힘들기 때문에, 갈수록 어려워지는 취업 때문에, 허탈감으로 사라진 성취 의욕 때문에 등의 순서로 응답했다.

그런데 결혼과 출산 중에서 왜 남자는 결혼을 먼저 포기하고, 여자는 출산을 먼저 포기하려 할까? 결혼한 남자에게는 여전히 경제적 책임자로서의 부담이, 결혼한 여자에게는 임신과 출산의 책임자로서의 부담이 무겁게 느껴지기 때문일 것이다. 부부라는 경제공동체에서 경제적 책임은 이론적으로 정확히 반반으로 나뉘어야 하지만, 전통적 관념이 완전히 사라지지 않아서 아직은 남성이 조금 더 책임을 느끼는 경향이 남아 있다.

집안마다 다르지만, 여성의 경우에도 가사와 집안 대소사, 그리고 임신과 출산에 대한 부담이나 압박을 더 느낄 수 있다.

독립된 경제공동체로서 경제적 책임과 가사의 분담을 부부가 공동으로 나누더라도 임신과 출산은 여성이 자신의 몸으로 직접 겪어야 하는 일이다. 출산 이후의 양육도 논리적으로는 공동의 책임이어야 하지만, 출산 이후의 산후조리나 수유와 맞물려 여성의 몫으로 이어지기 쉽다. 이 모든 것은 어렵게 입사한 회사의 직장 생활에 도움이 되기보다는 문제나 위기 요소로 작용할 가능성이 높다.

많은 것을 포기해야 하는 청년층의 위기는 경제위기와 실업문제에서 비롯된다. 존 스타인벡John Ernest Steinbeck(1902~1968)은 1930년대 대공황의 한가운데에 놓인 미국을 배경으로 한 소설 『분노의 포도』에서 이렇게 말한다. '일자리 한 개가 생기면 천국 하나가 나타나고 일자리 한 개가 사라지면 지옥 하나가 등장한다.' 예나 지금이나 청년층 위기의 핵심은 구직난과 실업문제다. 굶주린 사람의 눈에는 패배의 빛만 보이고 영혼 속에는 분노의 덩어리만 무르익게 된다.

김난도의 『아프니까 청춘이다』(2010년)는 인생 나이를 시계에 비유해 청년의 나이는 아직 해가 한창 떠올라 열정을 내뿜는 나이라고 위로한다. 평균수명을 기준으로 인생을 하루에 비유한다면, 인생 팔십을 24시간으로 환산할 때 1년은 18분, 10년은 세 시간이 된다. 그런 계산법으로 20세는 아침 6시, 40세는 정오, 60세는 오후 6시이다. 20대의 청년은 이제 막 아침잠에서 깨어나 활기찬 하루를 시작하는 시간이다. 김난도는 시련은 인간을 강하게 만들고 청춘의 시절 나를 거쳐간 깊은 고통이 나를 단련시켜 지금의 나를 만들었으니, 청년들도 실패를 지나치게 걱정하지 말고 스스로에 대한 믿음의 날개를 펼쳐 다시 날아오를 힘을 충전하자고 말한다. 코앞의 이익을 좇는 트레이더가 아니라 열정의 가능성을 믿고 장기적 미래를 우직하게 기다리는 투자가가 되라고 조언한다.

요한 볼프강 폰 괴테Johann Wolfgang von Goethe(1749~1832)는 『파우스트』에서 '인간은 노력하는 한 방황하는 법'이라고 신의 입을 빌려 말했다. 방황은 방향을 찾기 위한 바람직한 시행착오일 수 있다. 인생 자체가 방황이고, 방황하고 있는 동안에도 언제나 무엇인가를 구하고 있으니 20대의 방황은 면죄부가 될 수 있다. 더 이른 시기에 더 오래, 더 많이 방황하여 자신만의 길을 찾는 것은 필요하고 합당한 고통일 수 있다. 질문하고, 회의하고, 통찰하고, 숙고하는 오늘의 방황은 어제의 방황과 다르고, 더 나은 길과 더 의미 있는 방향을 찾기 위한 생산적 방황일 수 있다.

하지만 당사자인 청년들은 '아프니까 청춘'이라는 말이 잘못되었다고 반박한다. '아프니까 환자'라거나 '에프(F 학점)

니까 청춘', 심지어 '아프리카 촌충'이라고 패러디하기도 했다. 대학교수가 대학생들에게 보내는 위안과 격려야 문제될 것이 없지만, 더 나은 미래를 희망해도 크게 개선되지 않는 현실, 그리고 사회 속에 만연한 불공정과 불의, 내로남불의 이중 기준에 분노를 느끼는 것이다. 한국경제연구원의 조사에 따르면 2009~2019년 대학을 졸업한 한국 청년(25~34세)의 고용률은 73.9퍼센트에서 76.4퍼센트로 약간 올랐지만, 여전히 20퍼센트 이상이 구직에 어려움을 겪는 현실은 변하지 않았다. 그 기간에 대학 졸업자는 연평균 3.5퍼센트 증가했지만, 고학력 일자리는 연평균 2.2퍼센트 증가하는 데 그쳤다.

코로나19 이후에는 취업 기회가 더욱 감소했다. 2020년 구인 구직 매칭 플랫폼 사람인이 구직자 1,299명을 대상으로 조사한 바에 따르면 '스스로 취준(취업 준비) 아웃사이더라고 느끼는가?'라는 질문에 절반이 넘는 53퍼센트가 '그렇다'고 답했다. 전년도의 같은 조사에서 나온 35.6퍼센트보다 17.4퍼센트포인트가 증가한 수치다. 코로나19의 장기화로 기업 채용이 위축되고 취업 준비 기간이 길어진데다 사회적 거리 두기로 인해 가뜩이나 힘든 시간을 대체로 혼자 보내야 하기 때문인 것으로 해석된다. 실제로 자신이 '취준 아웃사이더'라고 답한 응답자 중 85퍼센트가 코로나19의 영향을 받았다고 말했다.

어느 연령대로 보느냐에 따라 청년에 대한 지표는 제각각이지만, 교육부와 한국교육개발원이 공시한 2019년 2월 졸업한 4년제 대학 졸업자의 취업률은 63.4퍼센트였다. 4년제 대학 졸업자의 취업률로 청년 실업 문제를 본다면 2015년 65퍼센트에서 조금 줄어들었다고 할 수 있다. 이제 청년 실업자는 30만 명이 넘고, 최근 10여 년간 대학 졸업자의 취업률은 70퍼센트에 미치지 못하는 것이 현실이다. 대졸자는 급격히 늘어났는데 대기업 취업 기회는 그만큼 늘어나지 못해서라고 볼 수 있다. 1990년대 중반 이후 대학 설립 요건이 완화되면서 고교 졸업자의 대학 진학률이 크게 늘어났다. 1990년 고등학생의 대학 진학률은 33퍼센트에 불과했는데 2000년에는 68퍼센트, 2010년에는 79퍼센트로 빠르게 고학력화가 이루어졌다. 그러나 고학력 일자리는 같은 비율로 증가하지 못했다. 경제성장 둔화로 대기업의 고용 흡수력이 줄어들었고, 고용하더라도 정규직 인원을 최소화하거나 아예 고용을 회피하고 일을 외주화하는 등으로 인건비를 줄였다.

청년층의 일자리 문제를 해소하려면 사회구조의 변화, 정부 지원, 경쟁적 사회 분위기의 완화, 경제적 형편 개선 등이 이루어져야 할 것으로 보인다. 고교 졸업자에 대한 기능 인력 우대 정책, 병역 대체 기업 복무 제도, 취업 장려 수당, 정부 보조금 등이 제시될 수 있다. 새로운 동력 산업 육성이나 중소기업 지원, 해외 취업 지원 사업도 가능하다. 굳이 비싼 등록금을 내고 대학에 가지 않아도 취업할 수 있게 만들고, 대기업이 아닌 중소기업 혹은 해외 기업에서 안정된 직장 생활을 할 수 있게 하는 방안이다. 초등학교부터 직업에 대한 편견을 없애는 직업의식 교육도 필요하다. 모두가 최고의 고등교육을 받고, 모두가 최고의 대기업에 몰리면 수급 균형이 깨져 한쪽에서는 구직난, 다른 쪽에서는 구인난으로 아우성이 일어날 것이기 때문이다.

한국에서 돈을 가장 많이 버는 직업은 대기업의 고위 임원(평균 연봉 약 1억 5,000만 원), 국회의원(약 1억 4,000만 원), 외과 의사와 항공기 조종사(약 1억 2,000만 원)라고 한다. 대기업 임원이나 국회의원은 임기가 제한되지만, 의사와 항공기 조종사는 임기 제한이 없어서 관련 대학과 학과는 매년 경쟁이 치열하다. 그리고 대학생이 취업을 원하는 직장은 대체로 연봉이 많은 대기업이어서 경쟁률이 높을 수밖에 없다. 2020년 컨설팅 업체인 유니버섬의 조사에 따르면 한국 대학생이 가장 취업하고 싶어 하는 직장은 경영학 전공자의 경우 삼성, 카카오, 구글, 인천국제공항공사로 나타났으며 공학 전공자의 경우 삼성, SK, LG, 현대자동차 순이었다.

고소득 전문직, 고연봉 관리직으로의 몰림 현상을 줄이려면 사회 전체가 획일화된 세계관에서 탈피해야 한다. 모두가 경쟁적인 교육 환경에서 최고의 교육을 받고 최고의 직장에 갈 수도, 그럴 필요도 없다. 그것은 사람과 기업 모두에게 힘든 일이며, 사회 자체가 그런 식으로 구조화되어 있지도 않다. 각자가 직업으로 삼아 생활할 수 있도록 개인의 능력과 사회구조가 균형을 맞추는 것이 평범한 진리이면서 가장 훌륭한 해결책일 수 있다. 좋아하지도 않고 관심도 없는 일을 연봉이나 사회적 시선 때문에 불굴의 정신으로 계속 도전하고 실패한다면, 그 시간과 노력이 각 개인이나 사회 전체에 심리적으로 또 구조적으로 손실이 아닐 수 없다.

어떤 면에서는 '좋은 직장'과 '좋은 삶'의 기준을 주관적인 영역에 두어야 한다. 객관적 지표가 모든 것을 설명하지는 않기 때문이다. 객관적으로 다수가 원하는 것을 꼭 내가 원할 필요는 없다. 로버트와 에드워드 스키델스키Robert Skidelsky and Edward Skidelsky 부자父子가 함께 쓴 『얼마나 있어야 충분한가』는 좋은 삶을 위한 기본재 일곱 가지를 거론한다. 국가가 기본소득을 모든 국민에게 조건 없이 지급한다는 기반 위에서 좋은 삶을 영위하기 위한 기본재를 말한다. 우선 건강이 있고 안전, 존중, 개성, 자연과의 조화, 우정, 그리고 여가가 있다. 좋은 삶을 영위하려면 먼저 자신의 몸이 건강해야 하고, 자기 개성의 표현과 여가 활동이 자유롭고 풍요로워야 한다. 그리고 주변 사람들과의 관계, 즉 우정과 상호 간의 존중이 필요하다. 또한 사회적이고 자연적인 환경으로서 사회적 안전과 자연과의 조화도 필요하다. 우리가 일 때문에 건강을 해치거나 관계를 약화시키고 환경을 훼손하지 않는지를 생각해볼 필요가 있다.

경제사학자로서 로버트 스키델스키의 대표적 저술은 존 메이너드 케인스John Maynard Keynes(1883~1946) 평전인데, 그는 경제는 성장하는데 왜 인간의 노동시간은 케인스의 예상만큼 줄어들지 않는지를 분석했다. 경제학자 케인스는 그가 활동하던 시기부터 100년 뒤인 2030년이면 주 열다섯 시간 노동으로 충분히 풍요로운 생활을 할 것이라고 예상했는데, 그 예측이 완전히 빗나갔기 때문이다. 스키델스키는 인간 욕구의 무한성과 그 욕구를 강화하도록 자극하고 지위 경쟁을 유발하는 자본주의의 광고를 원인으로 꼽았다. 필요는 절대적이고 객관적으로 필요한 물리적 필수품이지만, 욕구는 상대적이고 주관적인 심리적 사치품이다. 쉽게 말해 꼭 필요해서 사는 건 필요 물품이지만, 이미 갖고 있거나 필요하지 않은데도 사는 물건은 욕구 물품이다.

이런 욕구를 자극하는 것에는 밴드왜건 재화, 속물성 재화, 베블런 재화가 있다. 밴드왜건 재화는 그것이 유행하기 때문에 다른 사람과 같아지고 싶어서 사는 물건이고, 속물성 재화는 비싸지는 않더라도 자신만의 우월한 취향을 과시하고 다른 사람과 차별화하려고 사는 물건이다. 마지막으로 베블런 재화는 그냥 비싸기 때문에 사는 물건이다. 이른바 '명품'이 여기에 해당한다. 이것들은 모두 광고를 통해 의식적으로, 또는 무의식적으로 대중에게 소비하라는 압력을 가한다.

만일 모두가 최고로 여기는 대학, 최고로 여기는 직업에 대한 객관적 지표를 한편으로 치워두고 내가 생각하는 좋은 학과, 좋은 직업을 삶의 중심에 둔다면 과도한 경쟁으로 인한 피로도를 줄이고, 생존을 위한 극한의 싸움에서 오는 고통을 덜 수 있다. 명품 소비를 위해 무리한 투잡을 뛰기보다 관계에 좀 더 시간을 들일 수 있고 우리를 둘러싼 사회나 자연환경, 그리고 지속가능한 발전에 대해 성찰하는 마음의 여유도 생길 수 있다. 그러려면 주관적 기준이 당당히 서야 하고 자신의 선택에 대한 자신감과 확신이 필요하다.

모두가 똑같은 삶을 살 수는 없다. 만일 그것이 가능하더라도 그런 사회는 디스토피아일 것이다. 모두가 초일류 대학을 나와 초일류 기업을 다닌다면 사회의 상당 부분이 마비될 것이기 때문이다. 지금 필요한 것은 개인의 주관적 판단과 확신이다. 좋은 삶은 객관적 지표의 1등 직업이 아닐 수도 있다. 모두가 획일적 삶의 기준을 추구한다면 1등 또는 1퍼센트를 제외한 대부분의 사람은 사회의 낙오자나 부적응자로 전락하게 된다. 그러나 청년 실업에 고통받고 있는 중에도, 만일 N포 세대가 객관적 최고 대학과 지표상의 1등 기업을 한쪽에 젖혀두고 자기가 생각하는 좋은 삶에 대한 주관적 가치를 추구한다면 다양성이 공존하는 사회가 앞당겨질 수 있다. 좋은 삶을 추구하는 방식만큼은

19 너와 나는 다르고, 그런 다양성이 많은 층위에서 똑같이 존중받는 서로 다른 여러 역할과 직업을 만들 수 있다.

20

언택트 시대의 불평등

새로운 사회계급의 출현

코로나19는 전 세계적으로 삶의 양식을 바꿔놓았다. 한국에서는 실내 모임이나 각종 행사를 단계별로 규제하고, 대중과의 접촉이 불가피한 일상에서 사회적 거리두기와 마스크 쓰기를 생활화하고 규범화했다. 코로나 위기가 오자 미국 정부는 아시아계와 흑인에 대한 노골적 인종차별을 강화하고 유학생, 이민자, 난민을 포함한 소수자 차별을 구조적으로 단행했으며, 그 결과 미국 노동자의 20퍼센트가 일자리를 잃었고 실업률은 갈수록 높아질 것으로 전망된다.

문제는 아직도 그 끝이 보이지 않는다는 점이다. 코로나19는 세계적 대유행병pandemic을 넘어 주기적으로 발병하는 풍토병endemic으로 바뀔 수 있으며, 바이러스의 유행 주기가 빨라질 경우 미래의 초불확실성도 예견된다. 새로운 규범과 규약의 뉴노멀new nomal에 이어 넥스트 노멀next normal이 도래할 수도 있다. 현재 안티바이러스 의료 산업이 가장 주목받는 가운데 신체 접촉을 최소화하는 비대면 체제가 확산되고 있는데, 그것이 제4차 산업혁명과 인공지능 시대를 앞당기고 있다. 이를테면 온라인 기반의 교육, 쇼핑, 게임, 배달 산업이 그렇다.

한편 코로나19는 사회적·경제적 양극화를 심화시켜 상대적으로 안전한 전문직과 위험조차 잊힌 노동자 간의 코로나 디바이드corona devide를 낳았다. 코로나19로 인한 사회계층의 분류와 차별이 이루어지고 있는 것이다. 디지털 기술 보유자와 비보유자 간의 디지털 디바이드digital devide라는 불평등도 있다. 고가의 컴퓨터 장비 구축과 새로운 프로그램 습득이 가능한 사람과 그렇지 못한 사람 간의 차이와 차별이다. 또한 비대면과 비접촉으로 이루어지는 일상의 체계는 코로나 블루corona blue라는 우울, 무기력, 불안, 스트레스 등의 심리적 문제, 즉 멘탈데믹mentaldemic: mental+epidemic을 가져오고 있다. 심리적 문제가 유행병처럼 확산된다는 의미의 신조어다.

비대면을 의미하는 언택트untact는 사실 영어 사전에 없는 콩글리시이거나 최소한 한국식 신조어다. 『트렌드 코리아 2018』이라는 책에 소개된 단어로 가심비價心比, 뉴트로newtro: new+retro(신복고풍) 등과 같이 국내 트렌드를 반영하기 위해 만들어낸 용어로 생각되는데, 해외에서는 쓰이지 않고 한국에서만 쓰인다. 접촉을 의미하는 명사 'contact'에 부정접두사 'un'을 붙여 명사나 형용사처럼 활용하는 언택트는 사실 명사형이라면 '비접촉non-contact' 또는 '접촉 금지no contact'로, 형용사형이라면 '비접촉의contactless'로 쓰는 것이 맞지만, 지금은 비대면을 나타내는 대표적인 용어가 되었다.

언택트 시대에는 계급화가 심화될 수 있다. 미국 캘리포니아 주립대학교 버클리 캠퍼스의 공공정책대학원 교수이자 사회적 불평등 연구의 석학으로 꼽히며 빌 클린턴 행정부에서 노동부 장관을 역임한 로버트 라이시Robert Bernard Reich(1946~)는 코로나19가 사회계급 분화를 가속시키고 있다고 지적하면서 직업에 따라 네 개의 계급으로 나누었다. 그는 원격근무의 가능 여부, 감염병 위험의 노출 정도, 해고와 실직의 위험 수준 등에 따라 미래 사회가 네 개의 계급으로 분화된다고 보았다.

라이시의 분류에 따르면 제1계급은 원격근무 가능자The Remotes로 전문직, 관리직, 기술직이다. 제2계급은 필수 업무 종사자The Essentials로 경찰, 소방관, 의료계 종사자, 배달 근로자이다. 제3계급은 임금을 받지 못하게 되는 사람The Unpaid으로 식당 서비스업이나 여행업 종사자가 이에 해당한다. 제4계급은 잊힌 노동자The Forgotten로 불법 이민자, 재소자, 노숙인 등이다.

제1계급인 원격근무 가능자는 노트북 컴퓨터로 장시간 일할 수 있고 화상회의나 전자문서를 잘 다루는, 전문성으로 무장한 고급 노동자다. 이들은 감염 위험에 노출되지 않고도 기존 직종을 유지하는 계급으로, 코로나19 같은 감염병이 대유행해도 이전과 동일한 임금을 받을 수 있다. 코로나19 시대에 가장 안정적이고 신체적·물질적 위기를 덜 겪는 직종으로 분류된다.

제2계급인 필수 업무 종사자는 의사나 간호사, 재택 간호와 육아 노동자, 농장 노동자, 음식 배달 및 공급자, 트럭 운전기사, 창고와 운수 노동자, 약국 직원, 위생 관련 노동자, 경찰관, 소방관, 군인 등으로 사회가 위기에 빠졌을 때 위험을 무릅쓰고 꼭 필요한 일을 해내는 사람들이다. 이들은 팬데믹 상황에서도 일자리를 유지하지만 사회 필수 영역의 현장에서 일해야 하므로 감염 위험에 언제나 노출될 수 있다는 단점이 있다. 물질적 위기는 없지만 신체적 위기의 가능성이 있다.

제3계급인 임금을 받지 못하게 되는 사람은 제조업 노동자, 소매점이나 식당 종업원 등 일자리를 잃어 삶의 존속이 위협받는 이들이다. 코로나19로 인해 일하던 영업장이 문을 닫아 소득이 없어져서 하루아침에 경제위기로 내몰린 사람들이기도 하다. 이들은 물질적 소득이 없어 직접적인 생계의 위협을 받고, 삶의 지속성이 위기에 처하게 된다. 일하러 나갈 수 없으니 감염병 위험은 적을지 몰라도 생업 수단이 없어진 상황의 경제적 위기가 질병 감염의 위험보다 더 삶을 위협할 가능성이 높다. 정부가 구제 대책을 강구하는 대상이 된다.

제4계급인 잊힌 노동자는 이민자 수용소, 이주민 농장의 노동자 캠프, 아메리칸 원주민 보호 구역, 노숙인 시설 등에 있는 사람들로, 물리적 거리 두기가 불가능한 상황에 놓여 있기 때문에 감염병에 가장 취약하면서도 사실상 그런 위험에 처해 있다는 사실조차 망각되는 집단이다. 경제적 소득도 없지만 감염 위험도 높다. 게다가 실직하여 임금을 받지 못하게 된 일반 시민을 위해서는 정부가 대책을 강구하고 구제책을 논의할 수 있지만, 잊힌 노동자에 대해서는 아예 사회적 논의조차 하지 않는다.

이러한 계급 분류는 보편적 인권을 기반으로 계급관계를 없앤 근대의 정치혁명 이후 전 세계적 감염병의 위협으로 인해 새롭게 재편되는 위계적 양상이다. 20세기 자본주의 시대에 이미 부자와 가난한 자, 재산을 가진 유산자와 재산이 없는 무산자, 고용주와 근로자의 위계가 암묵적으로 만들어진 것이 사실이다. 그런데 코로나19로 인해 직업군 간의 위계가 더욱 강화되고, 계층 간의 수직 질서도 확고해지고 있다. 여기에 각국의 국가 이기주의와 국가 내 인종 문제, 그리고 국가 없는 난민의 문제까지 더해지면 문제가 더욱 심각해졌다. 어느 사회나 안정적이고 풍요로울 때는 공익과 평등을 추구하지만, 변화와 위기가 닥치면 사익私益과 계급적 위계가 강화되게 마련이다.

코로나 디바이드, 디지털 디바이드, 코로나 블루는 각각 직업, 기술, 심리 면의 불평등 강화를 의미한다. 직업 안정성과 첨단 기술 및 장비 보유에 따른 새로운 계급의 분류, 그리고 비대면 상황에서의 심리적 문제는 경쟁과 성과, 능률과 가성비 중심으로 승자와 패자, 즉 유능한 적응자와 무능한 부적응자를 더 많이 생산한다. 발달된 기술이 공간의 한계를 넘어 소통을 높일 수도 있지만, 감염병으로 인한 여러 변화에 적응하지 못하는 사람은 새로운 난민이 된다. 난민은 전쟁이나 천재지변으로 인한 이재민이나 정치적 망명 집단을 의미하지만, 지금 지구촌 곳곳에는 전염병으로 인한 사회 변화에 적응하지 못하고 직업적 안정, 디지털 기술, 심리적 안정 면에서 위협받는 사람이 많다. 이들이 바로 '코로나 난민'이다.

로버트 라이시의 사회계급 분류는 코로나19로 인한 언택트 시대의 직업적 계급, 즉 코로나 디바이드에 기초한 것이다. 지금 인류는 이러한 계급화와 더불어 디지털 디바이드, 심리적 멘탈데믹이 합쳐진 큰 변화와 위기 앞에 놓여 있다. 민주주의와 자유경제는 세계적 질병과 만나 위계화·계층화를 가중시키고 있다. 위기는 변화를 가져오고, 변화는 적응하는 사람과 적응하지 못하는 사람 간의 새로운 계층 질서를 가져온다. 이는 직업적 계급에서 오기도 하고, 디지털 기술의 숙련도에서 오기도 하며, 급변하는 사회 상황에 심리적으로 대응할 수 있는 능력에서 오기도 한다. 변화는 이미 시작되었다. 문제는 이 변화를 맞아 어떻게 경제적이고 직업적인 안정을 유지할 것인가, 어떻게 하면 더 많은 사람이 고가의 디지털 장비를 갖추고 첨단 디지털 기술을 사용하게 할 것인가, 비대면 사회로의 빠른 전환에 대응해 심리적 안정을 되찾을 수 있을 것인가이다. 위기는 변화를 촉발하고 지금 변화는 진행 중이다.

21

호모 루덴스에서 홈 루덴스로

비대면 생활의 일상화

코로나19 시대의 비대면 사회 활동은, 많은 경우 심리적 문제를 야기할 수 있다. 사람 간의 소통성은 직접 만나서 얼굴을 보며 온몸으로 감각할 때 가장 원활하고, 전화로 이야기하면서 청각에만 의지하면 약간 더 떨어지고, 얼굴이나 목소리 없이 문자나 관련 영상으로 간접적인 소통을 하다 보면 뜻하지 않게 오해를 사는 경우도 생긴다. 비대면 사회 활동은 각종 디지털 기기를 이용해 비접촉 방식으로 문자나 영상을 주고받기 때문에 정보 중심으로 이루어지며 사람마다 자신의 방식으로 정보를 해독하기 때문에 같은 대상을 놓고도 서로 다른 이야기를 할 가능성이 있다.

직접 만나서 소통하는 경우가 줄어든 상황에서 사람들은

온라인 기반의 플랫폼이나 매체를 통해 얻는 정보에 민감하게 반응하기 쉽다. 사회적 거리 두기와 집합 금지 명령이 시행되면서 친밀한 대면 관계가 약화되었기 때문이다. 이제는 꼭 필요한 일이 아니면 마음 편한 친구나 친척, 심지어 떨어져 사는 가족도 만나기 어렵고, 그들로부터 정서적 지지나 사소한 상담을 받기도 쉽지 않다. 혼자 집에서, 혹은 스터디카페 같은 고립된 공간에서 마스크를 쓰고 학업 또는 생업과 관련된 일만 하게 된다.

이런 비대면 생활 방식으로 인해 인간의 사회적 욕구는 제한을 받고, 사람 간의 소통성도 상대적으로 떨어지게 된다. 무한 경쟁의 방식으로 성과와 성취를 높이려는 자본주의 체제 아래서 개인의 사교나 사회관계가 사라지면 일의 스트레스와 긴장도가 더 높아진다. 또한 제한된 공간에 갇힌 채 개인적 의무나 직업적 업무만 수행하다 보니 시간이 지날수록 답답하고 괴롭다. 친구를 만나 달콤한 음료나 디저트를 앞에 놓고 수다를 떨며 서로 고민을 털어놓거나, 전시회나 연극 혹은 뮤지컬이나 콘서트 같은 문화생활로 그간의 심리적 긴장을 해소하기도 어렵다. 그나마 집에서 혼자 마음 편하게 할 수 있는 것은 휴대전화, 태블릿 PC, 랩탑, 데스크탑 등 전자 기기를 통해 이루어지는 온라인 소통이다.

그래서 이전에 없던 형태의 모임들이 생겨났다. 많은 회의가 줌Zoom을 이용한 영상회의로 대체되었으며, 간단한 업무 연락은 카카오톡, 페이스북, 트위터, 인스타그램 같은 소셜 미디어를 통해 주고받는다. 비대면 모임이어서 정서적 교감이 부족하다는 약점은 있지만 정보 전달과 소통성이라는 기본 기능에는 제법 충실하다. 사교 모임도 영상회의 방식으로 이루어진다. 각자 준비한 음식을 카메라 앞에 놓고 먹는 새로운 형태의 랜선 파티도 시도된다. 직접 만나서 먹고 마시고 떠드는 것에 비할 수는 없지만, 그나마 비슷한 기분이라도 낼 수 있으니 다행이다. 그런데 그것도 디지털 기기와 소프트웨어에 접근하고 적응할 수 있는 사람들에게나 가능한 일이다. 이른바 '디지털 난민'에게는 그림의 떡이다.

소셜 미디어나 유튜브, 블로그, 혹은 포털 사이트 검색을 통해 비대면 생활로 약화된 사회성을 보완하려는 시도가 일부 만족을 주는 것은 사실이다. 문제는 이런 개방형 매체가 불특정 다수를 대상으로 하고 있으며, 그 공간에 넘쳐나는 정보가 집단심리와 군중심리의 형성에 많은 영향을 끼친다는 것이다. 내면의 정서까지 포함된 정확한 의미 전달이 어렵고, 그에 대한 상대의 반응을 이해하기도 쉽지 않은 까닭에 전체적인 흐름이나 분위기에 동조할 가능성이 높다. 자신의 상황을 해결하려고 인터넷 사이트에 들어갔다가 괜히 다른 사안과 연결되어 자신의 문제를 해결하기는커녕 더 크고 복잡한 문제로 머리가 아파지는 경우도 많다.

코로나19 시대의 화상회의와 재택근무 시스템은 하루가 다르게 발전하고 있으며, 특히 직업적인 분야는 전자 장비와 컴퓨터를 활용하는 소통 기술로 혁명적 변화를 맞았다. 그렇지만 인간의 심리는 크게 바뀌지 않았다. 우리에게는 가장 깊은 곳에 내재한 핵심 신념이 있고, 문화의 가장 근원적인 구조 속에는 과거의 것을 유지하려는 경향이 잠재해 있다. 핵심 신념은 우리 자신, 다른 사람, 그리고 우리를 둘러싼 세계가 작동하는 방식에 관한 전제이자 깊이 뿌리내린 해석이다. 이런 신념은 종종 잠재의식 속에 자리잡고 있어서 인식하기도, 변화하기도 어렵다. 문화에 내재한 근원적 구조도 마찬가지다. 자신이 자라면서 보고 배우며 체득하고, 그 결과 하나의 구조로 정립된 문화 질서는 쉽게 바뀌지 않는다. 세대마다 교육을 받고 성장한 환경이 다르므로, 각자 갖고 있는 핵심 신념과 문화 의식이 변하는 데는 상당한 노력과 고통, 그리고 긴 시간이 필요하다. 예를 들어 인간의 사고방식을 바꾼 과학혁명과 계몽주의 사상을 일으키는 데에도, 그리고 그 혁명적 생각이 당연한 것으로 인정되고 그 바탕 위에서 정치혁명과 경제혁명이 일어나는 데에도 많은 희생과 노력과 시간이 필요했다.

21세기의 신인류는 모든 것을 집에서 할 수 있다. 과거의 집은 일터와 구분된 공간, 편안한 잠과 휴식과 재충전의 공간이었다. 그러나 비대면 시대의 집은 공부, 업무, 운동, 취미 활동을 동시에 할 수 있는 멀티 공간으로 변화하고 있다. 온라인 수업과 재택근무, 취미 생활과 운동뿐 아니라 자기계발과 사교까지 가능하다. 꾸미기에 따라 집은 카페, 도서관, 영화관, 피트니스센터가 될 수 있고 친구끼리 시간을 정해 화상회의 프로그램으로 만나는 랜선 홈 파티 공간이 될 수도 있다. 여기에 배달 플랫폼, 온라인 쇼핑 플랫폼, 커뮤니티 플랫폼 등이 다면적으로 결합되면서 사실상 모든 것을 집에서 해결할 수 있게 되었다. 이런 다층적 공간을 포함하는 집을 겹겹의 집, 즉 '레이어드 홈layered home'이라고 부른다.

고도화된 문명사회일수록 업무와 휴식의 공간이 분리되고, 집 안에서 하던 많은 일은 외부의 전문 공간으로 확산되는 추세였다. 그런데 바이러스의 위협이 생활과 일을 하나로 묶어 다시 집으로 돌아가게 했다. 레이어드 홈은 문명사회에서 다층적 활동을 하던 사람들이 한정된 공간에 제한되면서 집이라는 공간 자체를 다각화하려는 노력의 결과다. 사용자의 필요에 따라 집을 여러 층위layer로 구획해 각기 분리된 공간에서 분리된 작업을 복합적으로 수행할 수 있도록 재설계한 것이다. 다시 말해 업무와 휴식, 사교 공간을 분리해 다각적 공간 요구를 충족시키려는 노력이다. 예를 들어 수면과 휴식의 공간을 첫 번째 레이어, 공부와 업무가 이루어지는 작업장을 두 번째 레이어, 대형 프로젝터나 VR 장비를 활용한 다양한 문화 및 사교 활동 공간을 세 번째 레이어로 구획하면 집에서도 얼마든지 일과 삶의 다양성을 향유할 수 있다.

코로나19의 장기화로 비대면 생활이 강제되고 '집콕'이 사실상 의무 아닌 의무가 되어버림에 따라 자기가 사는 집을 새로 고치거나 실내 공간을 꾸미는 데 투자하는 사람이 점차 늘어나는 추세다. 이는 앞서 말한 레이어드 홈을 구성하려는 실용적인 목적에서이기도 하고, 또한 집에 있는 시간이 크게 늘어났으므로 집이라는 공간에 더 관심을 갖게 된 이유에서이기도 하다. 가구의 교체 주기를 앞당기고, 첨단 가전제품을 구입하고, 새로운 사물인터넷 제품을 구매하는 등 집에 대한 투자가 늘어나고 있다. 모든 가전제품을 음성 명령으로 조작할 수 있는 스마트 관리 체제로 전환하고 취미 활동과 오락, 미용, 홈 트레이닝까지 가능한 공간으로 개조하는 것이 새로운 유행이 되고 있을 정도다.

앞서 말한 일코노미가 1인 가구의 혼족 경제학이라면, 홈코노미는 코로나19 사태의 장기화로 외출을 꺼리는 집콕족이 모든 경제활동을 집에서 해결하는 가정 경제학을 말한다. 그중에서도 특히 다층적 레이어드 홈을 적극 즐기고 누리는 사람들을 '홈 루덴스Home Ludens'라고 부른다. 네덜란드의 역사학자이자 철학자인 요한 하위징아Johan Huizinga(1872~1945)는 생각하는 인간Homo sapiens이라는 개념에 맞서 인간에게는 놀이하는 본능이 있다고 보고 호모 루덴스Homo ludens라는 개념을 주창했다. 홈 루덴스는 가정을 놀이 공간으로 꾸며 외출을 줄이고 업무와 유희가 동시에 가능한 멀티 공간으로 집을 개조해 즐겁게 사는 사람을 의미한다. 대부분의 경제활동을 집에서 해결하는 트렌드, 홈코노미를 놀이처럼 즐기자는 뜻이다. 그들은 거실을 홈시어터로, 주방은 홈 카페로, 작은방은 홈 피트니스나 홈 짐gym으로, 발코니는 홈 카페나 홈 파티장으로 꾸민다. 그 공간들은 온라인 화상에 매력적인 모습으로 연출된다.

공간을 확보하기 어려울 때는 거울에 스마트폰 기능을 연결하는 스마트 미러smart mirror 시스템을 활용하기도 한다. 쉽게 말해 거울이 휴대전화의 모니터로 전환되는 것인데, 스마트폰의 여러 앱App, 기온과 시간, 스케줄과 모닝 알람, 조명과 카메라 등의 기능을 보여주며, 거울의 큰 화면으로 영화도 즐길 수 있다. 거울이 모니터가 되므로 공간 활용도가 매우 높다. 심지어 인공지능과 서로 인사하고 대화할 수도 있다. 스마트 미러는 단순히 온라인 데이터를 받아 영상을 투사하는 기능부터 터치 기능으로 작동하는 것까지 종류가 다양하다.

이처럼 집은 다각적 미관과 다층적 기능을 축적하며, 스마트 홈이라는 개념을 향해 계속 진화하는 모습을 보인다. 한편 변화하는 사회적 요구에 적응하지 못하거나 경제적 능력이 부족한 사람에게 집은 비대면 사회 활동에서 오는 심리적 고통을 가중시킬 수도 있다. 디지털 계급화, 디지털 양극화는 몸과 마음이 가장 편안해야 할 공간에서도 예외 없이 진행 중이다. 그런데 아무리 최첨단 장비와 시설로 집을 꾸미더라도 만족감은 한시적일 수밖에 없고 계속되는 장비 구입, 집수리, 인테리어 공사로 인해 각종 비용도 증가할 것이다. 태어날 때부터 여러 공간을 자유롭게 활보하며 숨 쉬고 냄새 맡고, 직접 몸으로 부딪치며 소통해온 사람들에게 제한된 공간의 복합적 설계가 얼마나 오랫동안 만족감을 줄지도 의문이다.

첨단 장비와 멋진 가구로 스마트 홈을 꾸미려면 자기 집도 있어야 하고 설비 비용도 만만치 않지만, 홈 루덴스의 결정적 문제는 개인차에 따른 사회적 관계성이다. 개인을 중시하는 사람은 집이라는 공간의 다각화와 고급화로 충분한 만족을 느낄 수 있지만, 관계를 중시하는 사람은 제한된 환경에서 심리적 문제를 겪게 될 수 있다. 직접 대면하는 관계 속에서는 크게 인식하지 못했던 관계적 제약이 무의식중에 쌓여 심리적 문제를 야기할 수 있다.

최명기는 『심리학 테라피』에서 인간은 기본적으로 불안과 고통 속에서 살고 있으며, 늘어난 수명만큼 아동기가 아니라 성인기에 겪은 마음의 고통이 중요하다고 말한다. 청년기의 고통이 중년기를, 중년기의 고통이 노년기를 좌우한다는 것이다. 사회가 아무리 발전하고 첨단화되어도 성인들은 많은 심리 질환을 앓고 있으며, 그 대표적인 마음의 감옥으로 열다섯 가지를 들었다. 의존, 강박, 게으름, 분노, 비난, 시기와 질투, 의심, 관심, 회피, 끈기 부족, 우울과 죄책감, 허영, 두려움, 중독, 그리고 이성이다.

의존의 감옥은 혼자서 아무것도 못하는 의존심의 문제를 말하고, 강박의 감옥은 상황을 통제하지 못하면 미칠 것 같은 집착의 문제를, 게으름의 감옥은 무슨 일이든 자꾸 뒤로 미루는 문제를, 분노의 감옥은 화를 참을 수 없는 분노조절장애의 문제를 말한다. 비난의 감옥은 저 혼자만 똑똑하고 나머지는 다 바보천치라는 심리, 시기와 질투의 감옥은 남이 잘나가는 꼴은 못 보겠다는 심리, 의심의 감옥은 아무도 믿지 못한다는 심리, 관심의 감옥은 사람들로부터 언제나 주목받고 싶다는 심리이다. 회피의 감옥은 사람들과 어울리기 싫은 마음, 끈기 부족의 감옥은 무엇 하나 진득하게 해내지 못한다는 자의식, 우울과 죄책감의 감옥은 잘못된 일은 다 내 탓인 것 같은 마음, 허영의 감옥은 자신을 과대평가하는 마음에서 온다. 두려움의 감옥은 겁이 너무 많아 손해만 본다는 생각, 중독의 감옥은 아무리 애써도 끊을 수가 없다는 생각, 이성의 감옥은 겉으로 드러난 성과만 보고 자기 내면의 무의식을 보지 못하는 상황에서 온다.

이 중 온라인 관계에서 특히 문제가 되는 것은 분노, 비난, 시기와 질투, 그리고 관심의 감옥이다. 인터넷 사이트상의 논쟁에서 한 개인이 뭔가 부당하다고 느끼고 미칠 듯 화가 나서 표현하면 그 자극성에 의해 분노가 확산되는 경우가 있다. 그와 비슷한 온라인 문법에 의해 자신은 언제나 선한데 세상이 악하다고 비난하기도 쉬우며, 그런 부정적 감정은 사실인지 아닌지와 상관없이 널리 퍼질 수 있다. 소셜 미디어에 항상 아름답고 좋은 소식을 올리는 사람은 시기와 질투의 표적이 되기 쉽다. 외모 자랑, 명품 자랑, 학교 자랑, 직장 자랑, 집안 자랑 같은 것은 불특정 다수의 집중포화 대상이 된다. 아리스토텔레스에 따르면 시기는 자기가 갖지 못한 좋은 것을 남이 가지고 있기 때문에, 질투는 이웃이 지닌 것을 자기가 소유하지 못한 사실에서 느끼는 슬픔이다. 다만 고대 폴리스 사회보다는 온라인 지구촌 사회가 훨씬 규모가 크므로 시기와 질투 효과도 상상 이상이다. 분노를 유발하는 부정적 사건이건 자랑할 만한 긍정적 사건이건 일단 소셜 미디어에 올라가면 생각지 않은 방식으로 효과가 확산되기 쉽다. 분노는 증폭되고 축하는 시기로 변질된다.

온라인 사회성의 아마도 가장 심각한 문제는 이기심을 자극하는 '관심의 감옥'이다. 대면 관계에서 해소되지 않는 관계의 깊이에 대한 질적 욕구를 비대면 관계의 불특정 다수를 향한 양적 욕구로 변화시키기 때문이다. 특히 1인 미디어와 1인 채널이 많아진 지금, 각종 소셜 미디어로 개인의 건강과 미모, 부와 지위를 홍보하는 것이 자연스러운 시대에 전 국민이 연예인화되고 있다고 해도 과언이 아니다. 합당한 관심은 한 사람을 정신적 · 신체적으로 성장시키는 데 필요하지만, 지나친 관심을 요구하는 사람은 거울의 방에 갇힌 것과 같다. 이른바 '관종'은 봐주는 사람이 있을 때만 자신의 존재 가치를 느끼며, 파멸이 예고된 마음의 상태다. 관심의 감옥을 벗어나려면 스스로 마음의 거울을 깨야 한다.

코로나19 팬데믹에 대응하면서 우리는 더욱 발전되고 개선된 집을 만들고 있지만 사회관계는 상대적으로 약화되었다. 우리가 개인의 안정된 발전과 건강한 인간관계, 균형 잡힌 사회관계를 만드는 데 필요한 것은 스스로의 행동이 자신의 가치와 세계관에 따른 것인 동시에 타인에게 피해를 입히지 않는다는 기준선이다. 나의 자유만큼 타인의 자유를 존중하는 윤리적 감수성이 근대적 개성의 기본이기 때문이다. 누군가에게 보이기 위해 나를 과도하게 포장하거나, 보이는 나에게 실제의 나를 잠식당한다면 그 자신이 먼저 삶의 균형을 위협받을 수도 있다. 홈루덴스는 외부의 위험을 피해 자기 집에서 스스로 기꺼이 즐길 줄 아는 존재이다. 언제나 타인을 의식하고 거울에 자신을 비추면서 그 보이는 모습에서 스스로의 존재를 확인받고자 한다면 내 마음속 거울의 방에서 나와야 한다. 그리고 어쩌면 집 안의 스마트 미러를 박차고 나와 내 눈으로 보는 실제 세계를 직접 대면해야 할 수도 있다.

22

젠더, 창세기 이후 최대의 숙제

성별 이분법을 넘어 다원적 정체성으로

21세기에 들어오면서 온라인과 오프라인에서 혐오 정서나 혐오 담론의 갈등 양상이 확산되고 있다. 인터넷은 익명성이 보장되는 자유로운 공간이지만, 그만큼 개인의 자유에 따르는 사회적 책임이 적어서 공공성과 윤리가 보장되지 않는 위험한 공간이기도 하다. 인터넷상에서는 다양한 정보와 주장이 생기고 사라지며, 어떤 담론의 거대한 파도가 형성되었다가도 언제 그랬냐는 듯 쉽게 잊히기도 한다. 유행처럼 번지는 사이버 논쟁에 익명의 네티즌들은 게시물을 올리거나 댓글을 다는 방식으로 참여한다. 그런데 특정한 논쟁이 과열될 때 적극적인 참가자들 중 일부가 과격한 전사戰士로 변하는 경우가 있다. 이들은 흔히 키보드 워리어keyboard warrior라고 불리는데, 오직 논쟁에서 이기기 위해 공격적으로 자기주장을 펼치고 거친 언어나 표현도 서슴지 않는다.

이런 현상이 온라인에서 오프라인으로 확산되면서 현실에서도 혐오 표현이 빈번해졌다. 일부 개그 프로그램은 혐오 소재를 자극적 유머로 포장해 유행시켰고, 온라인 게임은 혐오를 현실화했다. 리니지 같은 전투 게임에서 상대하는 플레이어를 죽인 뒤 그가 갖고 있는 아이템 하나를 랜덤으로 빼앗을 수 있는 '플레이어 킬'이 유행했는데, 게임이 게임 밖으로 나와 현실의 플레이어 킬Player Kill, 즉 현피로 이어지기도 했다. 현피는 온라인 게임 중 채팅으로 말싸움을 하던 게임 유저들이 약속된 장소에서 실제로 만나 몸싸움으로 최종 승자를 가리는 것인데, 기껏해야 게임에 불과하던 것이 변질되어 현실에서 흉기를 휘두르는 폭행 및 폭력 사건으로 번지기도 했다.

온라인상의 사회성에서 문제가 될 수 있는 것은 집단적 휩쓸림, 혹은 다수의 동조로 일어나는 분노, 비난, 시기와 질투, 그리고 관심 받고 싶은 심리라고 할 수 있다. 이런 심리에 의해 인기를 얻으면 스타가 되고 고수익을 올릴 수도 있지만, 집단적 반응으로 특정 집단 혹은 개인에 대한 혐오 정서를 유발한다는 부작용도 있다. 온라인 소통에서 흔히 나타나는 이분법적 사고방식은 때로 편리하지만 결국 그것은 폭력적 인식론이다. '너는 틀리고 나는 옳다'라는 극단적 인식은 승자와 패자, 남자와 여자, 사회 적응자와 부적응자를 만든다. 이 이분법에는 언제나 대립과 갈등이 있고, 우위를 차지하려는 위계 투쟁이 있다. 또한 이러한 이분법으로 범주화될 수 없는 사람들에게는 소속감과 정체성의 위기를 느끼게 하므로 다양성을 억압할 수도 있다. 이분법적 사고방식은 다른 한쪽을 비하하거나 혐오할 수 있을 뿐만 아니라 이분법에 포함되지 않는 사람을 사회에서 배제하는 방식으로 낙인찍을 수도 있다.

된장녀, 김치녀, 한남충, 김여사, 나몰랑, 맘충 등은 인터넷 담론이 만든 대표적 혐오 언어다. 특정 유형을 범주화하고 비하하는 이런 언어는 공중파 방송에서 사용되기까지 한다. 이런 혐오 언어는 보통 인터넷상의 대중적 소통 과정에서 특정 집단을 공격하기 위해 만들어진다. 그 원인은 인간의 근원적 공격성 때문이기도 하지만 현대 자본주의가 지나친 경쟁주의와 승자 우대 방식을 택한 결과, 현실의 많은 실패자가 자신의 분노를 약자에 대한 혐오의 감정으로 대리 투사하려는 욕구 때문이기도 하다.

인터넷상의 혐오 감정은 현실의 대면 관계나 일상생활 속의 장기적 관계에 필요한 존중과 예의를 배제할 때 발생하기 쉽다. 이때 가해자는 가상의 경멸과 혐오 대상을 만들어 자신의 좌절이나 실패를 보상해줄 희생자로 삼는다. 온라인 논쟁이나 게임도 대리 만족의 출구가 될 수 있다. 현실의 최종 승자는 소수이고 기회도 제한적이지만, 가상공간 속에 거의 무한대로 펼쳐진 논쟁이나 게임에서는 승자가 다수이고 접근 기회도 훨씬 더 많다. 배틀이나 게임 형식으로 나타나는 가상현실은 쓰라린 실제 현실의 실패를 보상받을 손쉬운 길을 제시할 수 있다. 승패의 이분법은 승자가 패자에게 보내는 혐오를 정당화한다.

불특정 다수에 대한 불안정하고 단기적인 관계는 인기나 주목을 얻기 위해 자극적인 언어로 표현될 수 있고, 따라서 그런 관계에서는 상호 예의나 존중을 깊이 고려하기 힘들다. 혐오 정서나 혐오 담론은 많은 경우 '나와 네가 분명히 다르고, 나는 옳은데 너는 틀렸다'는 이분법적 분리와 차별화에서 비롯된다. 이런 이분화는 분명한 논지와 선명한 주장을 통해 동조자를 모으기 쉬운 만큼 적대자를 만들기 쉽고, 이분법에 들어가지 않을 수 있는 다층적 다양성에 대한 존중과 배려를 어렵게 만든다.

이분법은 계몽주의가 발전시킨 과학적이고 합리적인 인식틀이다. 하지만 그 이분법 자체가 갖는 위계적 폭력성이 있고, 그 이분법에 들어가지 않는 대상에 대한 폭력성도 안고 있다. 예를 들어 인간의 정체성을 규정하는 요소에 인종, 국적, 직업, 나이, 계급 등이 있지만 그중 가장 강력한 이분법 중 하나가 성차性差 혹은 성별 이분법이다. 남녀의 해부학적 차이뿐 아니라 사회적 차이는 둘을 구분하고 분리하는 원인도 되지만, 한쪽이 다른 한쪽을 억압하고 지배하는 근거가 될 수도 있다.

22 타고난 생물학적이고 해부학적인 성차가 섹스sex, 그리고 그것에 부과된 문화적·사회적 성별이 젠더gender라고 한다면, 남녀 혹은 남성성과 여성성의 이분법은 남자나 남성성, 혹은 여자나 여성성 가운데 어느 한쪽을 더 우월한 것으로 간주해 상대의 성이나 성적 특질을 무시하거나 혐오하는 감정으로 나아갈 수 있다. 그것이 최근 부각되는 여성 혐오(여혐), 남성 혐오(남혐), 혹은 이성에 대한 상호 혐오(이혐)이다.

한편 남자와 여자로 구분되지 않는 이분법 외부 혹은 이분법 사이에 있는 사람들에 대한 무시와 혐오도 우려된다. 남자와 여자의 대립, 남성성과 여성성의 대립도 문제이지만 남자나 여자, 남성성이나 여성성으로 분류할 수 없는 다양한 차이에 대한 억압과 차별도 문제가 된다. 현대 사회에는 선천적으로 타고난 섹스와 후천적으로 구성된 젠더에 대해 어느 정도 고정된 특정 관념이 있고, 양극단 중 어느 한쪽에 들어가지 않는 사람들은 특정한 전형으로 고정되거나 변화되기를 강요당할 수 있다.

다시 말해서 남녀의 이분법은 남성과 여성의 위계 투쟁을 낳을 수 있고 남녀에 들어가지 않는 사람은 아예 담론에서 배제되어 존재감을 박탈당할 수 있다. 생물학적 남녀의 이분법과 시스젠더cisgender(선천적 섹스와 후천적 젠더가 일치하는 사람)의 젠더 박스gender box(성 고정관념)는 여자뿐 아니라 남자에게도 억압적일 수 있다. 소위 진정한 남성이 되려면 증명해야 할 것이 세 가지가 있다는 주장도 일종의 젠더 박스다. 여자가 아니라는 것, 아이가 아니라는 것, 동성애자가 아니라는 것을 입증해야 진짜 남자라는 주장인데, 이 말에는 여성, 아이, 동성애자에 대한 복합적 차별과 억압이 담겨 있다.

남성과 여성 사이에 있는 다양한 간성間性, intersex은 흔히 소수의 성이라는 이유로 인식론적으로 배제되거나 무시된다. 그리고 이런 이분법적 인식은 여성 혐오뿐 아니라 성별 이분법에 저항하는 모든 퀴어queer에 대한 혐오로 이어진다. 하지만 우리가 당연하게 여기는 남녀의 생물학적 이분법이나 남성성과 여성성의 문화적 이분법은 확고한 과학적 진리나 불변의 사실이 아닌 것으로 연구되고 있다.

미국 브라운 대학교의 교수 앤 파우스토 스털링Anne Fausto-Sterling(1944~)은 최소한 다섯 가지의 성 구별이 필요하다면서 남자male와 여자female 사이에 멈merm, 험herm, 펌ferm이 있다고 주장했다. 멈은 남녀의 성기가 있지만 남성 성기만 작동하는 사람, 험은 양성 성기가 있고 둘 다 작동하는 사람, 펌은 남녀의 성기가 있지만 여성의 성기만 작동하는 사람을 말한다. 관련 단체 조사에 따르면 인터섹스는 전 인구의 1.7~2퍼센트에 달한다고 한다. 하지만 인터섹스는 성에 관한 일반적 통념에서 벗어나 있기 때문에 대체로 그 사실을 숨기고, 태어난 지 얼마 안 되어 성 교정 수술을 받아 한쪽 성으로 고정되기 때문에 정확한 수를 알기는 어렵다. 이처럼 생물학적 성차에도 이분법의 대립항에 들어가지 않는 요소가 있는데, 대다수의 사람들은 남녀의 이분법을 유지하기 위해 이런 요소를 억압한다.

사회문화적인 젠더의 경우에도 남성성과 여성성에 딱히 들어가지 않는 다양한 경향이 존재한다. 우리의 젠더 박스, 즉 성 고정관념은 개개인의 특성을 무시하고 그것을 남성성 혹은 여성성으로 규범화된 사회적 틀 안에 밀어 넣으려 한다. 그래서 남성적 남성, 여성적 여성을 사회적으로 대우하고 남성적 여성, 여성적 남성을 비웃거나 조롱하는 경향이 있다. 타고난 성과 문화적 성별이 호응하는 사람은 시스젠더, 호응하지 않는 사람은 트랜스젠더라고 할 수 있는데, 우리 사회의 다수는 시스젠더로서 '정상'으로 간주되지만 트랜스젠더는 소수자 혹은 '비정상'으로 여겨져 여러 불편과 고통을 겪게 된다.

남녀의 이분법, 남성성과 여성성의 이분법은 그 두 대립항을 갈등적 대립 구도로 세우고 양편에서 서로를 잠재적 가해자나 공격자로 간주할 수 있다. 또한 이분법적 분리는 서로의 차이를 강화하고 상대에 대한 차별로 확대되기도 한다. 남성이 진정한 남성이 되기 위해 여성이 아니라는 것을 입증해야 한다면 남성은 남녀를 구분하고 있을 뿐만 아니라 남성이 되기 위해 억압해야 하는 것으로 여성을 차별하고 있는 것이다.

사실 여성성이나 남성성뿐 아니라 남녀의 몸을 이해하는

방식은 시대마다 달랐다. 고대부터 르네상스 시대까지는 남녀의 차이를 하나의 모델에 입각해서 파악했다. 로마 제국 시대에 살았던 그리스의 의사 클라우디오스 갈레노스Claudios Galenos(129?~199?)와 16세기 베네치아의 해부학자 안드레아스 베살리우스Andreas Vesalius(1514~1564)는 해부학적 관점에서 남자 몸을 기준으로 삼아 여자의 몸은 남자보다 열등하거나 불완전한 판형, 혹은 역전된 판형으로 파악했다. 예를 들어 남성과 여성의 생식기는 완전히 다른 모델이 아니라 남성의 생식기를 안으로 뒤집어놓은 것이 여성의 생식기 모형이라고 생각했다. 남성 모델을 기본형으로 설정하고 여성 모형은 그것의 변형으로 파악한 것이다. 두개골도 단성單性 모델로 이해했고, 그것은 남성의 모델이었다.

근대에 와서야 남성 판형과 여성 판형을 완전히 다른 별개의 것으로 구분하기 시작했다. 중세의 종교의 권위를 물려받은 과학은 남녀의 이원적인 해부학적 차이를 강조했다. 이 이분법 모델은 여자의 몸이 남자 몸의 불완전하고 역전된 모델이 아니며 그 둘은 철저히 다르다고 강조했으며, 그것이 바로 양성兩性 모델이 등장한 배경이다. 인간의 두개골도 남자와 여자의 두개골이 완전히 다른 것으로 설명했다.

현대에는 신경결정론과 사회구성론이 양립한다. 뉴로섹시즘neurosexism은 남녀가 신경학적으로 다르다고 보며, 뇌 구조나

호르몬 같은 생물학적 차이를 근거로 사회적 차별을 옹호한다. 반면 민속방법론은 사회적 상호작용과 일상 활동이 젠더를 구성한다고 본다. 사회구성론에서는 이분법으로 설명되지 않는 다양한 섹스와 젠더가 있다고 파악하며, 젠더는 하나로 고정되지 않고 변화한다고 설명한다. 이들은 젠더를 생물학적 차이로 축소하는 것에 반대한다. 한쪽 끝에 남성적 남자가 있고 다른 한쪽 끝에 여성적 여자가 있는 긴 띠의 스펙트럼 양상, 또는 여러 젠더 정체성의 원들이 교차하는 복합 양상으로 보기도 한다. 이분법으로 모두 설명할 수 없는 복합적 도형상의 다양한 분포라는 설명도 있다.

남성성과 여성성으로 말해지는 젠더를 문화적 구성물로 볼 때, 생물학보다 중요한 것은 진리 담론을 둘러싼 권력관계다. 중세의 종교나 근대의 과학은 절대적 지위를 가진 지식 담론이었고, 그것이 중요한 이유는 모든 인식을 좌우하는 힘을 가지고 있었기 때문이다. 그래서 문화적 구성물로서의 젠더에서 중요한 것은 역사적·지역적 맥락에서 특정한 시공간에 누가 권력을 가졌으며 객관적 지식과 관련된 담론을 좌우할 힘을 가졌는가 하는 것이었다.

예를 들어 최초의 인간 사회는 유목민의 수렵과 채취 집단이었지만 약 1만 년 전부터 일부 지역에 농경 사회 모델이 등장하자 한곳에 정착해 식량을 재배하기 시작했고, 농경이 잉여생산물을 낳으면서 생업이 아닌 활동이 가능해졌다. 군사적 정벌, 선진 기술의 개발, 무역업 종사 같은 것이다. 다시 말해 직접 농사를 짓지 않고 남이 농사하고 남겨둔 식량을 무력으로 빼앗고, 농경이나 군사기술을 개발해 앞선 생산성이나 군사력을 가질 수 있었다. 무역업 역시 잉여생산물이 있기에 가능한 교환 활동이었다.

이분법적으로 단순화했을 때 남녀는 생물학적 차이와 부문별 능력의 차이를 갖고 있는데, 무력이 강한 쪽은 남성이다. 유목민이 농경민이 되면서 잉여 농산물로 축적된 재산을 무력으로 빼앗는 데는 남성이 더 유리했다. 신체적 힘과 무력이 중요해지자 남성이 권력을 확보했다. 그런 사회에서는 토지를 소유하거나 지배하는 것이 부와 지위를 만드는 주된 요소였다. 토지 지배권은 재산소유권과 지배력으로 확대되고, 노동이 아닌 재산이 사회적 지위의 근거가 되었다. 그리고 재산을 소유하고 관리하는 사람은 가장家長, 즉 집안 최고의 어른으로 대접받는 남자 구성원이었다.

고대 농경 사회의 남성 중심 가치관은 고대 이집트와 그리스, 로마로 확대되었다. 남자는 직업과 같은 공적 영역에서, 여자는 가정과 같은 사적 영역에서 활동하는 것으로 분류되었다. 그리고 가정의 가장 높은 지위에 있는 사람은 가부장인 남성이었다. 고대 그리스 사회에서 여자는 보리 1메딤노스(약 27킬로그램)보다 비싼 물건을 살 수 없었고 재산은 아예 소유하지 못했다. 고대 그리스는 민주주의의 발생지로 알려져 있지만 여자와 노예는 투표권이 없었다. 성차별과 신분제의 사회였다. 여성의 참정권은 현대에 와서야 가능했다. 많은 여성이 목숨을 걸고 투쟁한 결과 19세기 말부터 20세기 초에 걸쳐 평등한 여성 참정권이 성취되었다.

일반적으로 이슬람을 여성 차별적 사회라고 여기지만 실제로는 지배 정권에 따라 다르다. 예를 들어 이란에서는 1907년이라는 이른 시기에 이미 여성문제를 다루는 저널이 있었다. 당시 이란의 여성들은 교육을 받고, 정치와 공직에 참여하고, 작가 같은 직업을 갖고 있었다. 영국이 서프러제트Suffragette* 여성운동, 특히 에멀린 팽크허스트Emmeline Pankhurst(1858~1928)의 끈질긴 투쟁과 에밀리 데이비슨Emily Davison(1872~1913)의 죽음으로 최초의 법적 여성 참정권을 획득한 1918년보다 훨씬 빠르다는 것을 생각하면 놀라운 진보성이다. 하지만 1979년 아야톨라 루홀라 호메이니Ayatollah Ruhollah Khomeini(1902~1989)가 이끄는 이란 혁명으로 여자는 더 이상 공직에 나설 수 없게 되고, 어린 나이에 결혼해서 교육을 중단해야 했다. 1997년 새 정부가 출범하면서 이란의 여성은 다시 정치와 페미니즘 운동에 참여할 수 있었

* suffrage(참정권)에 여자를 뜻하는 접미사 'ette'를 붙인 단어로, 19세기 말부터 20세기 초까지 참정권 운동을 펼친 여성들을 가리킨다.

고, 여성 인권 활동가 시린 에바디Shirin Ebadi(1947~)는 2003년 노벨 평화상을 받았다. 그러나 2012년 새 국회는 또다시 여성의 권리를 축소했다. 똑같은 이슬람 법률도 어떤 정권이냐에 따라 여성 정책과 남녀평등의 정도가 다르다.

근대 이후의 여성운동은 참정권과 재산권 등 남성과 동등한 법적 권리를 획득하는 성과를 거두었고, 여성의 문화적 가치에 대한 재인식도 가져왔다. 현대의 페미니즘은 거기서 한 걸음 더 나아가 다양한 접점에서 교차하는 복잡한 방식으로 남성과 똑같이 평등한 여성에 대한 연구를 진행하고 있다. 모든 인간이 주권자라는 민주주의의 평등 관점에서 성차 없는 동등한 여성의 지위를 주장하기도 했고, 오히려 성차에 주목해 유연성, 관계성, 돌봄과 배려의 윤리 같은 긍정적인 여성의 특성을 부각하기도 한다.

원래 페미니즘은 모든 인간의 평등이라는 보편 사상을 기반으로 여성과 남성의 똑같은 권리와 자유를 주장하는 이론과 실천이다. 또한 성 고정관념에서 비롯되는 모든 차별에 반대하는 강력한 연대의 운동이다. 그런데도 남녀평등을 주장하는 페미니즘이 여성만의 권익을 추구해 남성을 무시하거나 혐오하는 사상으로 오해되기도 한다. 한국의 경우, 그 계기가 된 것은 2015년의 서울 강남역 살인 사건이라 할 수 있고, 이후 남녀 간의 대립과 갈등이 격화되었다. 일부 남성들은 극렬 페미니스트가 모든 남성을 잠재적 가해자로 지목한다고 비판하며 페미니스트를 증오하고, 페미니즘을 입에 올리는 모든 여성을 혐오하는 분위기를 조성했다. 그에 반발해, 새로운 여성운동이 나타나 이 사건은 여성 혐오 사건이라고 주장했다. 문제는 페미니즘이 아니라 기존의 남성중심주의라고 보고, 기존 젠더 문법을 거울처럼 반사해서 그동안의 여성 차별적 언어와 문화를 그대로 남성에게 미러링해 복수하는 남성 혐오 문화도 거세졌다. 일베와 메갈리아의 대립은 그 대표적 예에 해당된다.

페미니즘이 21세기의 청년층에 부정적인 인식을 주고 있다면, 그것은 정확한 개념적 정의 없이 온라인 공간에서 사용자의 주관에 따라 그 용어가 자의적으로 사용되고, 많은 경우 성별보다는 개인의 입장을 대변하는 슬로건으로 활용되기 때문이다. 남녀 모두 개인적 능력으로 평가되는 경향이 강화되면서 페미니즘은 남녀 모두에게 어려운 단어가 되었다. 과거의 강한 아버지나 힘센 마초와 비교해봤을 때 점차 사회적 지위를 얻기 힘들어진 남성들에게는 분노의 대상이 되었고, 다른 한편 과거의 약한 어머니나 수동적 소녀의 이미지에서 탈피해 동등한 경쟁자로서의 사회적 힘을 얻어가던 여성들에게 페미니즘은 피로의 대상이 되었다. 개인의 능력으로 어렵게 이룬 작은 성취가 여성 보호 정책으로 인한 불공정한 성과가 아니라는 것을 매번 증명해야 했기 때문이다. 과격한 혐오 언어가 난무하는 인터넷 논쟁을 페미니즘 문제로 일반화하는 경향도 갈등을 심화시켰다.

사회문화적으로 만들어진 젠더 전형, 젠더 고정성에 갇히지 말고 남성과 여성 모두가 자유롭게 자신의 개성을 표현하자는 의미에서 페미니즘은 남녀 모두에게 평등한 휴머니즘이다. 나아가 남성과 여성 사이에 있거나 둘 사이를 유동적으로 오가는 퀴어 존재의 다양성까지 수용할 때 모든 계층과 연령, 남녀, 인종 간 차별이 없는 인류의 다양성에 대한 존중을 확보할 수 있다. 남성과 여성, 혹은 승자와 패자를 분리한 뒤 어느 한쪽을 차별하고 혐오하는 이분법적 사고방식은 사람들 사이에 분노와 혐오 같은 강력한 부정적 감정을 증폭시키고 거기에 휘말려 이성을 잃게 만들 수 있다. 또한 그 이분법은 이 사회에서 살고 있는 다양한 주체를 일반화로 몰고 가거나, 그들의 삶 자체를 실제 위험에 빠뜨릴 수도 있다. 우리가 만나는 인터넷상의 논쟁이 어떤 이름과 언어로 선동하건, 그것은 한 개인의 의견이라는 것을 염두에 두어야 한다. 전후 사실관계가 확인될 때까지 쉽게 흥분하지 말고 차분히 논리적 전후 관계를 살피는 중립적인 자세를 우선은 취할 필요가 있다. 그리고 성숙한 시민의식과 공동체를 위한 이성적 사유를 통해 합리적 판단을 내려야 한다. 지금은 이분법보다는 다원성이, 우열을 다투는 양자 구도보다는 평화롭게 공존하는 다자간의 조화로운 구도가 필요한 때다.

23

업로드한다, 고로 존재한다

디지털 네트워크 활동의 목적

개인의 활동, 사생활에서부터 학업과 업무, 사교 생활까지 거의 모든 인간의 비대면 활동은 데이터로 존재하고 데이터 소통으로 활성화된다. 이때 중요한 것은 매너와 배려보다 데이터가 증명하는 능력이고 데이터화된 자료의 상호 교환이다. 이제 우리는 소셜 네트워크나 화상회의를 통해 공부하고, 일하고, 사교 활동을 한다. 생활 속 작은 정보부터 직장의 업무 능력과 실적 확대 방안까지도 온라인으로 공유한다. 디지털 기술의 발전과 함께 회사에 모이지 않고 각자의 집에서 네트워크로 협업하는 1인 사업자와 프리랜서, 스스로 콘텐츠를 구상하고 제작해서 정기적으로 동영상을 올리는 1인 크리에이터 등 다양한 직업도 생겨났다.

사람들이 소셜 미디어에 다양한 방식으로 내 개인 정보를 업로드하는 이유는 기본적으로 자랑하고 홍보하기 위해서다. 그것이 특출한 매력이건, 뛰어난 성과이건, 다양한 경험이건 간에 데이터를 선택적으로 뽑아 정련하고 편집해서 가장 이상적인 자신의 이미지를 보여주는 것이 목적이다. 그렇게 선택되고 편집된 글과 사진과 동영상을 통해 자신의 가치와 위상을 최대한 높이려 한다. 그런 데이터에 대한 적극적 반응(좋아요, 구독하기, 팔로우, 리트윗, 친구 추가 등)이 잇따르는 이유는 서로 상대의 사생활을 공유하고 칭찬하며 온라인 사회성을 높이기 위해서다. 온라인 사교는 자신의 진짜 모습으로 쌓아가는 우정이라기보다는 각 개인이 이상적 이미지로 편집하고 가공한 각자의 데이터들이 사이버 공간에서 불특정 다수와 교류하고 소통하는 방식으로 이루어진다.

그런 줄 알면서도 사람들이 소셜 미디어에 몰두하는 이유는 그것이 개인적 욕망을 충족시켜주기 때문이다. SNS는 인간의 근원적 욕망 중에서도 특히 노출증과 관음증을 충족시킨다. 가장 아름답게 노출되고 싶은 욕망과 타인의 은밀한 사생활을 훔쳐보고 싶은 욕망을 동시에 만족시켜주므로 중독성이 높다. 업로드된 글과 사진과 동영상이 신체와 지식과 정보 면에서 아름답고 유용할 때 사람들은 칭찬과 찬사를 보낸다. 그런 칭찬과 찬사는 또 다른 개인 정보를 올리게 하는 동력이 된다. 타인을 칭찬한 사람 또한 자신도 칭찬받기 위해 자신의 이미지를 담은 데이터를 올리기 때문이다. 타인의 아름다운 SNS는 관심의 대상이 되는 동시에 자기 또한 그런 방식으로 포장하고자 하는 동기가 된다. 그래서 가장 개인적인 욕망에서 출발하지만 집단적인 심리에 의해 좌우되는 공간이 바로 SNS이다.

화상회의나 인터넷 기반 업무는 효율성 때문에 큰 지지를 받는다. 오프라인에서 구축하는 경우에 수반되는 많은 시설 비용, 공간 대여비, 인건비를 최소화할 뿐더러 개인의 작업 결과가 공개적으로 소통되는 체제 속에서 최적의 업무 효율성을 가져올 수 있기 때문이다. 더구나 비대면 활동이 강제되는 최근의 사회환경에서 개인은 업무 관계에서 지켜야 하는 위계적 사회성의 피로감을 덜고 교통비와 출퇴근 시간을 아끼면서 가장 편안한 공간에서 자유롭게 일할 수 있다. 그렇게 진행된 일의 결과가 목표한 수익성을 낼 수만 있다면 각종 경비를 줄이고도 동일한 생산성을 확보했으니 효율성 면에서 최대의 업무 효과를 거둔게 된다.

첨단 IT 시대에 개인은 과거에 할 수 없었던 많은 일을 할 수 있다. 1602년 세계 최초의 주식회사인 네덜란드 동인도회사가 설립된 후 기업의 경영활동은 대체로 투자, 제조, 홍보 및 마케팅, 영업, 유통 등으로 이루어져왔다. 그런데 지금은 개인의 힘으로 이 모든 활동이 가능하다. 사업에는 자본이 필요한데, 개인도 크라우드 펀딩으로 투자를 받을 수 있다. 투자를 받았다면 제품을 만들어야 한다. 과거에는 공장에 생산 라인을 구축하고 노동자를 고용해야 했다. 금형 제작에만 엄청난 비용이 들었다. 하지만 3D프린터가 등장한 지금은 팹랩fablab, 해커스페이스hackerspace 등 협업 공간을 활용해 저가로 제품을 생산할 수 있다. 홍보 및 마케팅, 영업, 유통도 다양한 온라인 활동으로 가능하다. 전문 지식이 부족하다면 미국 스탠퍼드 대학교와 하버드 대학교의 무크Massive Open Online Courses, MOOC, 한국의 케이무크K-MOOC 등 온라인 개방 강좌를 통해 무료 또는 소액의 비용으로 지식을 습득할 수 있다.

한국뉴욕주립대학교의 송형권 교수는 제4차 산업혁명 시대에 새로운 비즈니스를 이끌어가는 신인류를 호모 커넥서스Homo connexus라고 명명했다. 한마디로 말해 서로 다른 조각을 재조합하는 통섭력을 가진 사람이다. 이미 알고 있는 기술, 물건, 서비스를 다른 방식으로 연결하고 재조합하면 새로운 것을 창조할 수 있다. 여기저기에 흩어져 있는 조각을 자기만의 방식으로 연결하고 편집해 새로운 가치를 만들어내는 것이다. 연결과 재조합은 새로운 독립 비즈니스의 기반이 될 수 있다.

개인은 더 이상 나약한 존재가 아니다. 개인이 모든 것을 해낼 수 있는 시대에 가장 각광받는 1인 비즈니스는 유튜브다. 영상의 기획, 촬영, 편집 등의 긴 과정을 고려할 때, 유튜브는 수익성을 최우선시하지 않는다면 장기적으로 지속하기 어려운 1인 사업이다. 그런데 이미 유튜브는 취미 활동이 아니라 정기적인 소득을 목적으로 한 사업으로 간주된다. 국내에서 10위권 안에 드는 먹방 유튜버가 연간 12억~30억 원의 소득을 올린다고 알려지자 많은 사람들이 아이템을 잘 잡아 꾸준히 노력해서 대박의 꿈을 이루겠다는 희망으로 영상을 제작하고 업로드한다. 유튜브 콘텐츠에서 보이는 자연스러움은 실제가 아니라 대중이 가장 좋아할 만한 방식으로 꾸며진 자연스러움이다. 아이와 여자, 동물이라는 전통적으로 인기 있는 소재가 다수 활용되는 것도 인기가 곧 수익을 의미하기 때문이다.

하지만 유튜브 비즈니스는 이미 블루오션이 아니라 레드오션이라는 말이 나오고 있다. 2005년 프랑스 인시아드INSEAD 경영대학원의 김위찬과 르네 마보안Renée Mauborgne 교수는 자신들의 논문(2004년)을 바탕으로 『블루오션 전략』이라는 책을 출간했는데, 43개 언어로 번역되어 350만 부 이상 팔린 이 책은 하버드 대학교 출판부의 역대 최고 베스트셀러로 꼽힌다. 이들이 창안한 블루오션 전략은 기업이 성공하기 위해서는 경쟁이 없는 독창적인 새로운 시장을 창출하고 발전시켜야 한다는 경영전략이다.

물고기가 많이 잡힐 수 있는 넓고 푸른 바다, 블루오션은 새로 만들어져 경쟁자가 거의 없는 시장이다. 그와 달리 최상급 포

식자가 가득해 서로 싸우느라 핏빛으로 물든 바다, 레드오션 혹은 블러디오션은 경쟁자가 많아 포화 상태가 된 시장이다. 예컨대 최초의 김치냉장고나 최초의 데이터 기반 메시지 카카오톡, 최초의 공유경제를 연 우버나 에어비앤비는 블루오션의 대표적 사례다. 반면 기업 간 치킨게임(둘 중 하나가 포기하고 겁쟁이가 되거나, 둘 다 포기하지 않아서 둘 다 최악이 되는 게임)이나 카르텔은 레드오션의 사례가 된다.

2021년 공개된 국세청 자료에 따르면 우리나라에서 2019년도 종합소득을 신고한 미디어 콘텐츠 창작자는 3,000명에 가깝고 이들이 신고한 수입 금액은 총 875억 원으로, 1인당 평균 3,000만 원 정도다. 그런데 상위 1퍼센트의 수입 금액은 총 181억 원으로, 1인당 평균 6억 7,000만 원 정도라고 한다. 상위 10퍼센트의 1인당 연평균 수입 금액도 2억 원이 넘는다. 반면 하위 50퍼센트의 연간 수입 금액은 총 15억 원으로, 1인당 평균 108만 원 수준이었다. 하위 33퍼센트의 연평균 수입 금액이 100만 원에도 못 미쳤다고 하니, 유튜브 비즈니스 세계에도 빈익빈 부익부 현상이 뚜렷하다.

디지털 데이터 소통을 기반으로 한 소셜 미디어나 직업적 업무 수행, 유튜브 활동이 모두가 사실은 인기와 돈을 얻기 위한 것인지도 모른다. 지금 시대의 인기는 언제나 돈과 직결된다. 소셜 미디어는 더 매력적이고 더 아름다운 개인의 이미지를 광고하기 위해, 화상회의나 이메일 자료 송부는 업무를 잘한다는 평판을 얻어 월급을 유지하거나 높이기 위해, 유튜브 콘텐츠는 대중적 호기심을 자극하는 소재와 내용으로 조회 수를 높이기 위해 존재하는 디지털 매체인 듯 보인다. 그래서 현대인은 디지털 데이터를 열심히 업로드하고, 그 업로드된 데이터 속에 존재한다.

만일 다가오는 미래 사회에 대면 활동이 사라지고 디지털 장비를 갖춘 집에서 모든 일상과 직업 활동을 하게 된다면 우리의 삶은 스스로 세상과 부딪치며 실제로 만들어가는 삶이 아닐 것이다. 자연과 문화 속에서 함께 나누던 체험은 대부분의 경우 인기와 돈을 위해 촬영된 영상을 공유하는 것으로 대체될지도 모른다. 그렇게 되면 삶의 양상이 달라질 수 있다. 인간의 오감을 통해 보고 듣고 맛보고 느끼고 냄새 맡던 자연과 대도시의 환경은 시각화된 디지털 데이터로만 존재할 수도 있다. 업로드된 여러 사람의 동영상을 혼자 혹은 가족과 함께 보면서, 집에서 혼자 살거나 소수의 사람과만 접촉하며 생활하는 SF영화 속의 장면을 현실화할 수도 있다.

코로나19로 가속화된 비대면 생활은 첨단 테크놀로지로 무장된 미래의 한 모습을 보여준다. 개인주의가 극단화된 시대에 개인의 개성과 사생활, 도시의 편리한 문명과 그것을 누릴 경제적 능력, 이 모든 것이 디지털 자료의 업로드와 다운로드에 좌우될 수도 있다. 과거에는 문화와 문화시설을 직접 체험하는 방식으로 이루어졌던 경험이 이제는 디지털 자료와 그 자료의 공유 속에서 이루어질 것이다. 개인의 몸은 비록 집과 인근 시설에 제한적으로 존재하지만, 가상현실 속에서 온 세계를 활보할 수 있다.

SNS 플랫폼, 화상회의, 유튜브는 언제나 새로운 시장을 향해 움직인다. 이미 경쟁이 과포화 상태인 레드오션에서는 이윤이 창출될 가능성이 낮으므로 새로운 돌파구를 찾아야 하기 때문이다. 실제로 SNS나 유튜브 등 모든 관계망과 소통망은 기본적으로 경제적 이익을 중심으로 움직인다. 그래서 사람들이 좋아할 만한 소재를 찾아내어 좋아할 만하게 편집하고 좋아할 만한 길이와 구성으로 진열하여 인기 있는 상품으로 선택되기를 기다린다. 그리고 그 사이사이에 삽입된 광고는 직·간접적으로 상품 구매를 유도한다. 매 순간 엄청난 분량으로 업로드되는 자료는 레드오션에서 블루오션의 가능성을 넘본다. 가령 음료 시장이 과포화된 레드오션이라면 탄산을 넣은 고카페인 음료 레드불은 블루오션이 될 수 있고, 고카페인 음료가 이미 레드오션이라면 또 다른 블루오션을 찾아야 한다.

블루오션은 저 멀리 새로운 곳에 혼자 둥둥 떠 있는 것이 아니라 기존의 레드오션에 결핍되어 있는 새로운 아이디어와 창의성을 더해 만들 수 있다. 그리고 고수익으로 연결되는 블루오션은 그것이 개인적 매력의 층위이건, 업무의 획기적 발전이건, 1인 크리에이터의 도발적 유혹이건 간에 모두 경제적 수익성의 문제와 밀접히 연결되어 있다. 개인이 업로드하고 관련된 사람이 다운로드하는 디지털 자료는 매력 자본과 사회자본, 그리고 물질 자본과 직·간접으로 연결되어 있다.

우리는 매일 아니면 정기적으로 뭔가를 업로드한다. 온라인 사교를 하는 사람은 자신의 일상과 관련된 사진과 동영상을, 일하는 사람은 작업의 결과물인 데이터 혹은 파일을, 유튜버는 자신이 만든 동영상을 업로드한다. 사교의 장에서는 칭찬과 인기를 누릴 수 있고, 일하는 사람은 조직 업무에 필요한 성과를 전달할 수 있으며, 유튜버는 많은 구독자를 확보해 인기와 권력을 얻을 수 있다. 개인의 매력과 성과, 창의력은 각각 혹은 혼합되어 디지털 데이터 형태로 존재한다. 디지털 시대의 현대인은 끊임없이 업로드한다, 고로 존재한다.

24

자본주의 리토르넬로

이익, 이익, 그리고 이익

자본주의는 근대의 경제체제다. 근대는 중세가 몰락한 이후 르네상스부터 두 차례의 세계대전이 발생하기 전까지 약 500년간을 지칭한다. 이 시기는 로마 가톨릭 교회 중심의 중세 봉건제 사회가 붕괴하고, 정치적 자유주의와 경제적 자본주의, 그리고 문화적 개인주의가 형성되고 또 확대된 시기다. 르네상스 시기에는 중세에 없었던 새로운 인간을 만들고 예찬했다. 중세의 인간은 신이 창조한 세계의 일부이거나 위계적 신분 질서 속의 특정 신분에 불과했지만, 근대에 이르러 인간은 주관적 의식을 가진 개성적 존재로 새로 태어났다. 인간은 과학혁명을 거치며 실험과 관찰에 근거한 인과론을 추구했고, 사상혁명을 통해 스스로 알고자 하는 계몽의 주체를 확립했으며, 정치혁명을 통해 민주주의를 형성했다. 경제혁명을 통해서는 이윤을 추구하는 개인을 정당화했다.

19세기의 산업혁명은 자본주의라는 새로운 경제체제를 확립한 경제혁명이었다. 자본주의는 유럽과 미국을 비롯해 많은 나라가 채택하고 있는 경제체제이며, 한국도 예외는 아니다. 자본주의 경제는 16세기 무렵 봉건제도 속에서 점차 싹트기 시작해 18세기 중엽 영국과 프랑스를 중심으로 발달하다가 산업혁명을 기점으로 확립되었고, 19세기에 독일과 미국으로 확산되었다. 그리고 현재 전 세계에서 널리 수용되고 있으며, 자본주의를 대체할 경제체제가 발명되지 않는 한 앞으로도 상당 기간 지속될 것으로 보인다.

지금 우리의 삶을 좌우하는 가장 큰 리듬은 단연 자본주의다. 자본주의는 현대인에게 가장 중요하며 현대인의 삶의 양상에 가장 많은 영향을 끼치는 경제 양식이다. 자본주의는 사용자에 따라 다양하게 설명되는데, 어떤 사람에게는 단순히 화폐경제 제도를 의미하고, 다른 사람에게는 사유재산에 기반을 둔 자유주의 경제체제를 뜻한다. 자본가의 이익 추구를 보장하는 경제체제라는 견해도 있다. 칼 마르크스는 자본주의의 특징으로 이윤 획득을 위한 상품 생산, 노동력의 상품화, 일정한 목적과 계획이 있는 생산을 꼽았다. 마르크스에게 자본주의는 원시 공산 사회, 고대 노예제 사회, 중세 봉건 사회, 자본주의 사회, 공산

24 주의 사회로 이행하는 역사 발전의 다섯 단계 중 네 번째에 위치한다.

베르너 좀바르트Werner Sombart(1863~1941)는 자본주의 체제가 생산수단을 소유한 지배적 경제 주체와 생산수단을 소유하지 않은 노동자가 시장에서 함께 활동하는 체제로, 영리주의와 경제적 합리주의에 의해 지배되는 유통경제적 조직이라고 정의했다. 경제의 역사를 움직인 두 가지 원리는 욕구 충족과 이윤 추구인데, 개인의 삶의 욕구를 넘어선 이윤 획득의 가능성이 전통 경제에서 자본주의 경제로 이행하는 변화를 가져왔다고 본다. 한편 막스 베버는 직업을 통해 이윤을 조직적으로, 합리적으로 추구하는 근대 자본주의를 '합리적 자본주의'라고 불렀다. 합리적 자본주의는 시장과 관련된 경제행위의 형태로서 정확한 계산과 합법적 이윤 추구를 지향한다. 합리적 정신이라는 규범적 조건과 이윤 추구에 대한 제도적 보장은 자본주의 경제체제의 필수 요소다.

자본주의는 호모 이코노미쿠스, 즉 개인의 모든 활동을 통해 이익과 이윤을 추구하는 인간에게 합당한 경제체제이고 인간의 끝없는 욕망을 충족시켜주는 제도로 여겨진다. 중세의 가톨릭이 현세의 청빈과 내세의 구원을 추구했다면, 근대의 자본주의는 현세의 안락과 풍요에 집중했다. 엄격한 계산에 토대한 합리성과 경제적 성공 가능성을 예측하여 이윤과 손실을 화폐

관계로 환산해 최대 이익을 산출하는 활동을 추구했다. 근대 이후 등장한 대도시와 개인의 시대도 자본주의 경제체제 위에서 유지할 수 있었다.

인간이 물질적 부와 돈을 추구하는 성향은 유사 이래로 존재했지만, 모든 가치 중에서 경제적 이익을 최우선하는 자본주의가 활성화할 수 있었던 것은 이윤 추구 활동을 정당한 것으로 지지해주는 정신적 기반이 있었기 때문이다. 특히 근대의 프로테스탄트는 성실한 노동과 금욕주의 윤리를 끌어와 자본을 축적하고 이윤 창출을 중시하는 자본주의 정신을 굳건히 지지해 주었다. 이들의 윤리에 따르면 이윤을 획득하는 활동은 개인의 물질적 욕구를 만족시키려는 목적을 위해서라기보다는 의무와 미덕으로서 '직업의 소명'을 다하는 것이다. 신에게 자신의 신앙을 드러내는 증거가 직업의 소명이니, 열심히 일해 돈을 벌되 소비와 향락을 억제하는 금욕적 생활로 떳떳이 더 많은 돈을 축적해 자본화할 수 있었다. 이런 프로테스탄트 종교 윤리는 초기의 자본 축적을 이끌고 자본주의를 발전시킨 주요 원리로 작용했다.

벤저민 프랭클린은 프로테스탄트의 직업윤리를 계승해 성실한 노동과 검약한 생활을 강조했다. 프랭클린은 돈은 번식력이 있으며, 신용과 시간도 돈이라고 보았다. 우선 그는 나무가 열매를 맺듯이 돈은 더 큰 돈으로, 더 큰 자본으로 확대되고 번

24 식할 수 있다는 점을 강조한다. 돈이 돈을 낳게 되면 5실링이 나중에는 100파운드가 될 수도 있다는 것이다. 그가 신용도 돈이라고 본 것은 빌린 돈을 기한 내에 잘 갚는 사람은 신용이 높아져 더 큰 돈을 빌릴 수 있어서다. 돈을 잘 갚는 사람은 돈주머니의 주인이 될 수 있으므로, 빌린 돈은 한 시간이라도 늦추지 말고 갚아 신용을 쌓아야 한다. 또 신용에 영향을 주는 문제는 아무리 사소한 일이라도 조심하라고 그는 조언한다.

시간도 돈이다. 왜냐하면 모든 시간은 노동시간이기 때문이다. 낭비된 모든 시간은 노동이 상실된 시간이므로, 단순히 생산성이 제로인 시간이 아니라 그 시간에 노동했다면 생산할 수 있는 기본 값을 생산하지 못해 손해를 입힌 마이너스의 시간이다. 이제 '일하지 않는 자는 먹지도 말라'는 사도 바울의 말은 자본주의의 모토가 된다. 돈을 빌려 사업을 꾸리고, 노동으로 자본을 축적하고, 빌린 돈을 갚아 신용을 높이고, 더 큰 자본으로 더 큰 사업을 하여 돈을 점점 더 불리는 것이 자본주의적 인간의 길이다.

자본주의 정신을 설파하는 프랭클린의 처세 철학은 '신용이 있는 신사는 자본을 늘려야 할 의무를 자기 삶의 목적으로 삼아야 한다'라는 데까지 나아간다. 프랭클린은 단순히 사업의 지혜를 가르치는 것이 아니라 자기만의 독특한 윤리를 설교한다. 정직, 신용, 시간 엄수, 근면, 절약을 중시하는 프랭클린의 도덕적 가르침은 공리주의적 결과주의의 색채를 띤다. 진실, 정직, 공정이 인간의 행복을 위해 가장 중요하다거나, 다른 사람의 인정을 받기 위해 겉모습을 겸손하게 유지하고 자신의 이익을 내세우지 않는 것이 유익하다는 설명을 보면, 정직한 척하는 것과 정직한 것은 분명히 다르지만 결과적으로 같은 효과가 있기만 하면 같은 것으로 간주한다.

자본주의 윤리의 최고 이상은 열심히 일해서 많은 돈을 버는 것이라고 프랭클린은 주장한다. 마음대로 즐길 수 있는 모든 쾌락을 규제하고 감각적 즐거움을 억제하면서 합법적 직업을 성실히 수행하는 것을 의무로 삼는다. 많은 돈을 번다는 생각은 고대나 중세에 추악한 탐욕으로 배척되었다. 그러나 자본주의 경제가 성장하고 합리적 이윤 추구가 정당화되면서 추악한 탐욕은 정당한 권리로 재해석되었다. 이처럼 자본주의는 합리적 경영을 통해 증식되는 자본과 자본주의적 노동조직이 경제를 지배하는 체제이다.

특히 칼뱅주의 프로테스탄트 윤리에서 노동 의욕이 없는 사람은 구원의 은총을 받지 못했다는 징표로 해석되었다. 청교도주의는 고정된 직업을 가진 신앙인의 금욕적 생활을 강조했으며, 근대적 분업 체계와 그로 인한 이윤 추구를 윤리적으로 정당한 것이라고 보았다. 금욕주의는 봉건 영주의 고상한 한가함과 벼락부자의 과시적 허세를 경멸했고, 정직하게 일해서 스스

24 로 부를 축적한 부르주아를 칭송했다.

프로테스탄트의 금욕주의는 소비적 향락을 온 힘을 다해 반대했다. 부를 과시하는 형태의 사치는 재산의 비합리적인 사용으로 간주해 비판했고, 재산을 현실적으로 유용하고 필요한 일에 합리적으로 사용하는 것이 장려되었다. 목적으로 추구되는 부는 비난하지만 직업 노동의 결과로 획득된 부는 신의 축복으로 여겼다. 노동자와 수공업자는 가난한 상태에서만 신에게 복종했고, 부르주아가 부유해질수록 종교적 열정은 사라지고 냉정한 직업윤리는 현세의 공리주의로 변해갔다. 선한 양심은 안락한 부르주아적 삶을 위한 수단이 되고, 영국의 격언은 이를 '부드러운 베개'라고 불렀다('A clear conscience is a good pillow').

그러나 이제 자본주의에서 종교적 금욕주의 정신은 사라졌다. 자본주의의 물질적 풍요와 쾌락은 더 이상 정신의 지지를 필요로 하지 않는다. 사람들은 굳이 직업 수행의 의미를 찾거나 직업 수행을 신의 소명으로 정당화하지 않는다. 직업은 영리 추구라는 세속적 열정에서 비롯된 경제적 의미와 이유를 가질 뿐 종교적·윤리적 의미를 잃어버렸다. 중요한 것은 오로지 '이익, 이익, 그리고 이익'이다. 광고는 무한한 심리적 욕구를 더욱 확장하고 많은 사람이 유행 때문에, 혹은 뛰어난 취향을 과시하려고, 혹은 명품을 자랑하려고 더욱더 많이 소비한다. 일상생활에 꼭 필요한 물품으로는 만족할 수가 없다.

대도시와 개인의 시대에 가장 중요한 것은 첨단 시설과 장비를 이용할 능력, 개인의 개성을 뽐낼 능력이다. 그리고 그 능력은 예외 없이 하나로 통한다. 바로 경제적 능력이다. 돈을 버는 능력이 있어야 개인의 윤택한 생활과 행복한 연인, 친구, 가족을 만들 수 있다. 경제가 모든 것을 아우르고 모든 것이 경제로 수렴되는 경제 단극화, 경제 일원론은 위험을 내포하고 있다. 분업과 교환을 통한 합리적 시장 체계나 시장경제가 아니라 모든 것을 돈으로 살 수 있는 시장사회로 진행될 수 있기 때문이다. 미국의 철학자 마이클 샌델Michael Sandel(1953~)은 『돈으로 살 수 없는 것들』에서 미국이 지난 30년간 시장경제에서 시장사회로 변화했다고 지적하고 그 위험에 대해 경고했다.

'구글 베이비'와 제3세계의 대리모는 그 대표적인 논쟁 사례다. 부유한 제1세계 부부가 정자와 난자로 수정란을 만든 뒤, 가난한 제3세계 여성의 자궁에 착상시켜 아이를 낳는 일이 윤리적으로 옳은가 하는 논쟁인데, 페미니스트들은 여성의 도구화이자 성 착취라고 비판하지만 2002년부터 2019년까지 상업적 대리모가 합법이었던 인도의 대리모들은 그 또한 개인의 선택이라고 반박한다. 이런 다른 여성의 자궁을 빌리는 자녀 생산 산업을 의사들이 구글을 통해 광고하기 때문에 그렇게 태어난 신생아를 '구글 베이비'라고 부른다. 윤리적으로 옳고 그름을 떠나, 아기까지 돈으로 얻을 수 있게 되었으니 지금의 세계가 시장

사회라는 지적은 적절해 보인다.

자본주의는 지금 세계에서 가장 효율적인 경제체제이지만 곳곳에서 모순과 갈등을 빚고 있다. 빈익빈 부익부로 표현되는 부와 물질의 편중 현상이 그 대표적인 사례다. 전체적인 재화와 자원은 늘어났지만 그것의 배분은 평등하거나 공정하지 않다. 세계 경제지수는 날로 높아져도, 2020년 세계 기아 인구는 전년보다 증가해서 8억 1,000만 명에 이른 것으로 추계된다. 미국에서는 음식물의 40퍼센트가 버려지는데, 미국인 1,600만 명이 만성적으로 굶주리고 있다. 서울에서 작은 집 한 칸을 마련하려면 집값이 수억 원대로 터무니없이 비싼데, 지방은 사람이 없어 마을이 유령화되고 빈집이 늘어간다. 도시 집중화와 지방 공동화가 발생하는 것이다. 사람들이 직장이 있는 곳으로 움직이기 때문에 일자리를 창출하지 못하는 시골은 점차 주민 수가 줄어들어 소멸 위기에 놓여 있다.

개인의 시대에 '이익, 이익, 그리고 이익'이라는 자본주의 리토르넬로ritornello(후렴 또는 반복되는 선율)는 우리의 생각과 언어, 그리고 존재를 좌우하는 리듬일 수 있다. 자기 계획, 자기교육, 자기실현은 현실적으로 자본주의의 리듬 속에서 경제적 능력을 기반으로 이루어지기 때문이다. 하지만 자본주의 속에서도 개인은 자기만의 고유한 생각과 언어를 통해 새로운 존재, 즉 자신의 권리만큼 타인의 권리도 중시하는 시민적 존재로 거듭날 수 있다. 『코끼리는 생각하지 마』의 저자 조지 레이코프George Lakoff(1941~)는 프레임을 전환하기 위해서는 전혀 다른 생각이 필요하며, 언어는 그런 생각을 담는 그릇이라고 말했다. 실존주의 철학자 마르틴 하이데거Martin Heidegger(1889~1976)는 '언어는 존재의 집이다Die Sprache ist Das haus des seins'라고 정의한 바 있다. 언어는 존재가 머무는 곳이며 세계와 사물을 인식하는 통로다. 그래서 언어는 의사소통의 수단을 넘어 인간의 사유를 지배하고 복속시킨다. 인간이 언어를 지배하는 것이 아니라 언어가 인간을 지배하는 것이다.

우리 모두는 개인성과 개인의 행복을 추구하며, 그것을 가능하게 하는 것은 물질적 풍요와 돈을 벌 수 있는 직업 능력이라는 현실을 수용한다는 면에서 자본주의의 리듬을 타고 흐른다. 하지만 개인주의가 이기주의는 아니듯, 우리는 개인의 권리를 추구하면서 동시에 타인의 권리도 존중하는 공공성과 윤리성을 생각할 수 있다. 인터넷을 통한 지구적 대중 소통의 시대에 분노 언어와 혐오 언어가 분노와 혐오에 의해 고립된 인간을 만들고 재생산하는 반면, 상호 존중과 배려의 언어는 개개인 모두의 자유와 평등권을 똑같이 중시하면서 상호 존중하고 배려하는 인간을 만들고 선순환구조를 통해 확산시킬 수 있다.

우리는 경제 최우선 사회, 물질과 행복을 등치하는 문화, 디지털 데이터에 의한 자기표현도 직업과 자본으로 평가되는 시

24 대, 시간조차 돈으로 간주되는 자본주의 리토르넬로 속에서 살고 있다. 그러나 거부할 수 없는 자본주의의 동력에 몸이 맡겨져 있을지라도 개인과 공공성, 이윤 추구와 윤리를 동시에 추구한다면 분노와 혐오의 언어가 아니라 상호 존중과 배려의 언어로 개개인의 정체성을 새롭게 구성할 수 있다. 개인주의가 공공성과 윤리를 확보하는 순간은 나의 자유와 평등만큼 타인의 자유와 평등도 중요하다는 언어와 생각에서 온다.

자본주의 리토르넬로가 개인성과 공공성, 물질적 이윤 추구와 정신적 윤리 추구를 동시에 이룰 때 지속 가능한 발전의 미래를 향한 새로운 리듬과 선율을 만들 수 있다. 나는 중요하다. 그러나 너도 나만큼 중요하고 우리는 서로에게 필요하다. 이러한 생각과 실천은 아무리 물질이 최우선인 이윤 추구의 시대라 해도 자유롭고 평등한 근대 계몽사상의 후예가 서로 지켜야 할 상호 의존과 상호 존중의 가치이다.

개인의 탄생
대도시와 시공간의 재편

초판 1쇄 인쇄 2022년 4월 11일
초판 1쇄 발행 2022년 4월 18일

지은이 조현준
펴낸이 박남숙

펴낸곳 소소의책
출판등록 2017년 5월 10일 제2017-000117호
주소 03961 서울특별시 마포구 방울내로9길 24 301호(망원동)
전화 02-324-7488
팩스 02-324-7489
이메일 sosopub@sosokorea.com

ISBN 979-11-88941-77-3 04300
979-11-88941-72-8 (세트)

책값은 뒤표지에 있습니다.